能源信息学
与企业能源效率

Energy Informatics and Enterprise Energy Efficiency

曾珍香
黄春萍 ◎著
〔美〕Richard T. Watson
〔加〕Marie-Claude Boudreau

科学出版社

北 京

图书在版编目（CIP）数据

能源信息学与企业能源效率/曾珍香等著. —北京：科学出版社，2018.7
ISBN 978-7-03-056853-3

Ⅰ. ①能… Ⅱ. ①曾… Ⅲ. ①信息学-关系-能源-研究　Ⅳ. ①G201
②TK

中国版本图书馆 CIP 数据核字（2018）第 048884 号

责任编辑：石　卉　乔艳茹/责任校对：孙婷婷
责任印制：张欣秀/封面设计：有道文化

科 学 出 版 社 出版
北京东黄城根北街 16 号
邮政编码：100717
http://www.sciencep.com

北京建宏印刷有限公司　印刷
科学出版社发行　各地新华书店经销
*

2018 年 7 月第 一 版　开本：720×1000　B5
2018 年 7 月第一次印刷　印张：20 1/2
字数：368 000

定价：118.00 元
（如有印装质量问题，我社负责调换）

前　言

　　本书的研究工作主要基于以下两个部分：一是美国佐治亚大学（University of Georgia，UGA）教授、国际信息系统（IS）领域的领军人物 Richard T. Watson 博士及其研究团队十多年来在信息系统和可持续发展的交叉研究中积累的成果；二是河北工业大学教授曾珍香在 2010～2011 年访问 UGA 期间以及自此之后五年来和团队成员一起在能源信息学领域探索研究的工作积累。①

　　事实上，本书的出版已经酝酿了多年。早在 2010 年左右本书前三篇的主要内容（英文文稿）就已经完成，并在 2011 年 8 月以电子出版物的形式在美国亚马逊网站公开出版发行，书名为 Energy Informatics（能源信息学）。曾珍香教授及其团队成员对 *Energy Infomatics* 进行了翻译。

　　自 2010 年曾珍香教授访问 UGA 并成为能源信息学团队的成员②，河北工业大学开始酝酿成立能源信息学实验室，并致力于将其应用到中国企业的管理实践中。经过几年来的积累，我们在该领域培养了多名博士、硕士研究生，在如何将信息系统有效地应用于中国企业能源效率的提升方面进行了积极的探索，其主要内容构成了本书的第四至六篇。

　　能源信息学从字面上看并不难理解，然而它至今还是一个很多人并不熟悉的新概念。那么 Watson 教授的这个通俗而又深刻的思想来自哪里？能源信息学这个新兴的研究领域又经历了一个怎样的形成和发展过程呢？这里我们谨以 *Energy*

　　① 本书前 12 章内容取材于 Watson 教授等的英文原著 *Energy Informatics*。该书以电子出版物的形式出版，在翻译过程中进行了结构和内容上的微调。从第 13 章开始是曾珍香团队基于河北省科技支撑计划课题研究的成果。

　　② 能源信息学团队（http://energyinformatics.info/people/）的四位成员分别是 Dr. Marie-Claude Boudreau、Dr. Tom Lawrence、Dr. Richard T. Watson 和曾珍香博士。

Infomatics 的前言来回答这些问题。

　　早在 2007 年我们就注意到，除了个别学者外，信息系统领域的研究几乎都忽略了全球气候变化问题。这种忽略似乎在暗示全球气候变化是其他研究领域学者们要解决的问题。然而纵观过去的半个多世纪，信息系统始终是促进世界经济变革的一支重要力量。由于信息和通信技术的发展，我们日常生活中的很多方面都发生了显著的变化。我们认为，在应对全球气候变化问题上，信息系统一定可以扮演重要的角色，而且我们已经开始着手研究以明确这个角色应该是什么。按照我们通常的研究惯例，一旦提出一个研究问题，我们就开始每周举行一次研讨会。就这样，我们开始探讨如何通过应用信息系统解决全球气候变化问题。我们先是邀请了 UGA 信息系统系对此感兴趣的教授、博士研究生和本科生加入我们的行列。后来，我们还与一些工程学科的教授建立了联系。

　　起初，我们将我们的研究项目命名为"绿色信息系统"(Green IS)。因为绿色信息技术这一话题是我们比较熟悉的，它主要关注如何使数据中心更有效率。这里，我们首先明确了信息技术（IT）和信息系统的区别。我们认为，信息技术主要是指可从供应商那里买到的硬件和软件；而信息系统是指一个由人、商业过程与相应规章制度、应用和信息技术相结合的系统。以信息系统为中心的视角，远远超出了数据中心，并延伸到了组织的各个方面。正是这一点，使得信息系统可以给公司带来竞争优势。

　　该项目有幸得到了信息管理学会（SIM）的高级实践委员会（APC）的资助。该委员会是一个由首席信息官（CIO）组成的、为信息系统领域重要课题的实用型学术研究提供经费支持的专业团体。我们在向该委员会进行的一次演示中使用了下面这个公式来表达我们研究绿色信息系统的核心思想：

$$能源+信息<能源$$

　　上述公式反映的是，我们相信如果可以获取相应的信息，能源消费系统将会消耗更少的能源。令我们吃惊的是，先进实践委员会的成员们对这个公式竟有如此的共鸣。这个表达我们研究目标的公式简洁精练，得到了业界和听众广泛的理解与认可。为此我们倍受鼓舞，决定继续开展此项研究工作。

　　经过数周的例会讨论和反复推敲，一个新的概念框架——能源信息学（Energy Informatics）日渐清晰。而且我们发现，能源信息学的框架简明而完整地描述了我们考察过的许多信息系统用于降低能源消耗的应用实例的本质特征。阅读本书时，你也会发现这个框架在解读许多组织正在发生的重大事情时的作用。更重要的是，既然现代文明社会中有如此重要的问题需要解决，而能源信息学框架恰好能够帮助管理者识别和发现提高能源使用效率的机会。我们已经把这一框架应用于对高级管理者的课程教学中，并惊喜地发现它可以作为一种非常有用的工具有效地激发解决能源问题的创新方案的提出。

从历史发展之事后因果关系来看，能源和信息之间的联系是相当明显的。然而我们也非常吃惊地发现能源信息学还不是一个有明确界定的研究领域。按照达尔文的观点，火（能源的一种形式）和语言（一种信息系统）是人类的两大重要发明（Darwin，2004）。毫不奇怪，几个世纪以来，能源和信息一直都是人类文明的两大支柱。

人类对能源的依赖可以回溯到远古时代对火的利用，即从我们的祖先发现用火烹调肉类和蔬菜更易于消化并有利于营养吸收开始。烹饪破坏了肉中长长的蛋白质链，有利于肉的消化。煮熟的蔬菜也更容易消化吸收，从而提供了更多的能量。有了烹饪，才使得早期人类可以大大缩短寻找食物和吃东西的时间（黑猩猩每天要花 6 小时来咀嚼食物）（Joyce，2010）。人类因此可以用更多的时间来改善环境，从而提高生活水平。

人类和能源错综复杂的关系是通过驯养动物得以发展的，尤其是驯养那些可以提高我们工作和运输能力的动物。牛的驯养大约在公元前 8000 年，它们除了作为食物、牛奶和皮革的来源外，还被用来装载和拖拉重物。后来，人们又学会了驯养驴、水牛、马、骆驼和美洲驼，并用它们来负载、犁地和抽水。

一旦人类学会了生产一些基本的物品，他们就开始想办法为这些商品寻找新的消费者。比如，他们借助风转换的能量，到更远的地方进行贸易活动。有证据显示，早在公元前五六世纪，就已经出现航海技术和海上贸易活动了。几千年来，风、水、火都是能源的主要来源。人类使用化石燃料并随之对自然环境造成重大影响则是始于 18 世纪 50 年代英国开始出现大量工业活动之后。人类除了运用自身的肌肉力量和驯服动物之外，还有能力利用其他形式的能源，这使得人类文明又向前迈进一步。从而，我们可以种植更多的农作物，生产更多的产品，并在更广的地域范围内进行贸易活动。

信息系统，作为人类文明的另一支柱，也经历了几千年的发展历史。当人类学会通过手势和动作来交流信息时，我们就开始建立最原始的信息系统（Tomasello，2008）。后来声音语言加入我们的技能库中以帮助相互沟通协作，这使我们的交流变得更加准确和精妙。公元前 3100 年前后，楔形文字的出现主要用于记录商业活动，同时还作为传播知识的工具（如医书）。书写文字解决了信息存储和传播的双重问题。大约在 1040 年，中国人发明了活字印刷术，知识存储的效率大大提高。19 世纪 30 年代，莫尔斯电码（Morse code）——一种用二进制方式来表示字母和数字的代码——及其相关技术的发明，使信息处理的效率迎来又一次飞跃。莫尔斯电码的发明开创了数字时代，奠定了机器通信和处理信息的基础。

而 1896 年马可尼的发明则为人类实现不受距离限制、无所不在的通信奠定了基础。我们在交流和合作能力方面的这些重大进展创造了日益智能化的人类文明。

当我们追溯人类几千年的发展模式时，能源和信息系统的相互联系是显而易见的。首先，我们从信息角度考虑这种互联。

楔形文字的使用者先用楔形的尖笔在泥板上记录不同作物的数量，然后再将其在太阳下晒干。在 19 世纪 80 年代蒸汽机已经发明，但印刷程序仍是纯手工操作完成的。而且，大规模印刷也需要廉价的纸张。直到 8 世纪在撒马尔罕（Samarqand）（今乌兹别克斯坦境内）出现了第一个水动力造纸厂才实现了纸张的机械化生产（Lucas，2006）。数字化时代则始于莫尔斯电码和基于电流的二进制信息传输方式的出现。马可尼发明的无线通信技术也是依靠电能来发送和接收信息的。如今，没有计算机，我们的世界将无法运转，然而计算机也需要电。

再从能源角度考虑这种互联关系。我们发现信息系统是促进能源消费和能源生产系统不断进步的知识交换的基础。世世代代，人类使用信息系统（如语音、书写、印刷）来传递如何使用火、风和水等知识。今天我们则生活在一个用电能驱动计算机产生密集信息的世界。反过来，现代的能源系统也在很大程度上依赖于信息系统。比如，地震数据被用来绘制石油储量的三维地图，生产过程的监控需要传感网收集信息，炼油厂需要大量的信息系统来实现自动化操作。风力涡轮机使用计算机控制的马达保证风扇始终迎风，从而保持最大发电量。总之，今天我们的能源生产系统的运转已经离不开信息系统。

能源和信息系统一直是几千年来人类文明史上的祖先。正如歌中所唱，"少了另一个就没有这一个"①。令人惊讶的是，我们尚未将二者"联姻"形成一个学科。而在本书中，我们以全球气候变化问题做媒促使其"联姻"。

致谢： 我们感谢以下人员的帮助和对本研究项目的支持：Clare Watson；信息管理学会高级实践委员会的项目总监 Madeline Weiss；新加坡南洋理工大学的 Adela Chen；美国联合包裹速递服务公司（UPS）的 Mark Davidson、Jack Levi、Charles Holland 和 John Olsen；毕马威（KPMG）的 Tyler Williamson；格兰特·桑顿会计师事务所的 Stephanie Lyons；普华永道会计师事务所的 Mathieu van Asten；UGA 的博士研究生 Seth Li 和本科生 Kema Hodge。

以上是 *Energy Informatics* 一书的前言部分，在翻译过程中我们团队的师生们付出了辛勤的劳动。在此，我们感谢河北工业大学经济管理学院的研究生和相关人员，他们是朱柯冰、杨欣、王薇、苏静、景香东、袁娅岑、申江红、王兴鹏、

---

① 详见歌曲《Can't Have One Without the Other》，其中有一句歌词是"you can't have one without the other"。

刘倩慧、宗延涛、张琳、杨清秀等。特别感谢美国俄亥俄大学信息系统系教授、西安交通大学管理学院院长黄伟博士多年来对本书及相关研究工作的支持和帮助！本书后半部分是曾珍香教授及其所在团队多年来的研究成果。参与课题研究工作的团队成员包括：黄春萍博士、张培博士、耿立校博士、李艳博士，以及研究生杨欣、平安生、王福振、张璐、郭丽梅、张蕾、徐晓娟、王佳玢等。在此一并致谢！另外，本书得以出版还要特别感谢科学出版社及石卉女士的鼎力帮助。同时，由于笔者水平所限，书中难免存在不足之处，敬请专家学者及广大读者批评指正。

曾珍香

2017 年 5 月

目 录

前言

第一篇　能源信息学概念及模型

第二篇　能源信息学的应用案例

第三篇　能源信息学的技术

第一篇
能源信息学概念及模型

本篇从全球性挑战和企业面临的挑战出发,阐述了能源信息学提出的背景,并对能源信息学的基本理论框架及其影响进行分析。

第1章 能源信息学的提出背景

1.1 全球性挑战

联合国开展的一项有关主导未来发展问题的全球性调查结果确定了环境可持续发展作为首要被关注的议题。调查报告显示，"全世界的观点从未如此统一，实现可持续发展成为唯一的目标"（Glenn and Gordon，1997）。全球气候变化领域的绝大多数科学家一致认为，我们不能继续增加地球大气层中二氧化碳（CO_2）的浓度。全球气候变暖失控的形势让研究气候变化问题的很多人都感到惊恐，一些人甚至认为大气层中 CO_2 的浓度已经超出了临界点。碳排放只是问题的一部分，我们还面临资源枯竭、生物多样性丧失、空气污染、海洋酸化和水资源不断减少等问题。即使在保持人口稳定的情况下，我们目前这样使用地球有限的资源也是不可持续的方式，更不用说人口数量在不断增长，并且很多人希望享受发达经济下富裕的中产阶级生活方式。我们需要创建一个"既满足当代人的需要，又不损害子孙后代满足他们需要的能力"（World Commission on Environment and Development，1987）的可持续发展的社会。基于以下原因，这一目标并不容易实现。

首先，消耗了大量资源并造成环境污染的发达经济体是建立在开采利用地质时代形成和留下的遗产基础上的。石油是数百万年前的生物沉淀形成的；支撑着世界上许多地方的农业和人们日常生活的蓄水层也是由多年的降水积累而成，澳大利亚大自流盆地的有些水源甚至有近 200 万年之久。资源过度消耗的势头使之很难保持现有的水平，尤其是面对人口的增长和人们渴望过上更好生活的需求。而更为困难的是如何降低范围日益扩大的稀缺资源的消耗水平。最终，我们必须做到，因为所有的资源都是有限的。

其次，我们无法预知子孙后代对资源的需求。那么，我们如何确定哪些资源是我们的子孙后代所必需的呢？当然，他们将需要基本的必需品，如清洁的空气、饮用水和能源。然而，新的技术是可以改变对可持续性发展的预测的。例如，核聚变的突破性进展将很可能打破对煤、天然气、石油需求的预测。能源成本的降低还可能意味着我们将依靠对咸或苦咸水的蒸馏来满足生活和农业用水的需求。

我们面临的是一个资源日益减少、人口持续增长的未来，这表明我们目前的消费模式是不可持续的。同时，我们也不能确定我们的子孙后代对资源有什么样的需求，只有时间和技术能够告诉我们答案。尽管如此，政府和商界领袖们对那些需要急切关注的问题采取行动仍是一种明智之举。其中，最为迫切的问题是减少碳排放。CO_2 排放水平的持续增高使我们面临物种威胁的风险。

一些学者认为当务之急是，将大气 CO_2 的浓度控制在百万分之五百左右，即 500 ± 50ppm（Pacala and Socolow，2004），另一些学者则认为安全的上限值是 350ppm，而这个数字在 1988 年就已经被超过（Hansen etal.，2008）。当前的大气 CO_2 浓度大约是 390ppm，而在工业化前只有 280ppm，如图 1.1 所示[1]。通过研究美国经济对化石燃料的依赖，我们可以了解到遏制 CO_2 排放的难度，更不用说减少 CO_2 排放了[2]。如图 1.2 所示，2009 年生产的 94 库德[3]（quad）的能源总量中 83%是化石燃料。图中右上角的太阳能几乎不能算作能量来源。

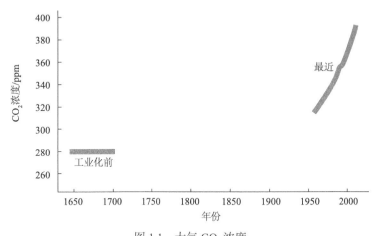

图 1.1　大气 CO_2 浓度

资料来源：co2now.org

---

① 自 1950 年以来 CO_2 的排放数据皆是可得的。

② 见 2009 年美国能源估计图。

③ 1 库德 = 1.055 艾焦。

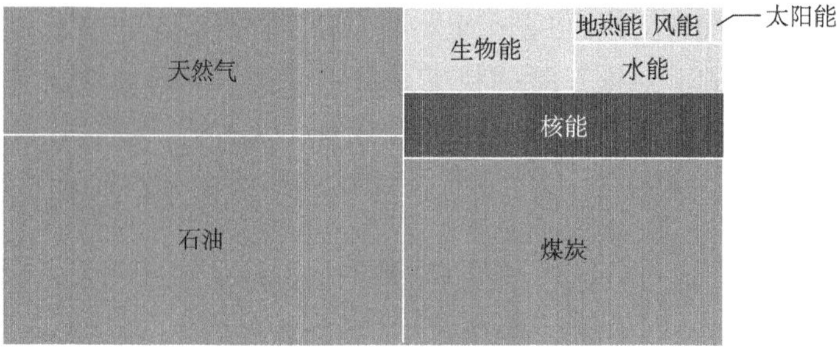

图 1.2　2009 年美国能源估计
资料来源：Lawrence Livermore 国家实验室

现有技术的组合应用可以使碳排放量稳定在百万分之五百（Hansen et al., 2008）。这一目标的实现要求我们现在的碳排放量水平保持不变，即稳定在每年约 70 亿吨。换句话说，在未来 50 年内，我们必须用现有技术或开发新技术消除目前经济体系下产生的所有额外的 CO_2。目前的各种预测表明，在 50 年后我们将有能力做到每年消除大气中 70 亿吨的 CO_2。

按照楔形模型（wedges model），我们可以针对 15 项碳消除和减少技术中的 7 项进行投资。那么，50 年后，每项技术每年可以消除大气中 10 亿吨的 CO_2。这 15 项技术可以分为表 1.1 中的六类。

表 1.1　减少 CO_2 排放量的技术机会　　　　　　单位：个

类别	潜在的楔子
能源效率和能源节约	4
燃料转换	1
碳捕获和碳存储	3
核裂变	1
可再生电力和燃料	4
森林和农用土壤	2

资料来源：Pacala and Socolow, 2004

能源效率和能源节约的技术包括 4 个潜在的楔子（表 1.2）：高效的车辆、减少车辆使用、节能建筑，以及高效的煤电厂。其中，有 2 项可以被许多企业使用：减少车辆使用和节能建筑。然而被忽视的一点是，在过去的半个世纪里，在提高组织效率方面发挥了最强大作用的信息系统却没有被考虑在内。我们的观点，也是我们将在本书中反复论述的是，信息系统将通过提高能源效率对减少 CO_2 排放量起到关键作用。此外，减少车辆使用和提高建筑节能效率也要求对信息的收集、分析以及相关技术进行大量投资。

表 1.2　能源效率和能源节约的选择

类别	潜在的楔子
能源效率和能源节约	高效的车辆
	减少车辆使用
	节能建筑
	高效的煤电厂

资料来源：Pacala and Socolow，2004

　　信息系统是一项成熟的技术。我们在建设信息系统方面有 50 多年的深入而广泛的经验。信息系统建设所需的硬件大部分可以以低成本大批量现货供应。在设计、建立和部署信息系统方面我们有成熟的方法论和工具。相比之下，楔形模型所涵盖的许多项目还需要大量研究和开发，大多数新技术需要经过数十年才能得到大规模发展。然而，我们现在就需要推出控制碳排放量增长的解决方案（Rau et al.，2010）。虽然开发和部署信息系统也需要花费时间，但其所需的时间明显比开发一项新技术要短得多，只需几年，而不是数十年。因此，如果不能从根本上缩短开发和部署新的清洁能源生产技术的时间，那么就需要找到运用现有技术提高能源效率的方法。为此，我们提倡利用现有先进技术建立信息系统以减少碳排放。同时，我们可以针对长远的工程解决方案进行投资，但请不要忽视信息系统的变革作用。因为信息系统的这种变革力量每天都在我们身边得到证实。

　　我们共同的挑战就是把讨论付诸行动。尽管现在的 CO_2 排放水平已达历史高位，但我们已经明确了将 CO_2 含量稳定在现有水平的可能途径。尽管技术上的可能性是存在的，但是由于该问题尚不足以形成明显的威胁，这使得认识到该问题的人们的政治领导力行为有些滞后和迟缓。所幸的是，先进经济体有多种行动来源，许多企业已经将减少碳排放量作为企业目标。

1.2　企业面临的挑战

　　从很多方面来讲，企业都是社会演变的引擎。它们创造新的产品和服务，改变人类行为和商业实践。尽管政府具有通过立法来对商业规则进行显著变革的权力，但是企业间日常竞争的力量却潜移默化地改变着我们的生活方式和行为。总之，企业的很多行动可能会产生显著的效果，因为通过激烈的竞争效率和有效性都会受到关注。好的创意在企业追求目标过程中被不断地复制、改编和完善。当然，我们也不怀疑立法的必要性，因为通常需要通过立法在社会化的理想行动方向中促进竞争力的提升，并为可持续发展开拓市场，从而防止环境污染和退化。理想的情况是立法和企业行为同步协调，以使社会目标得以迅速、有效地实现。

电和柴油，作为很多企业的两类重要能量来源，其成本变得越来越高，如图1.3和图1.4所示。尽管由于全球经济不景气，其价格最近一直在下降，但未来预测的前景是两者的价格都将提高。因为中国高速增长的经济需要更多的世界资源，如石油、天然气和煤，而在2010年中期，中国已经成为世界最大的能源消费国（BBC，2010）。这些化石能源的消耗带来了CO_2的排放。面对不断增长的能源成本和消费者对绿色产品、可持续商业实践的需求，企业领导者需要不断关注如何降低能源成本、减少碳和有毒废弃物排放，提高循环利用水平。

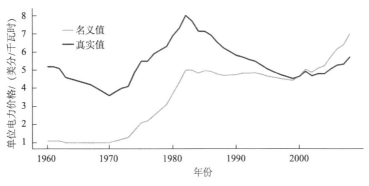

图 1.3　工业市场上单位电力价格
资料来源：美国能源信息署

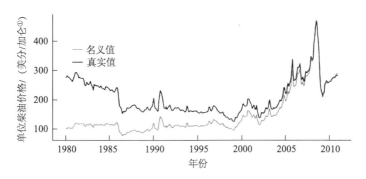

图 1.4　单位柴油价格
资料来源：美国能源信息署

---

① 1 美制加仑≈3.79 升。

对于企业来说，当前面临的挑战是，要意识到可持续性已经成为一个合法且必要的企业目标。现在，企业必须决定采取哪些行动。如果重新考虑楔形模型的技术方案，能源效率确实将成为大多数企业的唯一选择。事实上，到 2030 年，在建筑、家用电器和工业上能源效率的提高可以抵消电力需求增加量的 85%（Creyts et al., 2007）。而且能源效率是一个非常值得追求的目标，因为能源的浪费直接影响着企业的盈利能力。对能源效率的追求与企业的社会善行和股东利益也是一致的。幸运的是，企业有很多机会可以更加注重长期节约而不只是最初的投入，从而减少排放、提高能源效率和降低运营成本（Creyts et al., 2007）。

联合国基金会的报告指出，提高能源效率是最廉价且最容易实现的减少温室气体排放的解决方案。报告还认为能源效率有望实现大规模商业化。企业可以利用能源效率技术来降低内部成本或参与创新和商业化活动，从而形成新的收入来源。企业面临的挑战就是识别那些可以为企业自身或为客户在减少能源消耗和排放方面带来最佳回报的项目。本书的目的就是要引入和解读一个全面而综合的理论框架，指导组织提高能源效率。

在过去的 50 年里，信息系统是提高生产力的主要力量，它使组织的效率和客户服务都有了很大的改善。我们期待信息系统能够显著地提高能源效率。在能源效率运动中领先组织已经在以信息为主导提高能源效率方面受益，本书将对其中的一些企业进行介绍。在解释如何通过信息系统减少 CO_2 排放之前，我们首先需要明确一些术语。

1.3　从绿色信息技术到绿色信息系统

很多实践者和学者并不能区别信息系统和信息技术。我们认为，二者有很大的不同，而且关注信息系统比信息技术更为重要。技术只有作为系统的一部分才能实现其价值。企业应当考虑对系统的投资，而非对技术的投资。让我们首先来界定一下信息系统和信息技术的含义，这对理解绿色信息系统和绿色信息技术的差异是有帮助的。

1）信息技术传输、处理或储存信息。

2）信息系统是一个由人、流程、软件和信息技术组成，并支持个人、组织和社会目标实现的集成和协作的整体。

获取技术很容易，但是建立和实施一个系统则需要更多的管理技能和专业知识。如果不能嵌入一个成功实施的信息系统中，信息技术几乎没有价值。我们鼓励大家思考需要建立什么样的系统，而不是购买什么样的技术。

明确信息系统和信息技术之间的区别有助于我们识别不同领域的机会和理解绿色信息系统将带来更高的回报，尽管目前人们大量关注的还是绿色信息技术，它主要强调的是数据中心的节能。

绿色信息技术主要聚焦于计算机硬件及其使用中的能源效率，涉及以下问题：

1）设计节能芯片和磁盘驱动器。

2）使用节能的、通常没有磁盘的瘦客户端来替换个人计算机。

3）在台式计算机上安装电源管理软件，当其进入非活动状态一段时间后，使之处于睡眠模式或关机。

4）在一台服务器上使用虚拟化软件运行多个操作系统。

5）减少数据中心的能源消耗。

6）使用可再生能源为数据中心提供动力。

7）减少达到使用寿命期的计算机和通信设备产生的电子垃圾。

8）推行远程行政办公，减少旅行带来的排放。

9）用光子传输取代电子传输。光子在光纤维中传送数据比电子在电力网络中传送数据廉价得多。因此，有一种趋向就是在那些可再生资源成本低的地方，比如冰岛设置定位数据中心。

相比之下，绿色信息系统是指开发和实施能够促进可持续的商业运作的信息系统。例如，绿色信息系统能帮助组织：

1）用车队管理系统降低运输成本，通过车辆动态路径避免交通堵塞和减少能源消耗。

2）监测制造工厂的能源消耗情况，识别出对能源效率提高有最大影响的投资项目。

3）为分散在不同国家工作的员工提供团队工作和会议，从而减少航空旅行带来的影响。远程通信和协同工作系统、团队文档管理和协作知识管理等都可以减少员工旅行。

4）跟踪产品和零件生产过程以及服务实现过程中的环境信息（如毒性、能源消耗、水的使用等）。

5）监控企业运营中的废水废气排放和废品的产生，以便进行更有效的管理。

6）向消费者提供信息，使他们能够便捷、有效地选择环保产品。

绿色信息系统较绿色信息技术有更大潜力，因为它涉及的领域更多。绿色信息系统提出的一系列问题远远超过了减少运行信息技术所需能源的问题。毋庸置疑，我们关注的是绿色信息系统涉及的更加广泛的领域，特别地，我们会提出如何应用信息系统来提高能源效率。

第 2 章　能源信息学理论

不同国家和各行各业，都出现了专门为减少废水废气和固体废弃物排放而设计的信息系统。通过考察这些引领未来的新兴导向之后，我们提出了信息系统领域的一个新的研究分支——能源信息学，用于辨识信息系统在减少能源消耗，进而减少 CO_2 排放中可以发挥的重要作用。我们的核心观点可以简洁地表达为

$$能源+信息<能源$$

能源信息学关注的是，通过信息系统的分析、设计和实施来提高能源供需系统的效率。这需要对数据进行收集和分析以支持能源分配和消耗网络的优化。

由于我们对化石能源的过度消耗，大气中 CO_2 含量持续升高。我们认为，通过运用有关能源分配和消耗的精细粒度级的数据，信息系统可以帮助我们减少能源消耗。能源信息学主要关注的是组织如何运用信息系统来提高它们拥有的或使用的能源消费系统的效率，从而减少能源消耗。

尽管我们集中研究作为主要资源的能源的减少问题，但这个结构框架同样可以应用于其他越来越多的稀缺资源，如水和清洁空气。本书第 5 章案例可以说明我们关于水资源问题的思考，即

$$水+信息<水$$

在过去的半个世纪里，企业组织通过建立和配置信息系统解决了各种各样的组织问题。现在，我们需要运用同样的方法来解决全球 CO_2 过度排放问题。从能源信息学的观点来看，我们需要特别关注如何利用更多更好的高质量的信息为减少 CO_2 排放做出贡献。

2.1 能源信息学框架

追求环境的可持续性是一个社会目标，这要求政府和组织的共同努力。这种共同努力（合作）需要建立在能源消耗系统是系统性地相互联系和相互依赖的这一关键性认知基础上。如果我们想实现生态的可持续性，就需要使这些相互关联的系统具有高效率。因此，我们提出了把能源供应和能源需求系统各要素整合起来的一个集成的方案。可以看到，图 2.1 所示框架的核心是信息系统，因为信息的共享是实现成功合作的核心部分。

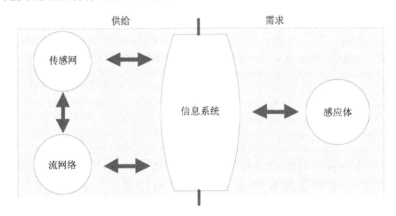

图 2.1　能源信息学框架

首先，我们给这个框架里的每个要素进行简单的定义（表 2.1）。然后，对每个组成部分做更详细的描述，并解释它们如何有助于整体理解，这对提出一个同时考虑能源供应方和需求方的综合解决方案是必需的。我们先从考虑能源需求/供应系统的一般特征开始，然后转向考察改进能源系统效率所必需的技术基础。

表 2.1　能源信息学框架的组成部分

组成部分	描述
传感网 （sensor network）	报告流网络状态的设备
流网络 （flow network）	通过相互连接在一起的一组部件（例如电网和道路系统）形成的连续物质（例如电流、石油、空气和水）或离散物体（例如汽车、包裹、容器和人）的流动或移动
感应体 （sensitized objects）	一种能够感知和报告其使用状况等数据的物体，其状态可以被远程控制
信息系统 （IS）	将构架中的各要素（例如传感网、流网络和感应体）联结在一起，并提出完整解决方案的系统

2.2　能源供需的集成整合方法

任何能源交易都存在供应商和消费者两方。在提出一个集成整合的解决方案时，能源交易的双方都要予以考虑。尽管能源供应和需求的管理方法可能是不同的，但二者应当共享一个信息系统才能确保形成一个整体的解决方案。

能源供需系统中，供应商包括两种。一种是能源供应商，如电力公司和天然气公司。另一种是在提供服务过程中消耗能源的服务供应商，如空调服务提供商和包裹快递服务公司。两种形式的能源供应有共同的信息需求，用来管理所提供的资源。

在某些情况下，供应商希望有机会来管理消费者的需求。在电力行业中，供应商在用电需求高峰时期可能希望有能力关闭一些设备（例如冰箱里的制冰装置）。为应对需求高峰或者需求过量，电力供应商通常需要启动低效率、高 CO_2 排放的发电机以应付额外的用电负荷。因此，需要一个跨越供应和需求双方的共同的信息系统。对于消费者，如果这些信息可以实时获取的话，他们也可以利用能源使用的信息（例如当主要的能源来自化石燃料时推迟洗衣服的时间）。所以，我们需要从供应商处获得物体（例如一台电视机）能耗级别的实时能源消费信息。与此同时，供应商也需要知道什么物体正在使用能源，以便在需要减少当前的能源需求时将其关闭。供应商也可以利用他们获得的信息来尽可能地说服消费者改变他们的能源使用模式。这样一个集成的信息系统的目标就是通过管理好能源的供应和需求以减少总的能源需求，并使能源需求保持在既定的阈值以下。只有通过建立一个整体的信息系统才能最终实现这些共同的目标。

既然我们已经了解了一个集成的能源需求和供应系统的大致特征，那么接下来我们需要明确其主要的技术组成部分，以及它们是如何相互作用的。

2.3　智能能源系统的组成

在智能能源系统中，存在或者应该存在三个组成部分：流网络、传感网和感应体。如同我们将要看到的一样，信息系统将这些组成部分集成到一个整体系统中。

2.3.1   流网络

流网络是指通过互相连接的一组部件形成的连续物质（例如电流、石油、空气和水）或离散物体（例如汽车、包裹、容器和人）的流动或移动。流网络是能源分配和消费系统的核心。在当今社会，流网络有很多形式，如公路、输电网、管道、运输车辆和货船等。但建筑物中的许多流网络往往是看不见的，如供热通风与空气调节（HVAC）管道等。

由于流网络是经济活动的中心，所以提高其效率是构建可持续发展社会的必要步骤。尽管网络流的优化算法已经存在，但是它需要一些详细的信息，包括通过节点和链路的流信息、供应端（源）的能力信息和需求端（汇）的需求信息。网络流的优化是一个信息集成问题，这可能需要通过收集每天的甚至时间频率更高的基础信息来解决。为了支持动态优化，流网络必须包括控制器，以实现对流状态的改变（例如改变一个交通灯的绿灯信号的时间长度）。

应用案例 2.1   流网络用于动态优化

荷兰铁路是欧洲最繁忙的铁路之一，在荷兰境内每天运送旅客超过 100 万人次。它采用了一个可考虑 56 000 个变量和 32 000 个约束条件的先进优化软件来制订可行的调度计划和时间安排。通过使用 IBM 的 ILOG 软件来优化流网络（例如火车），荷兰铁路每天可以动态地安排超过 5000 列火车，穿过荷兰铁路网的 390 个车站和 2800 千米的轨道。荷兰铁路网络的优化使其运营效率提高了 5%～10%，每年节省约 1000 万欧元。

资料来源：www-03.ibm.com/press/us/en/pressrelease/27076.wss

2.3.2   传感网

传感网是分散在不同地点的一组设备，它能报告物体的状态或环境条件。例如，报告温度、空气成分（检测污染）、移动物体的位置和速度、在途包裹的信息或者道路的交通状况等。目前有多种技术可以支持传感网，如条码技术、射频识别（RFID）技术和紫蜂协议（ZigBee™）等。传感网可以提供数据用于分析和确定流网络的最优使用方案。

2.3.3   感应体

感应体是指能够感知并报告其使用状况等数据的物体。一些情况下，其状态可以远程控制。例如，家用电器可以通过集成紫蜂协议收发器来感知并报告其能源消耗情况。感应体对能源需求的管理是必不可少的。它们能提供物体的能源消耗信息，使消费者更好地了解物体的能源消耗对其使用成本和环境所产生的影响。此外，通常需要远程控制感应体的状况，以便能源供应商和消费者可以管理能源需求。例如，电力供应部门可以在电力需求高峰时让人们短时停止冰箱使用，而不是增加一台低效发电机并网发电；通勤者可以在停车场找到最近的停车位，而不至于转圈绕道寻找空车位。也有一些感应体不能被远程控制，也不希望被远程控制。比如，对于一片土地的湿度是可以远程感应的，但其土壤的状态不能被直接改善，只能通过洒水车来间接改善。同样，一个公司可以感知车队中的卡车运行情况，但不能对其进行远程控制。

应用案例 2.2　在线停车位

旧金山为 6000 个带有咪表（电子计时表）的停车位和 11 500 个街道外停车场以及车库安装传感器。这些传感器可以感应到停车位何时被占用，并将信息传送到中央数据库。随即驾驶员可以通过道路标志网络获得关于空闲停车位的信息。该项目的长远计划是通过网络和智能手机提供带彩色编码的地图。

美国交通部在改善主要城市地区交通拥挤状况方面已经投入了 1800 万美元。一项对洛杉矶市 15 个商业街区的研究显示，仅在一天之中，驾驶员们为寻找停车位而慢速行驶的路程超过 3000 英里[①]，其中很多都是走走停停，因此排放了大量的尾气。据估计，寻找停车位的车辆占了中央商务区（CBD）交通流量的 30%。因此，希望这个新系统能够显著地减少由于找车位而绕圈行驶的汽车所带来的交通流量和污染。

资料来源：www.economist.com/displaystory.cfm?story_id=12236749

应用案例 2.3　随行随付保险

一些保险公司设置了"随行随付"（PAYD）保险。这正是因为在驾驶员的车上安装了安全的黑盒装置作为感应体。这个感应装置被连接到全国卫星和数据采录网络系统中，允许保险公司监测驾驶员驾驶情况。PAYD 使得保险公司可以实行差异化管理并回报开车较少的客户。保险费是动态计算的，主要依据车辆行驶的路程（某些版本的 PAYD 还要考虑行驶的类别、速度、加速度、减速度及其他因素）。驾驶员上网检查保险费用时可以看到这些信息。因为 PAYD，驾驶员倾向

---

① 1 英里≈1.61 千米。

于减少驾驶，从而减少排放，随之也会带来其他好处，例如撞车率降低了、索赔数量减少了。

资料来源：Funderburg K, Grant M, Coe E. Changing insurance one mile at a time. www.contingencies.org/novdec03/changing.pdf

2.3.4 信息系统

信息系统将能源信息学框架的各个组成部分联结在一起，以提出一个完整的解决方案。它有几个重要的功能：

1）从传感网收集数据并提供给流优化算法。

2）将数据传输到流网络的自动控制器，并根据优化算法的输出来动态地改变网络。

3）为流网络管理者提供信息以便于其管理和控制网络。

4）为消费者提供在其控制范围内的资源消耗信息。

5）管理供应和需求，最优化能源使用，避免增加使用高成本资源来应对需求高峰。

6）使消费者能够自动控制设备的使用以减少能源消耗。

7）为供应商和消费者提供比较信息，让他们了解努力的标杆，并为节能设置新目标。

8）为政府提供关于流网络绩效的信息。

以上对能源管理的集成系统进行了定义，明确了供应和需求之间以及系统的主要组成部分（流网络、传感网和感应体）之间的相互依赖关系。这是能源信息学框架的基石，它使得信息能够支持供应商和消费者的互动以减少能源消耗。

第 3 章　能源信息学的影响

　　一个技术结构，比如我们所描述的能源系统的功能和目标，通常都受到利益相关者、利益相关者所设立的目标以及利益相关者实现目标的途径的影响。而人们使用能源系统的整体目标是提高能源效率和减少 CO_2 排放，所以利益相关者将会集中关注图 3.1 所示的三个更加具体的生态目标中的一个，这三个目标是在外部力量共同作用下得到支持从而实现的。

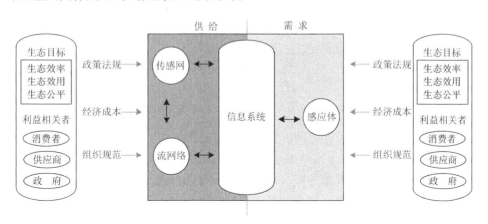

图 3.1　影响能源系统的主要利益相关者、目标和力量

3.1　生态目标

　　关于这个主题，我们在这里讨论的主要侧重于寻找更高水平的能源效率。但这部分研究是基于以下三个可持续发展目标的：生态效率、生态公平和生态效用（表 3.1）。

表 3.1   生态目标

生态目标	描述
生态效率	提供在价格上具有竞争力的产品和服务以满足人类的需求和生活质量要求，同时逐渐减少对生态和资源的不利影响
生态公平	所有人具有平等享用环境资源的权利
生态效用	提供在价格上具有竞争力的产品和服务以满足人类的需求和生活质量要求，同时停止污染和过度消耗，而不仅仅是减缓它们的速度

3.1.1   生态效率

生态效率是指"提供在价格上具有竞争力的产品和服务以满足人类的需求和生活质量要求，同时在整个生命周期逐渐减少对生态和资源的不利影响，至少达到与地球承载能力相一致的水平"（DeSimone et al.，1997）。降低成本可以激励供应商寻求生态有效的生产方式，因而生态效率目标与当前企业目标是一致的。同样地，消费者面对经济压力也会减少能源消耗（例如混合动力汽车的成功）。因此，我们认为，经济因素作为供应商和消费者双方对能源效率探寻的结果，是能源信息学发展的一个关键动力。

3.1.2   生态公平

生态公平是指"各民族之间、世世代代之间的平等，特别是，所有人享用环境资源的平等权利"（Gray and Bebbington，2000）。在同一代人或跨越几代人之间，应当有一个公平的资源分配。尽管有些人采取行动支持生态公平，但是并不一定会有重大的规范调整，除非意见领袖们提出新的指导方向（如沃尔玛的绿色转型）。我们也可以期望各级政府采取一些行动，重新制定社会和企业的规范，促进可持续的能源使用方式的形成和发展（例如美国旧金山的塑料购物袋禁令）。因此，我们期待看到消费者行为的社会规范和企业组织行为的企业规范的转变可以带来越来越大的影响。

政府通常为了促进社会平等而立法。女性选举权、为保护残障人士权利的各种行动和民权立法都是促进公平的行动。尽管联合国在极力解决全球平等问题，如人权问题，但是它缺乏主权国家对政策的执行力。因此，公平问题通常需要在国家层面得以解决。我们现在面临的两难处境是，生态公平需要全球的响应，但是我们又缺乏迅速解决全球性问题的有效机制。在追求生态公平的过程中，我们依赖国家领导人协调行动的能力，但当面临不同的国家目标，或关注、保护国家经济利益时，这种协调便难以达成。而且政府、企业或个人的很多行为的短期目标与代际生态公平原则之间缺乏联系，使得这一问题更加恶化。

3.1.3　生态效用

"生态效用"的概念是在 1998 年提出的（McDonough and Braungart，1998），但并没有明确的定义，后来被解释为"做正确的事情——生产正确的产品、提供正确的服务、开发正确的系统——而不是让错误的东西不那么糟糕"（McDonough and Braungart，2002）。这种区别与彼得·德鲁克终身关注的教育管理者要区别效率（把事情做对）和有效性（做正确的事情）是相一致的。例如，生态效率可能侧重于减少人工照明造成的能源消耗，而生态效用方法则会将工作场所设计成使用自然采光照明而不消耗能源。

基于对生态问题的根本解决方案的考虑，生态效用要求许多企业改变现有的业务流程。它们需要做更多的工作来减缓生态破坏的速度。生态效用要求企业停止破坏环境，减少不可再生资源的使用。社会需要指导个人或组织关注导致环境退化的突出和关键因素。我们需要对经济进行根本的重新设计，以确保实现长期的繁荣和可持续发展。许多现有的常见做法不能促进可持续发展。例如，我们可能发展到这样一种情况，即几乎所有的耐用产品都是租用的而不是购买的，如果那样，所有者就需要具备构建资源循环利用的能力，当产品达到使用寿命时就进行回收处理。这种方法符合"从摇篮到摇篮"的模式，它主张从线性思维转变为闭环系统思维来管理产品生命周期的所有阶段。当前的许多做法都是打破产品的生命周期，分割成不连续的归属阶段，一个阶段的产品所有者往往并不关心下一个阶段的产品所有者将如何使用和处理该产品。一点也不奇怪的是，当最初的厂商将这些问题转移给他人时，回收利用和可持续发展的问题就很少会在设计中考虑，这往往就是我们社会的现状。生态效用要求企业能够采用超越效率的目标，也需要它们将可持续、修复与再生奉为标准的组织愿望。

我们期望对生态效用的驱动同时体现在供应商的经济利益和监管两个方面。有些企业会意识到生态效用也是有利可图的。例如，地毯制造商英特飞（Interface）公司就发现可以借此重塑其作为一个生态有效组织的形象并同时提高其市场价值。这样的举动促使它们的竞争者开始模仿新的模式并带给它们经济压力。我们同时期待当产业变革成为大规模需求并形成广泛共识的时候，政府可以规范一种新的商业模式。作为私用交通运输工具基础的内燃机到电动机的转变就在很大程度上需要政府在经济上和执行措施上进行干预。无独有偶，丹麦政府，作为创建生态效率社会的领先者，对使用汽油的汽车征收 180% 的税金，而对电动汽车则免税，以支持夏嘉曦（Shai Agassi）创建的电动汽车系统。这些举措很可能显著改变汽车购买者的决策（Pogue，2009）。

寻求可持续发展并不意味着放弃经济方面的考虑。毕竟，经济学解决了稀缺资源分配的基本问题，而零排放能源就是一类特别的稀缺资源。正如在下文中我们会提到的，政府将利用法规影响经济运作模式，并进一步促进环境的可持续性。供应商和消费者也会积极响应并采用兼顾经济和社会双重压力的综合考虑方法来促进环境的可持续性。

3.2　主要利益相关者

任何主要系统都受到一系列利益相关者的影响，他们决定着系统的未来发展。这里我们主要关注的是我们经推断认为的典型能源供应/需求系统的三个最关键的利益相关者，即供应商、消费者和政府，见表 3.2。

表 3.2　典型能源供应/需求系统中最关键的利益相关者

利益相关者	描述
供应商	能源（例如天然气）或者消耗能源的设备或服务（例如空调）的提供者
消费者	所有能源消耗和气候变化成本的最终承担者
政府	面向环境和社会的理想发展方向，改变供应商之间的竞争规则和引导消费者行为的那些法规的颁布者和干预者

3.2.1　供应商

供应商提供能源（例如天然气）或者消耗能源的设备或服务（例如空调）。他们管理流网络。供应商之间存在竞争，这促使他们寻找更加有效的运作方式。然而，能源经济有非竞争的特征。美国的许多州内都设有一个政府组织，例如佐治亚州的公共服务委员会，来监管公用事业并保护消费者利益。还有一些情况是，只有一家供应商，没有直接竞争者，尽管如此，当没有直接竞争者时，我们也期望供应商通过自身行动和促使消费者改变其行为来提高流网络的效率。例如，我们看到高速公路管理者通过收取堵车费来使交通流更加高效。

在一些能源流系统中会构建激励机制以鼓励节约能源。例如，加州公共事业委员会已经建立了投资者所有的公用设施奖励机制。美国太平洋天然气和电气公司（PGE）也因此获得了大力鼓励消费者减少能源使用节约能源所带来的部分利润分成。那些以销售量的多少为基础获取奖励的供应商则不太愿意主动降低能耗，除非重新设计新的奖励机制促使其降低能耗。

3.2.2　消费者

消费者是重要的利益相关者，因为他们承担所有能源消耗和污染的最终成本。我们都是地球的一分子，作为消费者，关心能源消耗的成本；作为公民，一些消费者在关心能源消耗成本的同时还作为可持续发展的积极倡导者督促供应商和政府减少 CO_2 排放。消费者是依照人类基本的理性和社会影响来行动的。在后面我们考察应对全球变暖的全球信息战略维度时，再对这个决策分支展开广泛讨论。

3.2.3　政府

由于受自身利益驱使，供应商和消费者并不是总能创造出对社会有长远利益的成果。当我们试图创建可持续的文明时，情况就更是这样。政府需要介入和制定法规改变供应商之间的竞争规则，引导消费者行为朝着社会所期待的方向发展。例如，使环境恶化的一些行为的成本经常被外部化：某公司的废弃物所造成的污染流却要迫使社会来为环境退化买单。如果社会允许这些成本外部化，就会导致市场的作用与可持续发展相悖。若不完全内化这些环境成本，那些充分采用生态实践方式的企业反而在市场竞争中处于劣势地位（如果它们的竞争者不遵循同样的做法的话）。例如，那些恢复露天采矿的煤矿开采者相比于不这么做的开采者，获得的利润将会更少。如果企业被迫内化其污染环境的全部成本，它们就有了减少污染的动力。因此，政府的一个重要作用就是制定法规条例和激励机制来鼓励可持续发展，并对那些不维护公共利益的企业进行经济惩罚。

可持续发展的经济性在组织中并不是一成不变的。当规制（例如碳排放上限）改变时，经济性也会发生变化，市场可以成为可持续发展的机制。精心设计的、公平的法规中可以包含经济激励措施，使供应商和消费者改进其环境行动。

3.3　变革的力量

我们的分析显示，主要有四种关键因素（表 3.3）促进生态目标的实现和能源效率的提高。

表 3.3　促进生态目标实现和能源效率提高的四种关键因素

变革力量	描述
政策	由主管部门或政府机构设置的规则、程序或者行政法规
经济	经济上的考虑
企业规范	由其他企业或社会所设定的企业行为的预期
社会规范	在一个社会或团体中，对个体和群体行为的预期

3.3.1　政策

在各国政府认识到全球气候变化的严重性及其后果后，它们颁布各种法律法规以减少温室气体的排放和污染。为了更好地落实这些政策，需要促使各企业对它们的能源流给予更多的关注，并且追求能源流的内部和能源流之间的效率。

3.3.2　经济

每一个企业都希望减少他们的能源消耗，因为这是其成本的一部分。更少的能源消耗可以使企业获得更高的利润和减少碳排放。企业可以从提高能源效率中获益，因为可以降低成本和改善其公共形象。生态效率和生态效用的目标直接和组织决策制定中起关键作用的企业的与生俱来的经济力量相一致。类似地，消费者往往也在衡量结果的经济评价基础上做决定。能源的节约意味着消费者在获得产品和服务时有更多的可支配收入。我们期望经济力量，如同在过去几千年发挥的作用一样，能够继续影响能源消耗和供应的相关决策。

3.3.3　企业规范

尽管经济上的考虑可能会在设定企业发展方向时起核心作用，但企业的领导人也会被他们的同行影响并效仿卓越的行业参与者。公司的意见领袖们（如沃尔玛和通用电气的 CEO）也正在积极地推进绿色议程，为其他企业创建规范。我们期待"绿化"将作为很多公司的一个重要目标，也期待企业对仅仅考虑股东经济利益的狭隘视野进行重新定位，在更广泛的意义上同时考虑利益相关者的环境目标。我们每个人都与世界的未来利益相关，我们期望那些大公司能够保护投资者和其他利益相关者的利益。

3.3.4　社会规范

经济上的考虑有时对消费者的影响较小。例如，美国公路上运动型多用途汽车（SUV）和轻型卡车的盛行证明：无论在购买还是出行方式的选择中，能源成本都不是很多消费者选择交通工具的关键因素。人类在做决定时理性和社会因素互相影响，因此，要想管理能源需求，需要同时综合考虑经济力量和行为要素，比如社会规范。为消费者提供其能源使用情况与适当的对照组（如邻居）的比较信息能够引导其改变能源使用方式，进而从整体上减少能源消耗。

3.4　供应和需求的协同管理

能源信息学应用的目标就是使用信息系统同时管理能源的供应和需求。这种协同管理有几个主要方法。

3.4.1　降低需求使之与供应相一致

降低能源需求使之与供应相匹配是智能电网的一个主要特点，在需求高峰时期，它可以关闭那些被感知的家用电器或物体。能源网络运行中心（Energy Network Operations Center，EnerNOC）就是需求响应的系统思想在商业中应用的一个很好的例子，它可以在能源供应不足时抑制需求以满足当前用能的需要。另一个例子是新加坡交通管理系统，它可以预测道路的使用情况，操控 1700 个交通灯来控制需求以避免交通拥挤。

还有多种其他途径可以降低能源需求使之与目前的供应相一致。例如，把能源需求转移到所在网络的其他部分，或是其他时间段。

1. 基于供应改变需求

应用这种方法，可以在目前的能源供应无法满足能源需求的情况下，把需求转移，用其他资源来供应。例如，当检测到在计划路线上出现交通拥挤或延迟时，车上的导航系统可以计算出一个新的不拥挤道路的路线。现在一些导航系统都有这个功能。这种系统的成功依赖于对流网络（在这个例子中即道路系统）以及传感网的数据报告能力。现在，这项服务已覆盖许多主要城市区域，例如 Total Traffic Network 可以为美国近 100 个城市提供实时交通数据。

2. 时间转移需求与供应相一致

电子道路收费或收入管理类方法可以用于通过价格的调整来创建更好的供需平衡。新加坡的电子道路收费系统（现在已经被其他城市如斯德哥尔摩和伦敦采用）会对在需求高峰阶段进入 CBD 的车辆收取更多的费用，因此使得人们或减少出行，或转向使用公共交通，或在需求较少的时段出行。

3.4.2　供应和需求的动态调节

通过为供应商和消费者提供当前状况的报告，双方可以调节他们对资源的供应和需求状况。例如，巴黎自助式自行车租赁项目（Vélib）的客户可以获取他们附近的多个租车车架上有关自行车可用性的详细信息。因为人们不喜欢骑自行车上山，所以导致山脚下的自行车越积越多。该系统的管理人员拥有每个自行车车架上自行车数量的实时详细信息，他们白天可以根据预测的客户需求移动这些自行车。同时，他们也鼓励人们骑自行车上山，这比移动这些自行车更好。

3.4.3　供应管理

通过化石燃料系统和高度可预测的可再生能源（如地热能和潮汐能）选择，可以控制化石燃料能源供应。由于风能和太阳能依赖于当时的天气状况，因此其供应情况变动很大。一种方法是，储存多余的太阳能和风能，但需要大量的高效电池和飞轮。另一种方法是，在地势允许的情况下，将产生的多余的能源用水抽压到一个更好的高度，需要时再将其转化。有效的能源储存系统是一项正在进行的研究工作，该领域的成功对于支持化石能源向可再生能源转换起到关键作用。

3.4.4　需求管理

在需求方面，信息系统可以用于影响能源消耗者的行为，无论是个人，还是组织。它可以通过两个战略来支持绿色环保行为：信息战略和劝导战略。

（1）信息战略

第一种是信息战略，它可以进一步细分为三种方法：信息定制、信息聚合和信息分解。信息定制是指信息系统根据个性化的系列参数为消费者提供信息的一种方法。然而，"绿色替代"（green alternative）（消费者以前在选择产品和服务时很少有这个选项）现在已经变成一种预期可提供的选择。通过应用信息系统，这样的绿色替代选择通常只需简单点击一下即可完成。例如，万维网的应用使消费者现在就可以只考虑选择绿色旅馆网站（如 istaygreen.com）、生态友好的清洁服务网站（如 bidmycleaning.com）或者环境可持续发展的博客、新闻或播客。

信息聚合是指信息系统将位于不同存储库中的数据集合起来的一种方法。数据仓库就是支持这一方法的多个关键技术之一。UPS 的远程信息处理项目，从卡车、驾驶员和与客户的互动中收集了大量的指标数据，把这些不同来源的数据聚合起来并进行分析后就可以获得很有价值的洞察信息（Watson et al.，2010）。

信息分解是指信息系统将信息拆分成它的各个组成部分，属于信息战略的第三种方法。信息系统常常使用这一方法。分类的或更精细水平的信息可以影响消费者采取绿色行动。例如，电力消耗量通常是按照比较大的单位来测量，比如按建筑物、校区或部门。如果有关电力消耗的信息能够被分解，使人们能知道每个单独的部分（如一个特定的办公室，甚至一个特定的设备）相应的能源使用情况，那么消费者将能够更好地了解自己的行为对环境的影响，相应地，也就能够要求消费者调整自己的行为以符合其真正的能源消耗需要（如在他们离开时关掉办公室的电灯）。支持这种做法的新兴技术正在被引入市场，例如 Plogg International（Regina，2013）。

（2）劝导战略

第二种是劝导战略。它的应用场合是当信息系统的潜在目标是引导消费者行为的改变时。这种战略可以进一步细化为四个具体的方法：建议、比较、自我监控和外部监控。

通过建议进行劝导的方式有三种：劝导购买什么、劝导何时行动、劝导如何执行既定的进程。劝导购买什么的情况现在经常出现在各种网站，特别是推荐绿色产品和服务的网站（例如 greenmaven.com、ecoseek.com、thegreenoffice.com）。劝导何时行动的情况发生在信息系统提供何时是采取行动的最佳时机（指环境方面的）的启发性建议时。UPS 的远程信息处理系统（前面已经提到）就提供了这样的例子。通过该系统，公司可以将基于时间的维修方式（在经过一定的时间或使用之后对给定的部件进行替换）转变为基于状态的维修方式（当部件被用到一种明确的事先设定的程度时才予以替换）。这样，发电机等的更换，是在每次车辆使用中收集到的数据提示已经接近失效的时候，而不是在 100 000 英里的时候。因此，UPS 的这个系统可以提出及时的维修建议，从而同时获得经济和环境效益。

较少的企业使用"劝导如何执行既定的进程"这种方法，但它仍然是一种可以考虑的方法。例如，大陆航空公司，其生态航空（Eco-Skies）计划就试图增加一个额外的步骤，让客户在旅行时接受（至少予以考虑）这个问题。具体而言，根据这一倡议，该公司的订票信息系统现在可以让客户查看他们的旅行路线对应的碳足迹，这样，将有利于他们对其旅行造成的环境影响进行等量的碳补偿。从本质上讲，美国大陆航空公司是想给客户一种简单的方法来解释其对环境的影响。

另一个信息系统用来劝导消费者采取对环境更加友好的行为的方法是提供比较信息。就劝导人们节能而论，根据美国心理学协会的研究，来自同行的压力效果最好（Hareyan，2007）。换句话说，要想影响人们的绿色行为，将其能源消耗与其同行相比较会比试图使人们产生社会责任感和渴望省钱更有效。企业已开始利用这一理念，奥斯汀能源公司就是一例。他们创建了一个试点项目，给客户发送"家庭能源节约和节省报告"，目的是让客户能够和与其类似规模住宅的邻居就家庭能源使用情况进行比较。在相同的理念下，洲际酒店集团推出了"绿色参与"计划，比较全世界同类性质的酒店消耗的资源，并列出了各酒店可以采取的用来减少能源和水资源浪费及消耗的一系列措施。"绿色参与"的早期试验表明整个企业的节能潜力可达 25%。许多绿色环保导向的互联网游戏（如 Lil Green Patch、Hot Dish 等）采用同行比较的方式来劝导客户采取环保行为。

自我监控在劝导消费者采取绿色环保行为上也是非常奏效的。这通常是通过技术为消费者提供其能源消耗的直接反馈（从电表上获得的现时数据）。2006 年美国环境变化研究所的研究显示这样的反馈节能范围在 5%～15%。

外部监控是一种与自我监控类似的方法，但它是通过第三方来实施监控的。在前面提到过的 PAYD 保险中，保险费通常是根据行驶路程动态计算的。执行 PAYD 政策的那些人由于受到了激励而倾向于减少行驶里程。PAYD 政策的广泛采用很可能会减少总里程的 10%～20%，从而使温室气体排放和空气污染明显减少（Funderburg et al.，2003）。

现在许多能源消耗和分配系统都可以通过应用传感网来收集有关能源使用的信息，并利用收集来的信息优化这些系统，进而提升系统的能源效率。一个专门的研究子领域已经形成，我们称之为能源信息学。它致力于提出更有效地管理能源供应和需求系统的以信息系统为基础的解决方案，它为我们应用信息系统来降低能源消耗提供了一个综合性的结构框架。

第二篇
能源信息学的应用案例

本篇结合作者多年来在信息系统和可持续发展领域的研究和观察,通过五个具体案例阐述能源信息学框架在车队管理、农业等各方面的具体应用。

第 4 章　UPS 的能源信息学之路[①]

4.1　化"棕色"为"绿色"

　　作为世界上最大的包裹运送公司，UPS 持续监控其化石燃料（CO_2 的主要来源）的消耗情况。实际上，UPS 拥有 94 500 辆车、2909 套设备，是全球第九大航空公司，化石燃料消耗费用平均占 UPS 运营费用的 5.6%。为了获得更多的利益，UPS 一直在寻找减少化石燃料消耗的途径。这一目标与 UPS 渴望成为一个有社会责任感的企业以及减缓全球变暖的速度是一致的。绿色化既有利于企业的发展，又有利于环境改善。"棕色巨象"（对 UPS 的昵称）现在正实施远程信息处理项目以减少能源的消耗和部件的浪费（从而降低成本）。这个项目阐释了能源信息学思想的应用，也是前面介绍过的 15 个楔子中的一个（即减少车辆使用），这里兼有工程和信息系统的解决方案。

　　在 UPS 的能源信息学应用的道路上铺满了由远程信息处理系统收集的大量的车队日常信息这样的数据"砖块"。本章我们首先来描述这一特定项目是如何提高 UPS 的商业价值的。然后，我们再来阐述 UPS 的远程信息处理是如何与能源信息学的一般架构相吻合的，这反过来又为其他组织寻求如何通过改善能源效率来提高盈利能力和增强社会责任提供了一个路线图。

　　① 本章基于参考文献 *Telematics at UPS: En route to Energy Informatics*。该研究得到了信息管理学会高级实践委员会的资助。

4.2　UPS 的发展简史

　　1907 年，吉姆·凯西（Jim Casey）和克劳德·赖安（Claude Ryan）在美国华盛顿州西雅图市创建了美国信使公司（American Messenger Company）来传递信件。其包裹递送业务开始于 1913 年，基于商家包裹递送（merchants parcel delivery），接着成功收购了西雅图的一个竞争对手。在 1913 年，当业务范围从西雅图扩展到加州的奥克兰之后，公司更名为"联合包裹速递服务公司"（UPS），以表明其新的使命。到 1975 年，UPS 在美国的 48 个州建立了服务业务。接下来的一年，其业务扩展到了北美之外，如德国。由于航空速递业务需求的增加，UPS 在 1981 年购买了它的第一架飞机。为了最优化航空计划，UPS 实施了一些世界上最先进的信息系统，比如基于计算机的运行监控、计划和调度系统（COMPASS）。现今，UPS 的业务已扩展到了 200 多个国家和地区，每日运送超过 1500 万件包裹。由于公司具有世界上最强大的递送能力，因此 UPS 还提供重物货运、供应链、后勤物流和分销服务。经过超过一个世纪的成长和创新，UPS 已经成为一个同步协调物流、信息流和资金流的全球领导者。UPS 概况见表 4.1。

表 4.1　UPS 概况

项目	具体情况
创建	华盛顿州，西雅图，1907 年 8 月 28 日
总部	美国，佐治亚州，亚特兰大
员工	406 000 名（美国 331 000 名，世界其他地方 70 000 余名）
2010 年的运送总量	39 亿件
日均运送量	1 560 万件
美国国内日均空运量	220 万件
国际日均运送量	230 万件
服务区域	超过 220 个国家和地区，北美和欧洲的每一个住址
客户	每天 850 万件（取件 110 万件，递送 740 万件）
UPS 网站	日均 2 620 万次在线包裹跟踪需求
运营设施（店面和仓库）	1 801 个
运送车队	92 734 辆包裹运送车、面包车、拖拉机和摩托车，包括 1 928 辆替代燃料汽车
UPS 的喷气式飞机	在用 218 架
包机	308 架
每日航段	国内 942 个；国际 815 个
服务的机场	国内 379 个；国际 327 个

4.3　提高效率的技术

吉姆·凯西是个节俭的人，其公司业务也是精益营运的。他一直在寻找降低成本的方法。自创建以来，UPS 一直高度关注如何确保高效地执行任务。效率早已内置于 UPS 的文化中，就像公司的工业工程师们恪守的格言所阐述的："除了对上帝的信任，其他一切都要精打细算。"（Niemann，2007）以提高效率的名义，UPS 每年在信息技术和信息系统方面花费将近 10 亿美元用来经营业务和服务客户。然而，这并不是说技术决定了企业的计划。正如第一任 CIO 大卫·巴恩斯（David Barnes）所说："在 UPS，没有信息技术战略，只有商业战略。"UPS 的 CIO 被认为是一个全职的商业领导者和一个兼职的技术管理者。

即使技术是决定 UPS 成功的关键因素，它的应用也是驱使于企业使命——与全球商业同步和企业的四个战略举措：增值的解决方案、以顾客为关注焦点、精益求精的企业、必胜的团队。因此，信息系统战略是建立在商业需求决定开发什么样的信息系统和投资什么技术这一认识上的。信息系统必须要能够支持收益的增长。UPS 还认识到信息系统可以带来不同，而不是技术本身，必须把人、商业流程和技术结合到一起创建系统才能成功地促进企业收益的增长。

这种商业驱动的投资哲学是 UPS 远程信息处理项目的核心，它增加了以社会、环境和经济收益来度量的企业商业价值。这明显地体现在包裹流技术和远程信息处理两个项目中。

4.3.1　包裹流技术

2003 年由 UPS 研发并首先使用的包裹流技术可以为司机们确定最有效率的行驶路径。包裹流技术的核心是包裹级细节（package level detail，PLD）。在每个包裹上都可以看到的标签，包含了与包裹相关的详细信息，如送货地址、时间要求、递送方式等。它还包含一个跟踪代码，可以在线进行跟踪。只有 PLD 并不能实现包裹流的最优化。包裹流技术还包括一个调度计划系统（dispatch planning system，DPS），它可以为每个司机提供最有效的投递路线和负载量。这就产生了预装辅助标签（pre-load assist label，PAL），以确保每个包裹都放置在跟踪指定的特定货架上以实现最高效。包裹流技术根据以往的递送模式、预测的需求和例外情况的数据每天为每个司机制订一个调度计划。该调度计划系统要确保司机之间的平衡，并以最后一分钟对卡车装载负荷的调整最小化为目标。在 UPS 同一个司机会递送多种服务，而其他很多递送服务公司不是这样的。结果是，UPS 必须平衡两方面的需求：递送线路必须相对一致；同时对不同递送服务都必须有响应。这种一致性以及进而导致的熟悉程度能够帮助司机避免走错递送路线，同时也意味着客户可以在货物到达的特定时间范围内做计划。

图 4.1　UPS 的第四代 DIAD

资料来源：pressroom.ups.com/Image/DIAD+IV

UPS 包裹流技术的另一个关键要素是投递信息采集设备（delivery information acquisition device，DIAD），即一部掌上电脑（图 4.1）。每个司机都有一个 DIAD，里面包含了每天在那个司机投递线路上的每个包裹的投递安排，以及最有效的投递顺序。日程安排并不是固定不变的，如果在投递过程中有意想不到的情况出现，它是可以被更改的。例如，如果遇到修路，它可以更改路线。如果司机把包裹投递到错误的地址或者忘记投递

了，它就会出现报警声。

包裹流技术可以最小化卡车左转弯的次数[①]、等待交通灯的时间和行驶的路程。这使 UPS 在 2008 年每日投递路程减少了 3000 万英里，这相当于节省了超过 300 万加仑的燃料。同时这也意味着，超过 3 万吨的 CO_2 没有向大气中排放。包裹流技术是迈向提高能源效率的重要一步，朝着这个方向的进一步工作将紧随其后展开。

4.3.2　远程信息处理

持续地专注于做得更好是 UPS 内在的企业文化。1948 年，吉姆·凯西声称"我们的思想必须先行一步——永远不要认为我们在某件事情上做到了完美"（Hess and Kazanjian，2006），虽然包裹流技术产生很大的效益，但是这并不是追求能源效率的最后阶段。一些 UPS 的工程师看到了一些前景，即在监测每一辆卡车的状况和提高车辆的安全性等机会中可以增加额外的效益。此外，虽然 UPS 做出很多努力使车队更有利于环保，但还有许多未开发的机会可以减少碳足迹。挖

① 目的是避免在交叉路口经常出现漫长的转弯状况，所以在澳大利亚、英国、日本和其他靠左行驶的国家，目标变成了最小化右转弯次数。

掘更多节能潜力，为远程信息处理项目提供原动力。

对于远程信息处理，《牛津英语词典》的解释是"基于计算机的信息远距离传送的科学"。这个含义相当宽泛的术语有时却狭义地与全球定位系统（GPS）技术和车辆相关联，正是在这个意义上，UPS 使用了"远程信息处理"一词。2007 年，UPS 成功地在罗斯韦尔（Roswell）和阿森斯（Athens）——这两个城市都在美国东南部主要城市亚特兰大附近——超过 300 辆送货卡车上试用了远程信息处理系统。2008 年，UPS 将试点范围扩大到包括美国 10 个城市和加拿大 1 个城市在内的地区的另外 1500 辆车。2009 年，远程信息处理项目进一步扩大到另外 56 个地方和 1 万名司机。

现代的交通工具，包括 UPS 使用的车辆，都包含感知车辆状态的技术，并可以通过连接车辆各部件的汽车总线获得这些状态信息。如今，交通工具包含许多电子部件，例如防锁死刹车系统、稳定性控制、排放控制和发动机控制单元。这些不同的部件插入了能够支持各单元间通信的汽车总线。汽车速度、温度等的传感器也与汽车总线相连接，它们提供的数据可以由电子模块使用，也可以收集起来作为车况记录用于某个特定实例分析。没有统一的标准，但是在汽车行业有一些通用的汽车总线规范。

UPS 已经为其车队中的各种车辆的不同总线开发了专有固件。这些固件被安装在 UPS 的汽车上，收集和记录车辆在日常使用时的状态。其结果是，UPS 可以获得 200 多项与汽车相关的数据，如每分钟转速（RPMs）、油压、是否使用安全带、卡车挂倒车挡的次数以及空转的时间等。UPS 全天都在持续不断地捕获这些带有时间标记的数据。而且固件也是包含 GPS 芯片的，因此每个数据点都附带有位置信息。在最新的设备中还有一个加速度计（加速度传感器）——一种测量汽车速度改变速率的传感器。为了收集这些数据，每天每辆车都会被读取 2000～5000 次。在包裹投递过程中收集到的数据会在一天结束的时候自动从卡车传到本地集线器（hub）的接收机中，然后发送到 UPS 位于美国新泽西州莫瓦（Mahwah）的数据中心，在这里，使用专门为支持远程信息处理项目而开发的UPS 软件进行数据分析。

带有时间标记的记录位置的数据也可在投递包裹时由驾驶员的 DIAD 捕获。因此，由 DIAD 收集的数据可以很容易地和每一辆卡车的远程通信系统结合起来，因为它们共享一个共同的要素"协调世界时"（简称 UTC）的标记。UTC 记录了相对于格林尼治标准时间的所有时间，这便于在业务跨越多个时区时进行对照。

UPS 还可以提取信息，比如，何时司机在送完货之后忘记系安全带，或者在伦诺克斯（Lenox）路 125 号和阿瓦隆（Avalon）街 15 号之间司机走的哪条路。UPS 的软件让管理者能够重现司机一天的完整路线，并利用这种可视化的系统演示和其他形式的报告与司机一起改进工作，从而缩短他们行驶的路程并降低燃料的消耗。重要的是，这些数据也可以用于确保司机们遵守 UPS 安全标准和社区安全标准，进而提高其安全性。管理者们还可以从这些整合后的数据集中获得许多其他有价值的见解。

　　UPS 的两个资深的工程师约翰·奥尔森和马克·戴维森分别牵头开发了必要的应用软件来分析数据池（后端）和必要的接口软件与司机和各级管理者共享信息（前端）。奥尔森和戴维森都将他们的工作描述为从那些奋斗在"战壕里的人"那里汲取经验。作为在 UPS 工作超过 30 年的老员工，他们具有与公司运营各个方面相关的深厚的领域知识。为了让这些数据有意义及最好地用于沟通，这些资深的管理者大多数的时间都是在 UPS 的罗斯韦尔分部度过的，这样他们就可以频繁地与那些使用系统报告的司机、管理人员和技工们进行互动。

4.4　远程信息处理项目的开发与效益

4.4.1　远程信息处理项目的开发

1. 后端开发

　　奥尔森和他的高级商业智能专家团队对数据进行分析以确定数据模式，再在必要方面提出解释和建议。他们估计需要花费 4～5 年的时间收集足够多的数据，才能应用数据挖掘技术成功地确定数据模式。例如，他们发现卡车空转时的燃油消耗总是很高的，一旦卡车开始移动，燃油消耗率就会下降。这种发现引导他们去收集更多的关于卡车空转的数据，最终对司机提出适当的建议。其结果是，每部卡车每天的空转时间平均减少了 15 分钟，也因此降低了燃油消耗和燃油排放。

　　解释数据需要广泛的领域知识和支持业务分析的软件。正如奥尔森解释的："现在我们关注的数据基本上有两种类型：红色代码是跟踪记录汽车每一个部件性能的车辆数据，如果发现红色代码的数据有任何问题，我们会将卡车送去维护并修复具体部件；绿色代码是与环境因素相关的数据，如 CO_2 排放量。对绿色代码实行的是智能控制，如果发生任何问题，它可以让我们在当天做出反应。"

　　由于获取和分析了几乎所有部件的性能数据，所以能够迅速识别异常模式，并可以追溯到产生问题的部件。这就使得车辆能够处在维护和保持良好运行状态中，司机能够处于安全驾驶中，客户能够更满意。

2. 前端开发

一旦对收集到的数据进行分析，就需要就提取的信息与合适的利益相关者进行沟通。例如，如果司机在最近的送货路线上有某些不安全的驾驶行为，那么专门为提供司机驾驶表现信息而设计的接口程序就会产生一个异常报告。戴维森这样描述这个异常报告的产生："我们的一线管理在日常基础工作上需要花费大量的时间。我们的运营管理的主要实用性需求是创造一个接口系统，能够使我们花费最小的成本和最少的时间获取所需信息。这就要求我们编写算法，对从 DIAD 和远程信息处理系统整合得到的数千个数据点进行分析，为我们的一线管理有机会改善安全状况、服务状况、燃油效率以及行驶路线提供具体的反馈和指导。"异常报告是管理人员和司机交流的核心内容。事实上，由于数据量巨大，并非所有的事项都会被报告。系统只会有选择地报告那些违反既定的安全做法或效率政策的事件。

3. 部署

琳达·布拉德福德（Linda Bradford）是远程信息处理项目团队的又一关键人物，主要负责业务部署。由于需求的变化，这项工作估计很艰巨。从一开始，UPS 就意识到要说服司机们相信连续监测他们的驾驶和递送等各方面的情况是有益的、具有挑战性的。

远程信息处理项目的成功与否特别依赖于司机与管理人员能否接受。因此，UPS 开展了面向司机的大量培训和教育项目。UPS 开展了多次活动，为司机、工会代表和司机安全委员会讲解远程信息处理项目及其重要性。每次活动一般都包括 20 分钟的演示，经常是关于安全方面的（例如，如果需要倒车，司机应该在投送货物之前完成）。UPS 对其司机是开放的：他们会和司机们分享基于收集到的数据所进行的分析结果报告的实例，以便让司机们准确地了解哪些数据被记录了。

此外，司机们还会被告知，和同行中的标杆相比较，他们的个人驾驶行为表现如何。这些被告知的内容还包括一些指标，如车辆空转的分钟数、舱壁门没锁时车辆开动的次数。部署远程信息处理项目时，需要花费大约 7 周的时间来完成教育培训。实施的方案是根据对每天收集到的数据不断地进行分析后得到的安全和效率方面的新见解而定期修改的。远程信息处理项目报告系统的教育培训现已被纳入所有新司机培训当中。

4.4.2 　 远程信息处理项目的效益

远程信息处理项目带来的效益正好是 UPS 实践可持续发展承诺的三个方面：社会、环境和经济（即可持续发展的"三重底线"）（Savitz and Weber，2006）。可持续性是环境发展的最终目标，也是我们在地球上长期定居的必需条件，而能源效率是许多组织近期的主要目标，企业社会责任则涉及更广泛的目标。所以，许多企业，包括 UPS，追求其投资的社会效益、环境效益和经济效益。

有趣的是，许多企业的社会效益都会伴随着环境效益和经济效益。例如，UPS高度关注安全问题就有广泛的社会影响。交通事故有很大的社会成本，对此很多人马上会想到清理交通事故所引发的化学品泄漏所产生的成本。幸运的是，这样的交通事故，与日常小剐小蹭的车祸可能造成高速公路数英里或几小时的交通堵塞相比，是比较罕见的。但数千辆的汽车空转也会消耗能源和污染空气。2007 年，美国的交通堵塞就额外消耗了 28 亿加仑燃料，据估计，交通事故可造成 25%的非经常性交通堵塞。由于更加安全地驾驶可降低能源消耗，拥有将近 100 000 辆长时间在公路上行驶的汽车的 UPS 在这方面将受很大的影响，其他拥有大型车队的公司也一样。

参与远程信息处理项目数据分析的人的普遍感觉是，还有很多可以探讨的东西，尤其是当远程信息处理系统应用于其他领域时，比如 UPS 的拖挂车车队。一旦有新的益处和洞见被发现，公司的部署团队就会就其与相关人员进行交流。

1. 社会效益

社会效益主要是与提高司机的安全性相关。通过详细监控司机驾驶模式，UPS的管理者具有了建议司机形成更安全的驾驶习惯的能力。例如，虽然安全带使用的遵守率很高（98%），UPS 却能够在剩下的 2%的时间确定司机都在什么时候没有使用安全带，并给司机提供具体的建议来提高安全带使用率。相应的结果是，系安全带的比例增加到接近完美状况（99.8%）。司机驾驶卡车调头的次数（出于安全考虑，UPS 训练司机尽量避免的一种行为）也减少了大约 1/4。倒车的距离、时间、速度与停车数据相关联，以确定投递业务是民用的还是商用的。有些司机要求每日报告他们的驾驶行为，以便他们了解自己的驾驶习惯并改进驾驶方式。一名司机利用这些数据使其每天调头次数从大约 40 次减少到 4 次，他已经给自己设立了零调头的个人目标。很多司机都为自己每天工作时的高超驾驶技术感到自豪，但是他们经常缺少数据来了解如何改进。UPS 的司机现在就有这样的了解和改进的机会。

管理者们已经知道现在司机在安全习惯方面需要监督的已经很少了，因为他们会使用远程信息处理系统收集的数据来自我纠正。UPS 的经理报告说，在他们与司机们对安全事项（如安全带使用情况、倒车行为、锁车门等）进行审核之后，情况有明显的改善。最后，由于远程信息处理系统提供了 UPS 车辆相关机械和电气状况的完整信息，车辆的可靠性提高了，同样司机和社区的安全性也提高了。

2. 环境效益

远程信息处理系统可以让UPS有机会通过减少燃料消耗和零件更换获得环境效益。

与远程信息处理项目直接相关的环境效益是燃料消耗的减少。降低燃料消耗有以下几种方法。一种方法是为每一辆车制定更有效的路线。例如，如果某一车辆在时速 40 英里时燃油效率达到最高，那么就可以规划一条使该车保持这个速度的路线。另一种方法是监测并减少车辆的空转时间。通过对 UPS 远程信息处理得到的数据的计算，每辆车每天能减少 15 分钟的空转时间。考虑到每辆车空转超过 10 秒消耗燃料比重新启动发动机要多，而卡车空转时排放的污染物是时速 32 英里的卡车的 20 多倍，对于 UPS 的超大规模车队而言，实现所有递送的空转时间的最小化，所产生的环境影响是巨大的。

远程信息处理系统的数据可以使UPS将定期维修计划改为基于条件的维修计划（在后文经济效益部分我们将会解释）。需要更换的零件减少了，进而促进了环境的可持续发展，因为扔到垃圾填埋场的废弃零部件减少了。此外，现在 UPS 能更精确地了解许多车辆的性能。由于对庞大和不断增长的数据存储应用了数据挖掘类技术，对于特定的问题，UPS 能够更精确地判断哪部分部件是需要更换的。在此之前，机修工们，尤其当他们对某特定发动机类型缺少经验时，则倾向于采取更换和测试方法来解决问题，这就导致他们往往在排除设备故障时使零部件的花费超出实际所需，从而造成了不必要的零部件更换。

3. 经济效益

远程信息处理项目产生的经济效益主要来自三个方面：①降低燃料消耗；②提高车辆维修效率；③提高路线效率。

如前所述，减少汽车的空转时间降低了燃料消耗。通过为司机和管理团队提供远程信息处理系统产生的与空转有关的信息，司机们让卡车空转时间每天减少了 15 分钟。按照一辆典型的 UPS 货运卡车空转一小时燃烧 0.5 加仑燃料计算（Gaines et al.，2006），全世界范围内 UPS 有超过 90 000 个送货的司机，在全面部署的情况下，远程信息处理项目仅在燃料方面就能节省大量成本。另外，这还将因为减少了发动机的运行时间而延长车辆的使用寿命。

每 1000 个包裹消耗的能源是 UPS 的一个关键绩效指标，见图 4.2。由于多种努力，比如远程信息处理系统的应用，UPS 一直保持着相当稳定的能源消耗，尽管 2002～2008 年，UPS 的业务中商业和住宅的比例从 80∶20 转变成了 70∶30，住宅的投递需要更多驾驶路程和停靠时间。幸运的是，当 UPS 的业务调整到能源消耗量大的家庭投递业务模式时，远程信息处理项目正式开始实施。

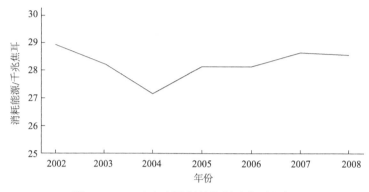

图 4.2　1000 个包裹消耗的能源（美国业务）
资料来源：UPS，2009 年

在应用远程信息处理系统之前，UPS 并不知道车辆的确切情况。通过使用一个有计划的维修程序来确定何时对车辆进行维修。例如，启动电机每 18 个月更换一次，不管卡车停靠了多少次。由于不能准确地评估汽车零件的情况，很多费用花在了频繁地更换那些还有很长使用寿命的零件上。现在，有了远程信息处理系统，UPS 的机械师们可以详细地看到每辆车的关键机械和电气功能的详细数据——每天都行，没必要停用该车。这使 UPS 的维修计划从车辆的定期维修转变为有问题时才去维修，从而减少了维修费用（Williams et al.，1994）。例如，远程信息处理系统让机械师们可以基于启动电机时需要的转数和消耗的电压来决定是否更换电机。远程信息处理系统还可以帮助 UPS 的工程师确定，在某些情况下，汽车需要更换的不是喷油器而是廉价的 O 形圈，这样就可以节省很多成本。

出于安全和监管目的，司机必须在每一天工作结束时报告他们的车辆出现的任何问题。微小的、非安全相关的问题可能被忽视，如果意识不到这些变化，包裹递送时出现故障的可能性就会增大——这类故障代价昂贵。远程信息处理项目已经消除了这些导致车辆送货失败的因素，从而为 UPS 节省了成本。

包裹流技术改进了计划，这使得 UPS 的车辆路线调度更有效。远程信息处理系统的应用，提供了进一步的路线效率改进方案，还通过将实际行驶线路与配送计划系统的计划路线进行对比，降低了行驶的里程数。

4.5　UPS 案例与能源信息学

UPS 远程信息处理项目的核心思想还可用于许多其他的情况来减少能源消耗，因为该项目例证了正在兴起的一类关注能源效率的信息系统。我们在第 2 章中介绍了能源信息学的框架，并描述了这类新兴信息系统的一般特征。现在，我们用 UPS 的远程信息处理项目来举例说明这个框架的核心思想。

能源信息学框架中三种类型的技术，即流网络、传感网和感应体都出现在智能能源管理系统中。要将这三个技术要素整合到一个系统中来，信息系统是必不可少的。

4.5.1　流网络

UPS 有两种流网络（图 4.3）需要考虑：支持车队将货物递送到客户的道路系统和将包裹从来源地传送到目的地的包裹流系统。就像 UPS 案例中所显示的那样，一种流网络通常是嵌入其他的流网络中。UPS 的包裹投递系统有三个层次：包裹、卡车和道路。无论是道路系统还是卡车车队都是流网络，并且卡车车队嵌入在道路系统里。道路系统是固定不变的，是不需要 UPS 关心的，因此 UPS 改变卡车流网络来减少能源消耗。

包裹是另一个主要的关于能源消耗的流网络。其他多种流网络用于包裹的流转中。例如，一个包裹的运送可能通过多个卡车、飞机和传送系统。UPS 的包裹流系统就是为了减少使用这些各种各样流网络系统的成本以及能够跟踪在流网络中流动的包裹而设计的。

因为流网络对 UPS 是如此重要，所以提高流网络的效率是走向可持续经营和提高盈利能力的必要步骤。就像 UPS 案例描述的，优化卡车流需要高度细化的信息和复杂的算法。

4.5.2　传感网

在 UPS，作为包裹流技术的一部分，传感网是基于包裹标签条码阅读器和 DIAD 的。包裹标签条码阅读器分布在整个包裹处理过程中，DIAD 则记录向客户交付包裹的过程。这些设备只是跟踪和报告包裹状态这一庞大网络的一部分。此外，现在许多城市都有测量道路网络上的交通流的传感网。

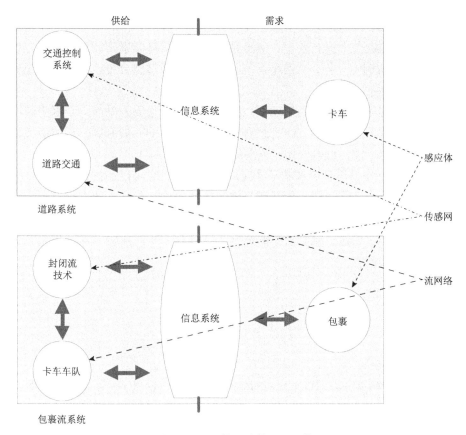

图 4.3　UPS 的两种能源流网络

4.5.3　感应体

在远程信息处理情况下，有两类感应体。每一辆卡车是一个感应体，可以收集途中的数据并在返回车库时进行报告。这些数据被用来优化与道路系统流网络的接口。包裹也是感应（条形码）物体，UPS 使用有关包裹的数据来对车队进行优化。

4.5.4　信息系统

UPS 的远程信息处理系统收集数据来全面地描述两个能源消费系统（道路网络和卡车车队）是如何交互作用的。道路系统中每辆卡车上的每个包裹的路径都可以进行追踪，并在这个过程中收集数据加以分析，以便降低在道路系统和车队运送中的能源消耗。信息系统各种元素（传感网、流网络和感应体）联结在一起，在流网络内部和流网络间提供一个集成的解决方案。尽管 UPS 在长期使用信息系统来提高运作效率，但是远程信息处理项目增加了可供分析的信息量，并使 UPS 能够发现更多的机会来提高效率。信息系统是能源信息学框架的关键基石，原因是，就像 UPS 案例中一样，从两个系统收集的数据通过整合可以创建支持包裹递送最优化的信息流。

UPS 的远程信息处理项目展示了信息具有改变能量方程的能力。因为流网络在现代经济中是无所不在的，UPS 远程信息处理项目的一般原则，正如能源信息学框架所提炼的一样，可以应用于许多组织中。

在 UPS 案例中，包裹流技术已经应用到位，并且它可以通过传感网提供有关包裹流动的非常详细的数据。而对于其他组织，也许首先必须建立传感网和感应体来收集足够的数据以支持特定的流网络的优化。UPS 现在仍然在不断地学习其通过远程信息处理和包裹流动收集的数据，并且在未来几年内，这个数据流很可能将带来新的见解。

4.6 案 例 启 示

UPS 的远程信息处理项目为其他的能源信息学项目提供了几条重要的经验。

4.6.1 领域知识对项目成功的重要性

UPS 罗斯韦尔分部的小团队花费了几年的时间对远程信息处理进行构思、创造、原型化，并进行了实地调查和提炼。从分类、装载到高级管理领域，这一团队总体上大约有一个世纪的 UPS 工作经验。他们没有给位于某一遥远的企业或校园里的程序员提供信息需求，而是直接建立原型系统，并加以完善，直到建成一个有效的系统。当原型系统在实验区运行成功后，他们才将它提交给公司的信息系统部门进行正规化和管理起来。领域知识往往是项目成功的关键因素。在这个案例中，UPS 就是以高层次的领域知识开始的，然后通过反复的实地开发使其迅速发展完善。罗斯韦尔的团队被给予了足够的机会，频繁地进行测试和学习。

控制也落实到位，以确保所产生的创新在企业战略中起到一定的作用。通过安排 UPS 高级管理者，包括 UPS 管理委员会的成员，对项目进行定期审查，使得每个人都可以看到在罗斯韦尔分部检测和实施的项目计划、进度和所产生的结果。实际上，UPS 还成立了一个小型的聚焦 R&D 的中心，它不属于信息系统小组，但是在公司的管辖范围下，以确保与公司的目标相一致。

在竞争极为激烈的世界，许多人都尝试创新，而且创新及其被采纳的速度变得至关重要。UPS 已经制定了一套流程，使远程信息处理的知识得以快速积累，并使得远程信息处理团队与企业管理者之间进行直接联系。创新步伐在加快，同时 UPS 的管理委员会对创新有统一的理解，这使得对创新的采纳可以快速且顺利地持续进行。

4.6.2　创建和开拓数据生成的机会

罗斯韦尔团队意识到，每辆巴士通过其内置的汽车总线收集的每天的数据都还有一些未被开发。他们能想象到这些数据的一些用途，并且决定建立一个系统来捕捉它们。很多时候，公司仅仅捕获由基本事务处理产生的数据副产品，而忽略了其他的可能对改善业务和支持战略目标激发灵感的那些数据来源[①]。

4.6.3　利用信息的力量改变行为

UPS 的司机，与大多数员工一样，想要提高安全性和效率，但是他们在从远程信息处理项目接收信息之前，无法轻易发现那些容易改进的行为模式。如果你不知道自己正在做什么，那又如何去改变自己的行为呢？此外，正如我们在第 1 章中所讨论的，一种非常有效的节约能源的方式就是说服人们与具有类似情况的其他人进行能源消耗的比较。UPS 的远程信息处理项目所产生的数据能让每位司机得到这类对比问题的答案，例如，"相对于其他司机，我做得怎么样"或者"我们的仓库与其他的相比怎么样"。

4.7　本　章　小　结

4.7.1　能源信息学思维的拓展

2010 年 3 月，UPS 实行了"智能取件"做法，这是其对节能减排的另一页

---

① 有关数据生成的更多信息，见 Piccoli G, Watson R T. 2008. Profit from customer data by identifying strategic opportunities and adopting the "born digital" approach. MISQ Executive, 7(3): 113-122.

献。以前的标准做法一直是，无论是否有货物要取，UPS 每天都要到那些中小型企业进行停车询问。现在是只有在客户安排包裹递送时 UPS 的司机才开车去那里停车取货。这样，UPS 估计其卡车每年可以减少 800 万英里的行驶里程，节省 790 000 加仑的燃料，并减少约 7800 吨的 CO_2 排放（GreenBiz Editors，2010）。

用能源信息学的术语，那些UPS 提供服务的中小规模的企业已经是被感知的，并能发送简单的二进制信号（用 yes 或 no 表示是否有取件），向 UPS 提出信息服务的请求，使其能够更有效地计划取件和递送路线。我们已经发现，在我们讨论的几个案例中，能源信息学的系统都是基于二进制信息的（例如，是否有车停在停车位或工作区是否有人）。因此，对于许多企业而言，一个很好的出发点是寻找那些能够为减少能源使用提供关键信息的简单的二进制的回答。这种感知的机制是很简单的，信息系统也就不那么复杂，尽管在 UPS 的案例里，该二进制数据被送入开发了多年的复杂调度系统中。

4.7.2　信息系统的变革力量

UPS 的创始人吉姆·凯西，创建了一种面向未来的文化。正如他在 1954 年说过的："志向决定成就。"（Niemann，2007）对于有长远目标的企业而言，信息系统是使其生产力和服务达到更高水平的思维和业务的拓展工具。对信息系统的变革力量的认识经常依赖于这些有洞见的案例，它们从新的层面揭示了信息能力对改变业务性质和竞争的作用。美国医疗设备供应公司试图减少客户数据输入错误（Vitale，1985）的尝试揭示了信息系统改变竞争环境的力量。那些显示信息变革力量的案例的出现，使我们远远摆脱了以前的短视，如认为计算机只不过是快一点的计算器，估计它的全球市场仅有五台。面临全球气候变化和过量 CO_2 排放问题，世界需要充分发挥信息系统的变革力量，以减少能源消耗，提高可再生能源的利用效率，并使人类行为向环保的方向改变。作为能源信息学原理应用于能源分配和消费问题的特例，UPS 的远程信息处理项目为信息系统在提高车队能源利用效率中所起的作用提供了一种思维方式。

第 5 章　能源高效型农业①

5.1　农业与能源

农业始终需要能源，今天我们仍然可以看到在农业实践的全过程中会使用各种各样的能源。乘火车从上海到北京，你会看到，农民用他们从种植农作物起就一直在使用的工具在田间锄草；游览安第斯山脉上的高原湖泊——的的喀喀湖，走在去湖边的路上，你可能会看到农民扶着用一对牛套着的犁具在耕田；在西澳大利亚的小麦种植带上，你会看到自走式联合收割机车队在收割谷物。在发达经济体中，农业高度机械化，农业属于能源密集型产业，因此通常依赖化石燃料。

农业对能源的使用可分为直接和间接两种。柴油和汽油需要用来发动农用车辆和农用装备，以使用它们进行耕地、播种、收割，进行施肥和打药，以及进行农业运输。天然气、液体丙烷和电通常用来为作物烘干机和灌溉设备提供动力。电还为住宅和谷仓提供动力。牛奶场的运转也需要电力。农业机械需要油和润滑剂。从间接使用能源的角度来说，农用化肥和农药的生产也要用到能源。例如，天然气的消耗占氮肥生产成本的 75%～95%。美国农业部估计，能源成本约占农业总现金支出的 15%。减少能源消耗的主要途径是减少柴油和电力的消耗（直接消耗），以及减少化肥消耗（间接消耗）。美国农业的能源使用情况（2002年）见图 5.1。

① 感谢 Golden Grass 公司的主席 Turki F. Rasheed 先生和 Ag-Networks 的首席执行官 Michael Hammond 先生对本章初稿提出的意见。

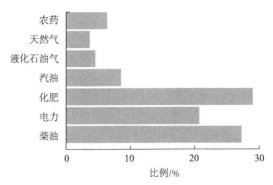

图 5.1　美国农业的能源使用情况（2002 年）

资料来源：Miranowski et al.，2005

农民使用的两种重要的自然资源是土地和水。保护这些稀缺资源和提高能源效率可以是互补的行动。农民如果不对农作物过度灌溉，就不仅可以节约水资源，同时也减少了灌溉系统抽水需要使用的能源。然而，对土壤的需求或跨田耕种的农作物是各不相同的，灌溉和化学药品应用的决策相对于围场而言需要更加精细。因此，许多农民都已转向精细农业，以减少其直接和间接的能源消耗。这种做法正是通过精心收集耕地的土壤类型和作物需求等信息才能实现的。精细农业也包括农业的其他各方面，如自动驾驶拖拉机以确保使用最少的能源来犁地或收割。

5.2　差异性问题

农业需要精确化。因为作物的产量极大地依赖主要投入因素的变化，如地形、土壤和降雨量。下雨时，农田的坡度决定了能有多少雨水被吸收、多少表层土壤和养分被冲走。土壤的成分将影响多少水分被吸收、多少水分因蒸发而丢失。此外，作物能够吸收的养分是由土壤的质量和种植的作物的类型相互作用决定的。第三个主要变量是降雨量。气候变化无常及其影响从澳大利亚丛林诗人约翰·奥布赖恩（John O'Brien）的诗歌《汉拉汉说》中便可见一斑：

"如果再不下那么三英寸雨水，我的兄弟，

或者需要四英寸才能打破这干旱，

否则，不出年底，我们就都完了。"汉拉汉说。

"岸边的每一条小溪都在奔腾，大坝里溢满了水。

如果这雨再不停，我们就都完了。"汉拉汉说。

几个世纪以来,农民们试图利用大坝和灌溉系统将水导向其田地以避免灾难。如果对一块土地的土壤不仔细区别,灌溉系统就不会很精确。结果,当一些土壤吸收的水和肥料超过了作物生长所需的量时,水和肥料就可能被浪费,而另一些土壤又可能因为没有得到足够的水和肥料而使作物的生长受到阻碍。因此,农民通常采取过量浇水和施肥的方法,这同时意味着能源的过度使用,因为浇水需要泵,施肥需要农用设备。精细农业可以节约水、肥料和能源,但它需要精确的信息来确保谨慎地使用这些关键资源。

5.3　节约用水和能源效率

在美国,灌溉耗用的淡水量是占比最大的,大约占总用水量的 1/3。全世界灌溉农业需水量大约占总用水量的 70%,而发展中国家则占到 90%左右(Natural Resources Management and Environment Department,2003)。例如,沙特阿拉伯的农业用水占总用水量的 87%左右(Ministry Economy and Planning: Kingdom of Saudi Arabia,2009)。越来越多的地下水用于灌溉,地下水开采率超过补给率的情况并不少见。由于灌溉系统中抽水和浇水都需要能源,所以节约用水和节约能源可以齐头并进。

此外,淡水正日益成为稀缺资源,一些人猜测,未来的战争将为获得淡水资源而爆发(Solomon,2010)。1995 年,世界银行时任副行长伊斯梅尔·萨拉杰丁断言:“如果本世纪的战争是因为石油而战,那么下个世纪的战争将是为争夺淡水而战。”

我们完全可以把能源信息学的思想运用到水资源上:

水+信息<水

5.4　可变速率灌溉

作为美国第一个特许公立大学和赠地大学的典范,UGA 数十年来一直在积极改善佐治亚州的农业。最近,由于 2007～2009 年佐治亚州的长期干旱,节约用水变得更加重要。此外,还有人预测全球变暖将导致更大的降雨量变化,甚至降水减少。最近的关于佐治亚州灌溉情况的调查报告显示，近 3000 亿加仑的水被用于灌溉。在佐治亚州有 150 万英亩①土地需要灌溉，有超过 11 000 个中心枢轴灌溉系统用于灌溉这些土地的 75%左右。总体上，在美国大约有 15 万个枢轴灌溉系统在浇灌 2000 多万英亩的土地。

传统的大水漫灌和沟灌方法的用水效率通常都非常低。而喷水系统往往会更有效率，特别是中心枢轴灌溉系统的工作效率和用水效率使之得以被广泛采用。中心枢轴灌溉系统包括一个中心枢轴，该中心枢轴与一组定向管段相连接。每个管段的终端是一排轮子，因此整个系统能够围绕中心枢轴点做圆周运动。最外面部分的轮子控制整个系统的速度。根据管段的长度得到的圆半径通常是 0.25 英里。枢轴固定整个系统，也是电和水的来源。当系统在田里进行圆周运动时，水从枢轴点被抽到每个管段的喷头。为了让水均匀地被喷洒，喷头的水流速度随着与枢轴点的距离的增加而增加，因为系统旋转时外管段覆盖的土壤比内管段要多。大多数系统向下喷雾，以减少蒸发和随风漂移。当我们从乡村的上空飞过时，经常可以看到灌溉系统。灌溉的作物圈可以和周围环境明显区分出来。

枢轴灌溉系统是模仿自然的——在一个相对较小的区域内提供一场均匀的人工降雨。然而，与自然降雨存在变数相比，枢轴灌溉系统能够在一个小区域内（如 125 英亩或 51 公顷）的麦田里均匀地灌溉。但是，枢轴灌溉系统忽视了被浇灌的特殊类型的土壤和作物的某些特殊要求。此外，水也可能被浇到没有种植作物的地方或需水量较少的作物上。有些土地形状是不规则的或只占用圆圈的一部分。在理想的情况下，农民应该能够在被灌溉的土地上种植各种不同种类的作物，无须考虑地形，并且能够在不同的时期种植。设计的目标应该是满足需求而不是模仿大自然。因为在这种情况下，大自然并不能为农民提供一个很好的解决方案，正如我们已经从《汉拉汉说》的悲凉的诗句中了解到的。当需求变化时，均匀地浇灌是不能解决问题的。

美国 UGA 已经与澳大利亚的 Farmscan 公司合作，以创建一个速率可变的中心枢轴灌溉系统，使运送到不同地段的水量都是恰当的。系统通过控制每个洒水喷头的状态和整个系统的速度这两个关键参数来改变水的输送量。洒水器可开启或关闭，或者可动态而精确地改变其水流速度。

即使是在小区域内，土壤的差异也可能相当大。例如，一块 100 英亩的土地可能有 6～7 种不同的土壤。②每种土壤对水分和养分的需求可能有显著差异，输送的水和肥料应体现这些需求。为了支持精确灌溉，一块土地分为几个 2°～10°

---

① 1 英亩 ≈ 0.405 公顷。

② 依据笔者与佐治亚大学土壤科学家 Lawrence Morris 博士进行的个人沟通。

的扇区，每个扇区最高可覆盖 48 个辐射区，这样，一块土地可以分解成多达 8640 个小的部分，每一部分的土壤和其他一些特性可以精确地被定义。

　　用桌面软件明确地图上每一部分土地的需求，然后将产生的结果数据文件装入灌溉系统控制器中，控制器利用该信息和 GPS 技术精确送水。据估计，在一个降雨量为平均值的年份里，这样的系统能够节约正常用水量的 17%。伴随而来的是相同比例的能源节约，因为用泵抽取较少的水量时，需要的能源也较少。

5.5　农场的能源信息学

　　如果我们使用能源信息学框架来描述可变灌溉系统（图 5.2），我们会注意到几件事情。首先，水是我们感兴趣的流动的东西，用泵抽水和在田里通过移动灌溉设备为作物浇水都需要能源。其次，喷嘴是可以感应的，以便开启或关闭；或者在一个更复杂的系统里，喷嘴的大小是可以调整的，以控制水流量。洒水系统虽然不是一个严格的传感网，但其运作却很像这样一个网络，因为它们以协调的方式工作。我们要知道，喷灌系统处在一个开放的环境中，经受雷雨等恶劣天气，这意味着电子部件可能会被雷击损坏。因此，在考虑喷嘴及相关电子产品的设计时，重置成本及坚固性是很重要的问题。最后，感应体是土壤。这种感应是静态的，因为在某个时间点记录一块土地上不同土壤的特点的土壤调查是在图上完成的，并以地理编码格式存储这些数据。因此，这个感应体有很长的刷新时间，可能是几年。

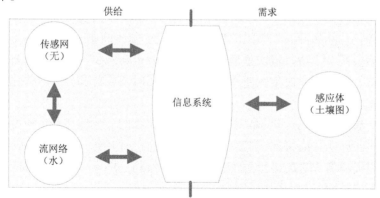

图 5.2　可变灌溉系统的能源信息学框架图

可变灌溉系统的一个缺点是它无法测量土壤的水分。利用土壤水分信息并结合土壤类型的数据可以更加精确地确定输送到每一部分土地的水量。可以预见有两种可能的方法收集这些数据。第一，将土壤水分传感器放置在土壤中。紫蜂协议已经通过实验部署用于检测部件的稳定性和土壤水分测度的准确性。这些传感器能够在灌溉之前被激活，土壤水分数据与土壤类型数据的集成可以确定输送到每一部分土壤的水量。第二，一套基于电磁感应的短距离远程传感器（例如微波或红外线）可以连接到灌溉系统的悬臂。这些传感器能稍微领先于移动的灌溉系统来检测出即将接近的土壤的水分。这些数据将与土壤类型数据动态地结合起来用于设定输送的水量。

以上两种方法说明：第一，当前的数据为决定采取何种行动（这里指需要喷洒多少水）提供了更高的精确性。当前的土壤水分是受很多因素影响的，比如降雨、灌溉、温度、风力、植被、土壤条件、地形等因素的改变。土壤类型是一个决定因素，它基本上可以决定土壤的湿度。第二，传感网应聚焦于测量那些有利于提高决策质量的因素。灌溉系统的目的是要改变土壤含水量状况，因此在灌溉之前了解土壤的含水量是一个关键因素。其他因素，如土壤类型和预计温度，将在确定目标含水量和为达到这一目标需要输送多少水的问题上成为关键因素。第三，传感器和传感网是可以固定的，比如以紫蜂协议为基础的装置被埋在土壤中；传感器和传感网也是可以移动的，像前面描述的挂在灌溉系统的悬臂上。具体选择受安装和预期生命周期内运营成本的制约。

灌溉系统也可以用来传送化学品，如化肥、除草剂、杀虫剂、杀菌剂。高效节能的可变化学灌溉系统①与可变灌溉系统的原理是相同的。每块土地对化学品的需求是不相同的，这和不同的土壤对水的需求不同是一样的。通过对植物生长过程中，或除草、杀虫、消除真菌和病毒感染所需的各种化学品的精确输送，可以直接减少能源消耗。当许多农民将注意力集中于那些最需要管理的土地上时，他们就有滥用化学品的倾向。当能够精确地处理土地的不同需求时，由于田地里施用的化学品会减少，所以运送过程中消耗的能源也会减少。还可以通过间接的方式节约能源，因为当农民集体使用较少的化学品时，生产和分配这些化学物质所需的能源就会相应地减少。

当然，获得精确输送化学品的信息可能是困难的，但即使是粗粒度的地图，只要绘制出一些明显的特征（例如在这一地区没有农作物），也能使能源得到节约。显然，这里需要更先进的传感系统提供必要的信息。然而，悬臂式感应系统在田里旋转时可以检测各种不同情况是不难想象的。

---

① 灌溉系统是将化学品注入灌溉水中，并将其施用于作物或田地。

5.6　作为能源系统的农场

灌溉系统不是农场里唯一的能源消耗者，还有各种典型的农具和农业设施，如谷仓、牛奶场、鸡舍等，它们的运作都需要汽油或电力。农场也具有成为可再生能源制造者的潜力——主要通过太阳能、风力发电和生物燃料。太阳能系统可以建立在不适合发展农业或那些特别没有生产力的土地上。许多农场都位于开放的地域，鉴于其有达到一定阈值的风力的优势，所以适合风力涡轮机。农场还可以是生物燃料的原料来源，即植物和粪便，这是产生清洁能源的第三个机会。Ag-Networks 已经认识到这种潜力，并正在研发一个用来收集和整合来自农场的各部分的能源消耗和能源生产数据的仪表盘，为农民提供提高能源效率所需的信息。

5.7　案　例　启　示

5.7.1　可变性是一个普遍问题

可变性不只是农民面临的问题，它无处不在，而变化需要精确测量以确保水、化学品和许多其他对象如人和包裹等的精确送达。每个企业都需要建立和维持一个相当于土壤图的东西。为了响应彼得·德鲁克的思想，"如果你不能测量变化，你就不能准确地经营"，社会和企业需要对技术进行投资以测量这种变化，然后利用技术感知的数据来提高能源效率。

5.7.2　降低能耗可以获得多重理想效果

可变灌溉系统的例子说明了节约用水也可以带来能源的节约，因为需要用泵抽取的水变少了。同样地，可变化学灌溉系统可以按照每块田地所需的数量输送化学物质。同样，需要生产和分配的化学品数量减少使得能源得以节约，并在多个领域对环境有益。这可以减少肥料的流失，以防引起藻类大量繁殖而消耗氧气，从而造成无生命死区。类似地，这也减少了滥用杀虫剂、杀菌剂等造成的其他潜在的环境危害。追求能源效率可以开启一个良性循环。

5.8　本章小结：农业的未来

几千年来，农业一直与信息系统相关联。早期的农民依靠天文学家观察和解读天文信息系统（行星和恒星）来了解季节变化，然后决定什么时候种植庄稼。今天，农业和其他许多行业一样，已经变成信息越来越密集的行业，并且主要集中在提高效率方面。随着世界人口的增长和人们生活水平的提高，农业需要在能源、土地和水的使用方面变得更高效，目的就是要实现高度自动化和精细农业以获得最高产出。未来的农民将依靠双手，即用手操作某些计算机输入装置（例如操纵杆或触摸屏），通过计算机系统的远程指导操纵农场的关键设备，而这些系统是为实现对农业稀缺资源的高效利用而设计的。

第6章 新加坡的电子道路收费系统

6.1 交 通 拥 堵

交通拥堵成为大多数大城市高度关注的问题，并对经济和环境造成十分严重的影响。例如，2005年，交通拥堵给美国带来的经济损失高达780亿美元，导致经济损失的时间达到42亿小时，除此之外，还造成环境污染和燃料浪费（Johnson and Peirce，2008）。仅纽约每年由交通拥堵造成的损失接近40亿美元（Johnson and Peirce，2008）。据估计，无论在发达国家还是发展中国家，严重交通拥堵造成的损失都占GDP的1%~3%（Carisma and Lowder，2008）。如果不采取任何控制措施，人口增长和汽车拥有量的增加这两方面都会大大加剧交通拥堵状况。许多大城市已率先开发新的交通运输系统来遏制上述不利影响。其中，城市国家新加坡已取得了明显成效。

6.2 增 长 之 痛

新加坡占地仅274平方英里，是东南亚最小的国家。目前其人口在500万左右，几乎是1989年的两倍，新加坡的人口密度在世界上排第二位。它的道路系统占其国土总面积的12%。尽管目前道路占用的面积已经很多，但预计到2020年还将增加60%，大部分的道路增长将会在其商业和金融活动的主要集聚区——CBD。这个占地1.5平方英里的区域，通常被称为"城市"，由11个城市规划区构成，摩天大楼鳞次栉比。许多上班族每天往返于此，导致了严重的交通拥堵。

这些拥堵问题由于面临诸多挑战而加剧（Yap，2005）。第一，新加坡用于扩建道路基础设施的土地供应有限,尤其是在 CBD 这个狭小区域扩建道路几乎不可能。第二,像其他大城市一样,新加坡的人口增长导致了流动性需求增加。例如,从 1981 年到 2005 年,车辆出行的数量增加了 3 倍(Yap,2005)。目前,岛上日均出行量达 900 万人次,到 2020 年很可能突破 1430 万人次。第三,随着人均收入的增长越来越多的新加坡人渴望拥有自己的汽车。尽管目前新加坡汽车与人口的比例明显低于其他发达国家(例如在 2004 年,新加坡汽车与人口的比例是 1∶10,而大多数发达国家是 1∶2),但在过去的几十年里,这个比例一直在增长。

6.3　智　能　方　案

新加坡有充分的理由被称作"智慧岛"。通过采取多管齐下的策略控制交通供给和需求,新加坡的陆路交通管理局(LTA)借助先进的技术和成熟的法规来解决其交通问题。

在供给方面,新加坡开发了一套综合的路网体系,在条件允许的范围内实现了土地利用与交通规划的一体化。例如,新加坡通常将工作区和居住区规划在一起,以减少机动车出行的需求。新加坡还开发了一套高效的公共交通系统(将大众捷运系统、轻轨交通系统、公共汽车结合在一起),由于其便捷、高效和舒适而被广泛使用。LTA 的目标是到 2020 年,早高峰时段 70%的出行使用公共交通。

在需求方面,新加坡解决了车辆拥有和车辆使用两个问题。为了控制机动车保有量,新加坡实施了提高初始拥有成本(如关税和车辆登记费)和限制汽车数量增长(通过配额制)等措施。在新加坡拥有一辆汽车的成本可能是美国的 3~4 倍。为了控制汽车的使用,新加坡采取了诸如收取汽油税、柴油税和停车费等措施。另外,道路收费方案——本章的重点,是另一个直接解决汽车使用问题的措施。

新加坡是率先开发道路收费系统的国家。早在 1975 年,新加坡 LTA 实施了第一个道路收费系统:区域通行证系统(area licensing scheme,ALS);随后,LTA 又实施了另一个系统,叫作道路收费系统(road pricing scheme,RPS);最后设计的第三套系统——电子道路收费(electronic road pricing,ERP)系统最终取代了上述两套系统。本章将对这三个系统进行介绍。

6.3.1　区域通行证系统

ALS 最初是在一个高级政府小组的指导下于 1973 年创立的。它和其他诸如新税费、停车附加费、强化公交网络等措施一同被提出，用来改善早在 20 世纪 70 年代即已出现的交通问题。两年后，即 1975 年，ALS 开始运行。ALS 主要针对最拥堵的商业区 CBD——被指定为"限制区域"（restricted zones，RZ）。

这些限制区域以 34 个悬架闸门为标识，这些闸门发挥着控制点的作用。要想在限制时段通过这些区域，车主必须购买一个以颜色来区分的通行证（有效期为 1 天或 1 个月）并粘贴在汽车的挡风玻璃上（或摩托车的车把上）。执法人员确保每一个通过控制点的车辆都出示有效通行证。尽管 ALS 在实施后不断微调（关于限制时段、车辆豁免、通行证费用、通行证类型等），但 20 多年来基本保持不变。

ALS 连同前面提到的其他措施的实施，取得了立竿见影的效果，使得在高峰时段进入限制区域的轿车减少了 76%（Behbehani et al.，1984），而乘坐公共汽车进入的比例增加了 13%（Lew and Leong，2009）。虽然汽车总量在稳步增长，但在早高峰和晚高峰时段进入 CBD 的车辆大幅度减少。ALS 对 CBD 交通的影响见图 6.1。尽管存在某些严重的局限，但总体而言这个系统是成功的（Keong，2002）。其中，最主要的局限就是劳动强度大。ALS 主要依赖执法人员视觉判断通过控制点的车辆的通行证的有效性（每个闸门大约有 60 个执法人员）（Keong，2002）。当检查出违规行为时，执法人员需要对进入限制区域而没有出示有效通行证的车辆开具罚款通知。面对大量不同类型的车辆和通行证，这种视觉验证很容易出现错误。

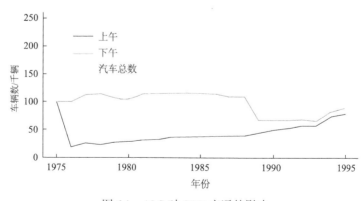

图 6.1　ALS 对 CBD 交通的影响

ALS 另一个局限是对拥有通行证的司机进入 CBD 的次数没有限制，这样一来，一旦拥有通行证就无法阻止其进入 CBD。一个与此相关的问题是，已发出的通行证可能从一辆车转让给其他车辆，尽管这是非法的，但已经购买了通行证的司机有可能将通行证借（或租或卖）给其他司机，这样就无法达到限制车辆进入 CBD 的目的。这种转让行为一旦发生，执法人员是不可能发现的。

ALS 还有一个局限，该局限是与受限时点前后紧邻时段相关的（如当收费从零开始或者归零的时候）。在这段时间内，限制区会出现短暂且严重的交通高峰。由于只依靠肉眼来验证通行证的有效性，所以，这种"肩膀收费"（用中等收费率去平滑高峰值）的模式很难实施。

由于这些局限性，新加坡从 1989 年开始寻找更好的替代方案。RPS 的设计，便是向更完善的系统迈出的第一步。

6.3.2   道路收费系统

自 1995 年起，RPS 逐步在高速公路上实施。作为最初的一个试点方案，RPS 的设计旨在引入在限制区域外对拥堵路段收费的想法。它特别针对三条高速公路拥堵路段沿线的六个位置设立收费点。与 ALS 一样，RPS 也是依靠纸质通行证的购买以及执法人员对通行证的检查。无论 ALS 还是 RPS，都有 14 种可能的通行证供选择，这又给司机和执法人员增添了混乱。RPS 的很多局限也与 ALS 相似。

6.3.3   电子道路收费系统

ERP 系统——一个旨在取代 ALS 和 RPS 的警戒线定价收费系统，经过数年准备后于 1998 年开始运行（Menon and Keong，1998）。ERP 系统是世界上同类系统中最早开始运行的。与之前系统不同的是，ERP 系统是基于"随用随付"（pay-as-you-use）的原则收费的，也就是说，每次通过限制区时就要缴费。这样一来，驾驶员可根据个人需要自由决定是否开车、何时开车、开车去哪儿。

ERP 系统的基本技术包括闸门收费系统（图 6.2）、车载单元（IU）、现金卡和控制中心。ERP 系统总共有 80 个左右的控制点，每个控制点都包含两个悬架闸门，相距约 36 英尺[①]，装备有无线电天线、传感器和摄像头。悬架闸门上显示着通过该控制点的当前收费标准。控制点的收费闸门可以和每一辆通过该点的车辆上的车载单元进行通信（通过微波），车辆通过时没有必要减速。车载单元是所有在新加坡注册的车辆都必须配备的，要求安装在汽车挡风玻璃的右下角（或摩托车车把上）。驾驶员在通过控制点之前插入现金卡（可在自动柜员机或加油

---

① 1 英尺=0.3048 米。

站充值的借记卡）。这样，当车辆通过时，闸门收费系统自动从现金卡中扣除通行费，随后车载单元会在 10 秒左右显示其余额。如果现金卡中余额不足（或车载单元丢失），那么安装在其中一个悬架闸门上的摄像头将会捕捉到违规车辆后方的车牌号。[①]

图 6.2　电子道路收费系统闸门

　　ERP 系统的最后一部分——控制中心，包括用于托管与 ERP 事务（即资金交易、违规行为和处罚等）相关的数据和各系统的多台服务器，以及一个用于同步各闸门时间的主时钟。通过租用的电话线，控制中心可不间断地接收各闸门采集的相关数据。

　　就像 ALS 一样，ERP 系统随着时间的推移而不断改进。闸门数量增加了，运行时间也进行了精细的调整，道路收费标准（这取决于车辆类型、闸门的位置和每天的不同时间）每三个月修正一次，以确保道路得到最佳利用。

6.4　电子道路收费系统的新进展

　　然而，仅限于每一个季度对道路收费标准进行重新评估还不算理想，如果道路收费可以动态调整，那么就有可能对新出现的交通状况进行及时响应，例如发

---

　　① 2008 年，LTA 推出了第二代车载单元，与旧机型相比它进行了几项改进。例如，当车辆通过 ERP 龙门架时，新的车载单元可以自动为资金不足的卡充值。同样在 2008 年，LTA 引入了一项新计划，允许驾驶员用信用卡支付 ERP 费用，作为从车载单元的现金卡扣除费用的一个替代方法。

生汽车事故或突发交通堵塞时。更理想的是，如果能够提前预测交通拥堵状况，就可以采取有针对性的措施，从而实现交通顺畅无阻。

以上需求引发了一个试点项目。新加坡 LTA 联合 IBM 公司，对必要的信息系统部署进行了测试，以实现已有想法。经过不懈努力，一个可估算和预测交通状况的工具研发成功了，它通过使用历史交通数据和实时交通数据能够提前一小时预测交通拥堵状况。据称，该工具对十分钟后可能产生的交通量以及行车速度预测的准确性已高达 85%。进而该工具根据交通量和行车速度的信息来调节 1700 套交通红绿灯，以保持交通顺畅。

LTA 正在测试的另一个方案是使用 GPS 来管理交通。通过在每辆车上安装 GPS，就可以根据其在某些特殊道路上的行驶时间来对驾驶员实行收费（而不是仅在通过控制点时收费），以便更好地反映他们在交通堵塞形成过程中所产生的影响。这样，电子计价就可以切实可行地推广到全国范围，因为闸门等烦琐的物理基础设施将可以被拆除。这种系统有望在不久的将来投入使用。

6.5   电子道路收费系统的好处

尽管新加坡的 ERP 系统有时也会遭受批评[①]，但在绝大多数情况下，人们还是认为它取得了巨大的成功。ERP 系统弥补了之前使用的系统（ALS 和 RPS）的不足，并且能更有效地解决交通拥堵问题。具体来说，ERP 系统改变了那些过去经常在一天内多次往返 CBD 的驾驶员的用车习惯（在 ALS 中占进入 CBD 车辆的 23%左右），减少了他们的日常出行次数。与 ALS 相比，在 ERP 系统运行期间，进入 CBD 的交通量减少了 10%~15%（Keong，2002）。尽管人们认为 ERP 系统对环境的积极影响（如减少的空气污染）难以量化，更不要说这种影响的货币价值了（Christainsen，2006），但至少我们可以推断，交通拥堵情况越来越少，市民生活和自然环境就会越来越好。

ERP 系统与以往的方案相比具有更大的灵活性。因为 ERP 系统的道路收费标准和时间段是可设置的，所以它可以轻而易举地解决"推搡"问题。自 2003 年以来，ERP 系统的收费在白天是分等级的，从而阻止驾驶员为逃避较高的收费而加速或减速行驶。这种分级定价试图缓和 ERP 系统在连续时间段内的急剧变化率，

---

① 例如，有些人抱怨说，龙门架的基础设施构成了视觉污染，而另一些人则担心道路定价只是将交通流量转移到其他地方，从而可能导致其他道路上的交通瓶颈。

有助于疏导并优化交通流（Menon and Keong，1998）。

通过 ERP 系统，可以优化对道路的使用，即可以最大化道路的吞吐量。事实上，随着对 ERP 系统控制的不同道路的"最佳速度"^①的了解，可以通过调整道路收费标准来允许更多或更少的车辆经过这些道路。如果收费太高，就会阻止很多车辆在该条道路上行驶，从而对道路的吞吐量产生负面影响；相反，如果收费太低，就会有很多车辆在该条道路上行驶，从而会因为堵塞对道路吞吐量产生不利影响。虽然这种灵活性因为收费标准每三个月才能调整一次而受到限制，但是在前文提到的最近的试点项目将会很快实现实时调整计费标准，从而使 ERP 系统更富有灵活性。

最后，尽管 ERP 系统并不是为了增加收入，但值得一提的是在财政方面，ERP 系统的实施和应用确实是非常有益的。1998 年，ERP 系统的初始基础设施（包括闸门和车载单元）投资约 2.0 亿新元。ERP 系统每年的运营利润有 6000 万新元，其平均年回报率已达 30%（Christainsen，2006）。ERP 系统在经济和环境方面都是一项非常有益的投资。

6.6　道路收费系统与能源信息学

能源信息学框架可以应用到新加坡的 ALS、RPS 和 ERP 系统，而且正如下面将要阐释的，这种应用突出了后者的优越性。

以上系统的共同点是它们都由在 CBD 和高速公路上行驶的车辆作为流网络。如果不加以控制，交通就会没有规则，导致在高峰期出现交通拥堵状况。过去数十年的 ALS 和 RPS 以及最近的 ERP 系统都在企图优化这个流网络。

能源信息学框架的第二个组成部分——传感网，在各系统间差异很大。需要注意的是，ALS 与 RPS 两个系统都依赖执法人员人工检测那些在给定日期或时间通过控制点的车辆及其通行证。鉴于通行证类型、车辆类型和时间段的多样性，这样一个人工驱动的传感网是不完全可靠的。然而，在 ERP 系统中，传感网通过控制点的闸门收费系统探测车载单元，真正实现了完全自动化，因此，在检测违规现象的过程中，失误率大大降低。典型的一天中有超过 350 万次的事务处理，而结算错误发生率还不到 0.05%（Christainsen，2006），可见该系统的可靠性非常高。

① CBD 道路限速在 20~30 千米，高速公路的限速在 45~65 千米(Keong，2002)。道路定价是新加坡的经验。

　　感应体——能源信息学框架的另一关键组成部分，是 ALS、RPS 与 ERP 系统之间差异最大的。要知道，感应体是一个实体（这里指驾驶员）所拥有或管理的实物，它能够检测并报告关于它的使用情况的数据。在 ERP 系统中，这样一个感应体就是驾驶员所持有的现金卡。驾驶员要在通过控制点之前在卡里充上足够的钱。而且，当驾驶员通过控制点时，与控制点、车辆类型和时间相关的收取的费用会自动从卡中扣除，并在车载单元上显示余额。而在 ALS 和 RPS 中，根本不存在这样的感应体。图 6.3 和图 6.4 分别显示了 ALS、RPS 的能源信息学框架和 ERP 系统的能源信息学框架。

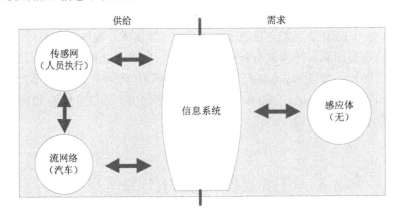

图 6.3　ALS 和 RPS 的能源信息学框架

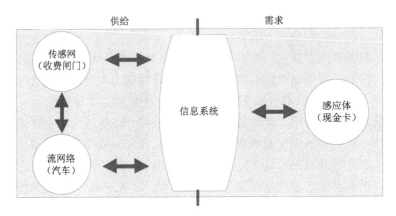

图 6.4　ERP 系统的能源信息学框架

　　对于 ALS 和 RPS 来说，由于感应体的缺失并且依靠人工传感网，信息系统的作用是相当有限的。事实上，它主要基于执法人员人工输入数据对违规者进行罚款。然而，对于 ERP 系统，信息系统真正起到了核心作用：由收费闸门作为传感网自动收集的数据能够被快速处理。例如，当出现没有车载单元、车载单元损坏或现金卡资金不足等违规行为时，系统指示摄像头拍照，然后通过电子途径将有关违规类型的照片和信息传送到控制中心。在大约 15 分钟内，这些资料被处理后自动打印成一封信寄给违规者。

6.7　案　例　启　示

6.7.1　快速反馈提高消费者意识

从对 ALS、RPS 和 ERP 系统的分析中得出的一个重要的经验教训是：当我们提高消费者在使用特定的流网络产生的费用意识时，他们会更多地考虑使用流网络的替代方案。如果消费者能够读取感应体并进行直接管理，这种意识会变得更加强烈。例如，在 ERP 系统中，驾驶员会十分留意道路收费的变化，因为在车辆通过控制点时，系统自动扣除现金卡里的余额，从而不断地提醒驾驶员正在缴费多少。驾驶员在 ERP 系统下对价格的敏感度很可能高于在 ALS 或 RPS 下，因为后面两个系统的收费与他们的使用基本不挂钩。用经济学术语来说，像 ERP 这样的积极的制度会导致更大的需求价格弹性（Christainsen，2006）。换句话说，就是在 ERP 系统中，驾驶员对道路收费的波动更加敏感，从而更有可能考虑诸如拼车、公共交通等替代方式，或是改变他们的上下班往返时间，再或者选择替代路线。

6.7.2　互补措施实现完整解决方案

新加坡的 ERP 系统并不是孤立于其他系统之外的，而是包括了一揽子交通管理相关措施在内的交通运输整体战略的一部分。这些措施有道路修建、公交优先和新建铁路系统（Yap，2005）。这些措施必须进行整合。例如，道路收费必须与奖励拼车并行实施。另一个例子是 2009 年 10 月实行的新现金卡，它可以在所有交通方式（ERP 系统、公交和铁路等）中使用，还可以用于非交通的支付（例如可以在零售购物中进行小额支付），从而给驾驶员带来更大便利。总之，交通措施和奖励措施并非彼此无关，而是均被视为成体系的系统中的一部分，在这个成体系的系统中，每一个子系统都对其他子系统有着潜在的影响，而这个成体系的系统的有效整合是其最终目标。

6.8 发 展 趋 势

2008 年以来，人类历史上首次实现了世界大多数人口居住在城市（Handwerk，2008）。这种趋势可能持续下去，正如联合国报告所指出的，预计到 2050 年大约 70%的世界人口将住在城市。因此，随着世界城市化进程的加快和人口密度的增大，许多城市将面临与新加坡一样的交通拥堵问题。然而只有少数城市像新加坡一样已经针对这个问题采取了积极主动的措施。

其中之一——斯德哥尔摩，在 2007 年部署的电子道路收费系统已经取得了显著成效。该系统的实施使得内城区的交通量减少了 25%，汽车尾气排放量减少了 14%，同时拉动了内城区零售 6%的增长，创造了新的收入来源（Hugosson and SjoÅNberg，2006）。与新加坡一样，斯德哥尔摩的电子道路收费系统是作为其包括公共交通和停车服务在内的整体交通计划的一部分而实施的。

伦敦通过在 2003 年引进道路收费系统以及实施其他措施（例如，完善旅客信息、开设公交专用车道、支持电子支付票款、严格执行公交专用道和加强停车限制），也已经非常成功地解决了交通拥堵问题。同时，这些措施使得伦敦市中心的交通拥堵减少了约 25%，同时乘坐公交的人数有了大幅增长。

然而只有少数城市已考虑（或正在考虑）使用整体系统方案来解决交通拥堵问题，绝大多数城市在理解交通拥堵的影响以及使用智能系统解决这些问题方面还处于初级阶段。事实上，几乎没有几个城市能够认识到，结合了传感网和感应体之后，信息系统在控制流网络即城市的车辆行驶方面所具有的全部潜力。新加坡的经验给出了一个很好的例证，只要系统是以整合的方式进行开发和部署的，信息在增强消费者意识（并改变他们的行为）方面就可以发挥作用。

6.9 本 章 小 结

新加坡在电子道路收费方面开创性的工作非常清楚地表明，价格的力量能够改变行为。早晚高峰期交通量的急剧下降说明，设计巧妙的策略可以解决城市拥堵这个普遍问题。然而，我们需要认识到，新加坡有着它自身的特殊情况。它是一个非常高效、有序且管理良好的国家，其良好的政策吸引很多优秀的大学生投身公共服务业。此外，那里有很好的替代方式可以替代私人交通工具。例如，2010

年 7 月，每日乘坐火车的人数首次超过 200 万，每日乘坐公交的人数已经超过 300 万。如果利用价格改变行为，政府就必须有合适的替代方案，以适应新的行为方式，并且新的大众行为方式必须能够在能源效率和环境的可持续发展方面产生巨大的社会效益。

第 7 章　EnerNOC 与需求响应管理

7.1　重塑伟大的发明

2000 年，美国国家工程院宣布：庞大的电气网络是 20 世纪最伟大的工程发明。正是这一发明使得整个世纪的其他进步成为可能，尤其是大规模实施的计算机技术和因特网。然而，这些由电使能的技术已经变得越来越智能化，而大多数电网系统本身却仍然是一组哑线，只能移动电子而已。目前的趋势是将庞大的电网系统变成智能电网，而且在这个重塑的过程中，它将可能在创建 21 世纪可持续社会中奠定大规模发展进步的基础。同时，信息系统正在部署，这促进了已有电网的智能化，尤其是在需求响应领域。

7.2　需求响应管理

几乎每一个国家都面临着不断增长的电力需求。电力需求增长如此迅速，以至于很多国家都在努力地满足这些需求。这就引发了对联合管理供应和需求的解决方案的探索，正如能源信息学的框架模式所示。这个探索的焦点问题就是寻找途径，使电力消费大户在用电需求高和用电需求低时都能管理自己的需求。电力需求较高似乎是主要问题，这类情况可能因天气条件变化而出现，例如夏季热浪来袭时，或者发生在某个设备失效而导致发电能力突然下降时。

能源公用事业对于现代社会的运行至关重要。如果没有电，正常状态下的大部分社会功能就会很快停止，那些稳定的电力供给对其至关重要的组织，比如医院，就只能使用昂贵的备用柴油发电机。结果是大部分的公用事业单位都增加了额外的成本来应对用电高峰。它们以最高效的方式运行其发电系统来应对正常负荷，却在应对高峰需求时使用备用发电系统，从而产生昂贵的成本并带来严重的空气污染。高峰并不是经常出现的，占比小于 1%，即每年 80~100 小时。但是，为了应对这些并不经常出现的事件，公用事业需要投资建设昂贵的发电和输电设施。美国布拉特尔集团（Brattle Group）的一项市场调查研究显示，如果高峰用电量下降 5%，就相当于减少 625 座不经常运行使用的高峰发电厂以及附属的输电、配电基础设施，这就意味着每年节省 30 亿美元的开支，同时温室气体排放量明显下降（Faruqui et al.，2007）。

需求响应措施就是抑制或者减少需求，从而使用电高峰变得平缓，应对的成本更低且不出现电力中断。有两种措施可以减少用电需求：第一，电力公司提高电价，这样有些用户就会因此减少需求。这条措施的效果有局限，因为一些客户，特别是家庭用电，按照与当前成本无关的统一电价付费。第二，用户同意电力供应商的要求，在关键时段减少用电量。第二种措施通常被称为需求响应系统，主要用来减少商业用电而不是居民用电。同样的机制还可用在发电量比较高、需求量较低时来增加用电需求。EnerNOC 可以把需求响应管理能力提供给两类客户：一类是电力企业（供应方），一类是大的商业用户（需求方）。

7.3　EnerNOC 能源网络运行中心

EnerNOC 是美国的一个上市公司，它在北美和英国通过配置信息系统帮助组织更有效地使用能源。它的客户包括商业界、研究机构和工业界的能源用户，以及电网运营商和发电厂。作为世界上最大的需求响应系统管理者，EnerNOC 和 100 多家电厂密切合作来改善能源效率，并且使电网更加智能化。到 2009 年 12 月 31 日，EnerNOC 管理的需求响应能力超过 3550 兆瓦，各地客户群账户约 2800 个，6500 个站点，覆盖多个电网和发电站。

EnerNOC 有效地创建了虚拟的发电机，且使它能够在用电量较高时开启。在用电高峰期，EnerNOC 会通过关掉其管理的 6500 个站点中不必要的用电设备来压缩供电部门需要提供的额外电力。由于该公司购买了在用电高峰期削减某些商业用户供电量的权利，所以它能够创建这种虚拟的额外电力资源。EnerNOC 的商业模式清楚地阐明了信息系统在平衡供需双方矛盾中的角色，正如能源信息学框架描述的那样。

EnerNOC 有四个主要的信息系统来支撑能源管理，如下。

1）需求智能（DemandSMART™）系统是一个需求响应应用系统，用来识别那些在用电需求高峰可以停下来的用电设备。当面对高的用电需求时，EnerNOC就变成了发电厂和客户的中介，动态地减少客户需求。这样 EnerNOC 就能够使电厂避免引入昂贵的在线备份发电设施，而且降低了社区停电的可能性。我们将在下面的章节中深入探讨需求响应问题。

2）智能站点（SiteSMART™）系统的设计使得用电组织可以分析自己的能源使用情况并识别节能潜力。用能源信息学的术语来讲，这个系统支持能源数据的采集和分析。2007 年，西康涅狄格州立大学实施了智能站点系统，而且报道称有超过价值 715 000 美元的节能效果。智能站点系统是和该大学的建筑自动化系统整合在一起的。通过监控整个校园的数千个点，该系统可以生成报告，学校的员工依靠它就能识别出诸如是否有损坏了的自动调温器或者有缺陷的蒸汽疏水阀等。

3）供应智能（SupplySMART™）系统将用电组织评估购买能源的选项与竞标过程结合起来。

4）碳智能（CarbonSMART™）系统能够使用电组织对其温室气体排放进行测量、跟踪和管理。它以软件即服务（SaaS）的模式提供给用户数据，因此，非常适合对多源数据进行集中管理。它支持一系列强制性的和自选的报告功能。可口可乐瓶装包装公司集团旗下的东南集装箱（Southeastern Container）于 2010 年7 月宣布了配置碳智能系统的计划。东南集装箱在美国九个州的十个地方开展制造业协作运营。该集团为美国的 32 个州和加拿大的 3 个省的工厂供货，能够满足美国可口可乐公司大部分灌装厂的需求。该系统支持环境数据收集，报告温室气体的排放情况，还可以帮助企业确定能源效率策略。

7.3.1　需求响应

需求响应需要公司在计量和负荷控制装置上进行投资。这项投资一直是一些公司的一个障碍因素，但是 EnerNOC 通过无成本安装相应设备克服了这个阻碍。这也确保它知道如何与已安装好的设备和控制器进行交互。它还安装了相应软件，目的是让客户在正常运行和需求响应事件发生时，得到能源利用情况的实时信息显示。软件系统报告的这些信息也可以用于确定基准和进行优化。

参照能源信息学框架，我们就能理解 EnerNOC 如何管理需求。通过在需求端（例如电力企业的客户）安装计量和负荷控制设备，EnerNOC 就可以有效地对每一个用电的物体进行感知，这样它就可以测量它们的使用情况，并且基于EnerNOC 和商业用户之间签订的协议选择性地开启或关闭部分供电需求。在供应一方，电网是一个整合了的流网络（电流）和一组可以报告电网状态的传感器。EnerNOC 运行的信息系统，在电网供电能力不足时能够对需求进行减缓，从而使需求和供应相匹配。图 7.1 展示了 EnerNOC 的能源信息学框架。

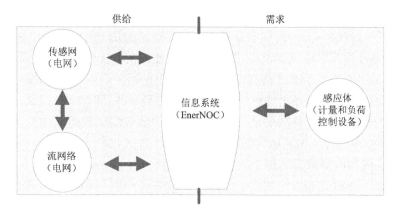

图 7.1　EnerNOC 的能源信息学框架

7.3.2　Durgin and Crowell 公司：需求响应的案例分析

　　Durgin and Crowell 木材有限公司是新英格兰东部窑式干燥白松木的最大生产商之一，年产量高达 3000 万板英尺①。公司于 1976 年成立时有 6 名员工，目前有 85 人。能源消耗成本是该公司最大的成本之一，其锯木厂、电刨机、干燥窑等在生产高峰需要超过每小时 2 兆瓦的电力。

　　鉴于整体业务需求和生产经营的具体要求，Durgin and Crowell 公司接受 EnerNOC 约 40 000 美元的补偿，在电力需求高峰期必要的时候响应 EnerNOC 停止运行的要求，从而释放 2 兆瓦的电力。它可以人工关闭 10 分钟，重新启动后还能赶上生产。自从 2007 年加入需求响应计划，发生了两次因 EnerNOC 要求而停止生产运行的情况。这个项目对于 Durgin and Crowell 公司起到良好的作用，因为炎热夏季的下午对于设备和员工都是一种煎熬，暂停生产后员工们可以回家。

　　如果有更多对电力的紧急需求，Durgin and Crowell 公司会收到一个 30 分钟的停电通知，而这类电力需求响应事件也可能持续高达 8 小时。该公司还参加了 EnerNOC 的"提前一天计划"，该计划会针对短时间的需求响应事务给公司发出更多通知。这些通知会让 Durgin and Crowell 减少用电并处于"待机状态"，换来

　　① 板英尺（board-foot）是美国和加拿大用于测量木材体积的单位，即一英尺宽、一英寸厚和一英尺长的单板的体积。一板英尺约相当于 2360 立方厘米。

的是额外的经济回报。

7.3.3　应对电厂故障

2010 年 6 月的一天，天气十分炎热，新英格兰的几个发电厂都出现了故障，EnerNOC 通过其需求响应系统在几小时内便将能源需求降低了 380 兆瓦。实际上，EnerNOC 相当于提供了 3 个高峰电厂，如此，电网运营商国际标准化组织（ISO）新英格兰公司不必支付昂贵的市场价——已飙升到每兆瓦时 1000 美元，就能满足高峰时段的用电需求。其结果是，在停电期间，EnerNOC 启动了 1000 多个缩减用电的活动，管理着 50 多万笔交易事务[①]。

在潜在的用电需求侧管理中，ISO 新英格兰公司向 EnerNOC 支付每月每千瓦时 4.25 美元，不管是否发生需求响应事件，都需要支付这种费用。EnerNOC 提供了这样一种选项，ISO 新英格兰公司愿意买单。如果发生电危机，而 EnerNOC 不能满足必要的用电需求缩减，则会在经济上受到处罚（Anonymous，2012a）。

7.4　多边商业模式

EnerNOC 以一个多边商业模式运行（Eisenmann et al.，2006）。它在电力公司和电力消费者这两个完全不同的实体间起媒介作用。二者都是它的客户，而且只有为二者都创造价值时它才能取得成功。对于商业用电消费者，通过在关键时段放弃一部分用电需求而以得到现金补偿作为回报，而体现 EnerNOC 为其创造的价值。这样一来，EnerNOC 又使发电企业避免了高峰用电关键时段付出高昂的成本，也就给发电厂创造了价值。EnerNOC 能够吸引的签订高峰用电期削减用电合同的商业企业越多，它为发电厂创造的潜在价值就越大。因此，早一些进入需求响应管理领域的企业，就像 EnerNOC，获得了网络效应，也使它们的竞争者更难进入这一市场。而且新进入者几乎无法给发电企业或电网公司提供虚拟发电能力。但从市场的另一角度考虑，EnerNOC 需要使足够多的发电厂愿意购买这种选择，以使其需求响应能力产生的定价能够超过创造这种选择的成本。

这种多边商业模式对于其他对时间敏感的产品和服务同样具有潜在价值，这就是中介机构通过管理供应和需求为供求双方创造价值。基于对称原则，我们考

---

① earth2tech.com/2010/07/16/enernoc-what-heat-wave/.

虑供应和需求双方响应管理的中介机构。从能源角度来看，当对发电能力的控制十分有限时，供应响应管理就会发挥作用，例如可再生能源（如风能和太阳能）这类依赖于变化莫测的天气的间歇性能源。当我们从化石燃料为主的能源生产转变为更多地利用不可分派（意味着所有可用的产出必须在可用的时候使用）的发电系统时，例如风能和核能，我们很可能会看到设法利用多余电力的供应响应中介的出现。目前对不可分派能源可以通过多种途径进行储存，包括利用水泵把水输送到高山上的蓄水库里，供以后的水力发电使用，或者压缩空气供后续涡轮发电机使用。

如亚当·斯密所赞，市场这只无形的手常常通过经济刺激推动大规模协作，以满足各种各样的需求。在现代经济中，信息系统和通信技术是实现跨越各种实体、不同目标进行有效协作的关键。当新的问题，如全球变暖出现时，社会就需要寻找新的大规模合作机制来解决这些问题。EnerNOC 创造了一个市场，在需求超过一定阈值时能够平衡电力的供应和需求。经济刺激措施到位后，就可以鼓励客户减少需求，以确保 EnerNOC 能响应发电厂的要求削减用电需求。EnerNOC 协调能源供应和需求的双边业务模式显示了能源信息学框架在社会层面的应用。

通过经济上的激励来协调供应和需求是随着贸易而产生的。几百年来，精明的商家都是根据需求来调整价格的。新举措的扭转点是利用信息系统和通信技术产生的大规模协作能力来扩展市场的边界，正如 EnerNOC 已经做到的那样。另一个变化是在非市场状况下创建一个市场。因为无论当前的需求如何，许多消费者支付固定的电价，用市场的力量来平衡电力供应和需求已经受到严重阻碍。EnerNOC 已经利用信息系统在大而疲软的电力市场体系中开拓了市场空间。

7.5　案例启示及本章小结

EnerNOC 的例子有力地证明了信息系统支持新型市场的力量。经济学家对于一个完善的市场有着一连串的要求，包括大批信息灵通的买家和卖家方面。EnerNOC 则将有见识的买方和卖方汇集在一起，买方同意在将来某个不确定的时间按照预先确定的条件以特定的方式采取行动。通过建立一个传感网和集中的信息系统，EnerNOC 可以确保预设的条件发生时，买方能够履行其义务。因为既是市场的创造者也是实施者，所以，EnerNOC 能够确保它所创造的市场高效率并有成效地运转以管理电力需求。

第8章　自行车共享项目的能源节约

8.1　一个有吸引力的选择

在过去的几年里，自行车共享项目越来越受欢迎。这些项目旨在提供一种可以替代机动车的简易、便捷的出行方式，进而为缓解交通拥堵、减少噪声和空气污染做出贡献。此外，这些项目的客户不必承担拥有自行车的责任（比如保险、维修或者预防被盗等）。因此，无论是对于自行车共享项目的客户还是实行该项目的社区来讲，都有很多益处。

早期的自行车共享项目是比较简单的，而且实施的范围有限。这些项目应用的技术也较少：有的项目中自行车是免费提供的，并可在城市的任何地点归还（比如波兰的黄色自行车项目），有的项目有专门设计的锁架可以存放自行车，并凭可退款式租借卡租借（比如哥本哈根的 ByCyklen 项目）。最近的一些自行车共享项目就更加缜密，更加依赖技术，而且规模也更大。下面我们会对其中的两个例子进行进一步的介绍。它们分别是最著名的自行车共享项目 Vélib 和最新的一个项目 SoBi。我们通过能源信息学的视角将两者进行对比。

8.2　Vélib 自行车共享项目

Vélib，即 Vélo Liberté 的简称，是一个于 2007 年 7 月在法国巴黎开展的自助式自行车租赁项目。Vélib 项目由巴黎市市长发起，由跨国户外广告公司德高集团（JC Decaux Group）提供资金支持。项目目标是为巴黎市内的短途旅行提供一种可替代汽车的方案。使用 Vélib 自行车的前提条件非常简单：用户去站点识别身份后即可租借自行车。Vélib 的服务是每时每刻都有的（即每周 7 天，每天 24 小时）。自行车的租赁方式可以选择按天（1 欧元）、按周（5 欧元）或者按年（29 欧元），需要押金 150 欧元。租车在 30 分钟内是免费的，随后开始收费。成为其用户的过程很简单：可以通过电话、互联网或去车站办理，或寄送一张支票成为年度用户。支付的方法也是多种多样的，包括借记卡、信用卡、Moneo 卡（小额购买的电子钱包）和 Navigo 卡（巴黎市内的公交智能卡）。

项目刚启动时，Vélib 是世界上最大的自行车共享项目，共有 10 648 辆自行车和 750 个站点。Vélib 自行车站点见图 8.1。现今，Vélib 自行车的数量已经增加到了约 24 000 辆，站点的数量已超过 1400 个（Benbaron，2010a）。站点之间相隔约 300 米，这比巴黎地铁站还要密集 4 倍。根据季节的不同，自行车每天租用的次数在 50 000～150 000 次（Erlanger，2009），平均每趟持续 22 分钟[①]。2010 年年度用户的数量徘徊在 162 000 左右（从 2008 年 200 600 的高点有所下降）（Benbaron，2010b）。

图 8.1 Vélib 自行车站点

8.2.1 Vélib 项目的技术支持

支持 Vélib 项目的技术比其他自行车共享计划更复杂。每个站点有一个计算机终端[即收费柱（borne）]。通过该终端用户可以完成租车、账户充值（适用于年度用户）等事情，还可以查询附近的租赁站点以及可用的自行车数量，或者查询用户账户状况。这些信息也可以从连接到互联网的其他设备中获取。

每个站点都有很多自行车摆放架（自行车放置点，自行车依附或者立在其上），其使用情况由站点使用自行车的繁忙程度决定。自行车摆放架可以固定好自行车，上面有车锁、显示灯和读卡器。显示灯告知通勤者是否有自行车可租用。年度用

[①] www.planetoscope.com.

户可以直接在读卡器上刷卡来取用自行车，无须使用车站的计算机终端。

至于自行车，都是坚固且使用舒适的，全部都是统一生产，且有着同样的配置（即三个速度档、LED 前照灯、锁定系统、车筐等）。这种统一性减少了人们学习使用的时间，同时使得在制造和维护方面具有规模经济性。每辆自行车都有一个 RFID 标签，以便用户借用或返还时系统自动更新记录。

8.2.2　挑战

从很多方面看，Vélib 项目都是成功的。然而，在项目之初，Vélib 就遇到了严峻的挑战。同其他的自行车共享项目一样，盗窃始终是一个大问题。自行车的坚固性和良好品质使其成为诱人的物品，并开始出现在东欧和北非的黑市上（Erlanger，2009）。此外，故意破坏也使项目受损。一些人（主要是居住在郊区的移民）觉得自己被排除在巴黎的光鲜亮丽之外，他们因此产生不满和怨恨，导致许多自行车被有意损坏和遗弃（Erlanger，2009）。因而每天必须修理的自行车大约有 1500 辆（Erlanger，2009）。

另一个问题是关于自行车的跨站搬运。许多通勤者在需要走下坡路时会选择骑自行车，而走上坡路时更喜欢使用公共交通工具。这会导致一些站点的自行车短缺，而另一些站点满负荷（此时返还自行车的用户需要等待一辆自行车离开该站点，或者找其他站点存放，或把未锁好的自行车留在该站点，而这会增加被盗窃和破坏的风险）。所以维持各站点自行车合适的数量是一个重要的挑战。

由于盗窃、故意破坏和数量分配不当等问题，Vélib 的用户在需要骑行时难以找到功能完好的自行车，这降低了用户对项目服务的满意度。巴黎市政府与德高集团为解决上述问题采取了许多方法。针对故意破坏和盗窃行为，它们生产了质量更好的自行车，增强了防盗窃保护，开展了打击故意破坏车辆的行动，告知用户如何妥善锁好自行车。它们还专门为 Vélib 自行车增加了多个修理点，甚至在往返塞纳河的船上增加了一个移动修车点。

为应对数量分配不当的问题，Vélib 项目在车队原有的 20 辆卡车（每辆能够携带 20 辆自行车）的基础上又增加了两辆公交车（每辆能够携带 56 辆自行车），在必要时将自行车从一个站点移动到另一个站点。同时，为鼓励用户将车子骑到上坡站点，那些在"低处"站点租车到"高处"站点还车（也就是相差 60 米）的用户可获得 15 分钟的免费往返时间。这样的站点都有特殊的识别标志。

这些补救措施在一定程度上有助于应对上述挑战。然而，2008～2010 年，Vélib 项目失去了大约 20%的用户（Benbaron，2010a），这使得人们对 Vélib 项目的未来也产生了疑问。

8.3 SoBi 自行车共享项目

自行车被盗、被故意损坏和站点之间分布数量不均等问题如何得到妥善解决？如果有一个好办法可以随时获得骑车人的位置信息，就有可能规避这些问题。希望就寄托在这个被称为 SoBi 的新计划上了。

SoBi 是社会自行车系统（social bicycle system）的简称。它是一个完全不同的自行车共享计划，在美国受到了广泛关注。同 Vélib 一样，SoBi 的目标也是让市民（即社会单车族）可以租用自行车（社会自行车）进行短途通勤。然而，SoBi 的技术基础不同：其关键组件包括 GPS 单元、移动通信装置和安全锁。由中央服务器实现租车交易并跟踪所有自行车。SoBi 结构框架见图 8.2。

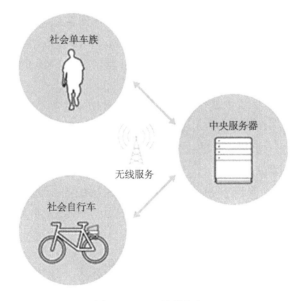

图 8.2　SoBi 结构框架
SoBi 的创始人 Ryan Rzepecki 批准了本书使用 SoBi 的图像

SoBi 自行车共享的过程如下：当注册的用户需要使用自行车时，可以通过智能手机很容易地找到并解锁一辆自行车，也可以将其账户信息直接输入到自行车锁盒上的键盘中进行解锁。中央服务器验证每个解锁请求并发送用户的 PIN 密码到自行车的小键盘上进行确认。一旦输入正确的 PIN 密码，车锁解开，服务器通过 GPS 对自行车的位置进行跟踪。当骑行结束后，通勤者将 U 形条滑入锁中，自行车上的 GPS 会通知服务器交易结束，自行车可用。

系统设计为自发性使用：用户可以通过智能手机的应用程序或登录网站申请使用自行车，但必须在 15 分钟内到达自行车所在处（提前预订是不允许的）。

为了减少 SoBi 员工的工作时间，自行车的停放位置分布主要通过一个动态激励系统由自行车使用者自己完成。为此，SoBi 管理人员首先选择系统区域和中心位置，并在数据库中设置边界。当有人在中心位置以外区域停放自行车时，需要付费 2 美元；而下一个将自行车送回中心位置的人将得到 2 美元的奖励。该系统确保了自行车可持续返还到中心位置，而人们也可以灵活选择骑行直接到达目的地。然而，如果有人将自行车停放在了系统区域外，他就要承担将自行车运回系统中心的复位费用。

传统的自行车共享计划需要大量的基础设施投资（例如，Vélib 每辆自行车的成本约为 3460 美元），SoBi 的基础设施投资是比较小的（带有集成锁的自行车每辆价值 1100 美元）。SoBi 自行车有一个可安装于任何普通自行车的集成锁（因此，不需要专用的自行车）。一辆自行车一旦加入 SoBi 车队，就会进行独特的绘画和装饰，以限制其转售的价值和最小化被盗的可能。鉴于 SoBi 的轻型基础设施，它的部署甚至可能在小型社区，比如校园。

安全锁（图 8.3）是整个系统的核心。它包含防水密封的电子元件。除了它的安全组件外，锁盒还包含电池、电源转换器、微处理器、GPS 和蜂窝模块。后轮毂发电机提供动力。接口界面是一个简单的挂锁，供用户输入密码，以便把控自行车或指示车子需要修理。

出于安全考虑，自行车锁配备有根据一天中的不同时间自动照明的 LED 灯。自行车车身还涂有反光涂层，这使得机动车驾驶人员在晚上也可以清晰看见它。

图 8.3　SoBi 的安全锁

8.4　自行车共享项目中的能源信息学

能源信息学框架可再次用来比较不同的系统，这里是 Vélib 和 SoBi。它们的共同点是它们的流网络，这里是指租用任意车队的自行车的通勤者。流网络通常是我们希望最小化的（尤其是能源流或水流），而在这个案例中，我们要将其最大化。事实上，由于自行车是替代机动车的绿色交通工具，该流网络越大（即使用自行车的通勤者数量越多）越好。

两系统之间的不同点是它们的传感网。在 Vélib 中，感测的完成是在用户返还自行车到摆放架的时候。用户必须将自行车"卡入"连接点，然后等待摆放架上的光从黄色变为绿色（需要几秒钟），随后 RFID 系统识别自行车已返回。因此，在 Vélib 系统中，传感网可以检测到任一自行车是否在使用，以及没有被使用的自行车所停放的站点位置。

而 SoBi 的传感网通过 GPS 技术实现。因此，系统可以知道任一一辆自行车在任一时刻所处的位置以及是否正在被使用。对用户的感知是更加细粒度的，因为包括了从行程起点到终点之间的所有位置。

Vélib 和 SoBi 的另一个不同点在于感应体。SoBi 的用户可以对他们的使用情况进行报告。具体而言，每辆自行车的车锁都有用户接口界面——一个简单易用的小键盘系统，如图 8.4 所示，用户在骑行前或骑行中都可以用它来发送信息。

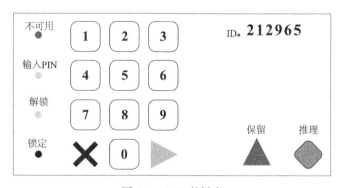

图 8.4　SoBi 的键盘

骑行开始前，用户用小键盘输入一个数字代码解锁自行车，然后使用。骑行过程中，用户如果需要暂时休息（顺路办事或取东西，不超过 15 分钟），可以按下键盘上的保留（Hold）键，这时自行车被锁住，在保障安全的同时其他人也不可使用。此外，如果自行车需要维护或修理，用户可以在给自行车上锁前按小键盘上的修理（Repair）按钮，这个动作会向系统发送警报，使自行车在修理之前不会被其他可能需要的用户使用。

Vélib 项目的用户就没有从这样的感应体中受益，至少没有描述的这么多功能。位于每个站点的收费柱，允许用户输入使用自行车的必要信息。然而，Vélib 用户在骑行途中（即在骑行的开始和终点之间）无法与系统保持通信。因此，当需要在某处暂时停靠时，用户需要找到一个可归还自行车的站点或用自己的车锁锁车，这些时间会算在免费骑行的 30 分钟内。同样地，当租用的自行车需要修理时，Vélib 用户也需要找到站点归还自行车。

图 8.5 和图 8.6 分别显示了能源信息学框架是如何应用于 Vélib 和 SoBi 项目中的。

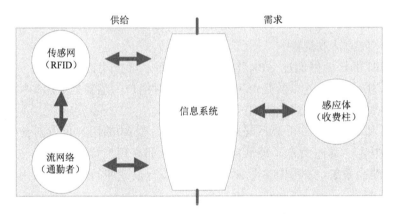

图 8.5　能源信息学框架应用于 Vélib 自行车共享项目

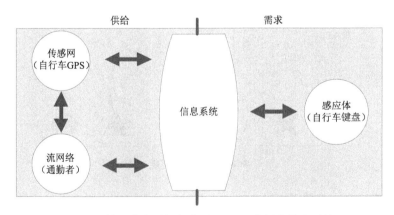

图 8.6　能源信息学框架应用于 SoBi 自行车共享项目

8.5　案　例　启　示

8.5.1　增加粒度

粒度是指一个系统能够为其应用提供恰当的详细程度的信息的能力。虽然 Vélib 和 SoBi 都能感知并收集用户行为信息，但是 SoBi 收集到的信息的粒度水平要高于 Vélib（即更加精确）。SoBi 使用的传感网（基于 GPS）提供了骑行过程中自行车的位置信息。Vélib 使用的传感网（基于 RFID）只能追踪到骑行的起点和终点。

此外，SoBi 自行车共享计划所提供的更细的信息粒度有助于减少盗窃，而这正是 Vélib 的主要问题。事实上，SoBi 项目的系统知道自行车在任一时刻的所在位置，无论它是否上锁。当自行车被锁上时，系统会定期检查它的位置，如果自行车发生了移动，立即视其为被盗，并发送警报给系统管理员和当地警方。这之所以成为可能是因为 SoBi 提供了较细粒度级别的信息。这与第 3 章讨论的信息分解是相类似的。

在设计传感网时，要考虑检测什么信息和何时检测信息。关于什么信息的问题，传感网通常测量由多个小单元组成的综合信息（比如测量整个建筑的能耗），这样的信息的作用远不如测量每个小单元（即测量这个建筑物的每个房间的能耗）并通过各种聚集形式在不同的粒度级别下进行处理。关于何时检测的问题，在这个案例中显示，传感网往往并非频繁地检测信息（即只检测骑行的起点和终点），这样的信息的作用远不如检测频度增加时（即检测起点、终点和骑行过程中每一时刻的位置）。换言之，系统检测的信息粒度越细，这些信息对精确管理流网络的作用就越大。

8.5.2　社会维度

虽然能源信息学在其框架中没有强调社会维度，但它确实强调需要更多的信息满足我们——人类。事实上，我们已经沉迷于信息。我们有这样一些基本的动机：希望变得更博学、与朋友保持联系、有娱乐活动。换句话说，保持我们的大脑不断运行。为满足这种"成瘾"而创造出的产品和服务有可能获得更大的成功，看起来 SoBi 的设计者理解了这一点。

事实上，通过 SoBi 系统，更多的信息可以被利用和共享。在需求方面，SoBi 的用户可通过社交网络相互联系；他们可以创建和分享他们的骑行路线图，能够知道自己消耗了多少卡路里，或了解自己因骑自行车代替开汽车而减少了多少温室气体排放量。他们还可以查看当前是否有其他 SoBi 用户正在骑自行车，以及他们彼此在一天中是否存在交叉路线。

在供应方面，SoBi 管理车队的员工对实时"热点图"（heat maps）有访问权限，热点图能显示给定区域内自行车的密度，因此自行车可得到合理的分配。他们还能以非常精确的方式了解 SoBi 用户的出行习惯，因为软件可以生成用户频繁行驶的路线的回放演示。当决定在哪里设置中心时，这些信息就派上用场了。同样，库存状况信息也可以获得，这样系统就能生成图形，以显示系统中心位置自行车的实时数量以及需要运回中心并换取奖励金额的自行车数量。

总之，从供求两方面来讲，更多的信息不仅可以帮助我们更好地了解并管理任何系统（如我们讨论的对更细粒度的呼求），而且，特别是在需求方面，也可以满足人类对于信息的渴求，从而更大地促进系统内使用者之间的社交互动。

8.6　本　章　小　结

由于城市化进程的加快、环境的恶化以及燃油成本的增加，发展可替代机动车的交通系统的压力也在增加。像 Vélib 和 SoBi 这样的自行车共享项目将会在许多城市推广开来。目前已经出现了很多类似的项目，其他的类似于 SoBi 的项目也即将推出。那么，SoBi 将会成为最佳模式吗？由于其轻基础设施（进而成本低）和更强的信息利用，正如能源信息学框架所展示的，我们有理由相信，这类系统比起那些已有的系统，成功概率将会更大。

第三篇
能源信息学的技术

本篇我们将介绍能源信息学的相关技术、设计方法及原则，并从标准化等角度讨论如何创建一个更智慧的地球。最后，我们结合装备制造业分析有关技术的具体应用和研究现状。

第 9 章　能源信息学的技术基础

信息系统通常要依靠信息技术才能得以实现。尽管有些案例表明，没有技术辅助，人类也可以在降低能耗方面取得重大进展（例如不让车辆空转），然而，重要的是要认识到技术在实现能源信息学目标中发挥着核心作用，因为信息系统是能源信息学框架的中心。

在这个互连的网络社会中，我们将越来越依赖信息系统，在最广泛的意义上，利用信息系统互相交换数据。我们的智能电话可以和房间温控器进行对话；电车通过和各站点的多个显示器通信，来报告其出发时间和可用座位情况；安装在苹果园里的传感器将土壤湿度数据传送给滴灌系统，这样来激活能源管理系统（EMS）发出指令：何时能以最低的能源成本精确地供应所需水量。

能源信息学需要三类技术。第一，需要一套能使设备间通信的补充技术。如前面的例子所述，数据交互对于创建一个互联互通的社会是至关重要的。因此，下一节我们从讨论可扩展标记语言 XML（Extensible Markup Language）——一种定义数据交换标准的元语言开始。然后我们讨论 Web 服务，它是处理和创建 XML 文件的数据接收和响应机制。第二，需要相应的技术在能源信息学框架中的供应和需求两方面来感应和控制所处环境的某些方面。而且，这些技术应该能将测量到的数据进行传输，并能对其接收到的要求改变状态的信号做出反应。例如，智能温控设备，它能将房间的温度报告给远程服务器，也能对将室温重置、上调两度的请求做出反应，这可能是来自夏季的需求响应管理系统发出的指令。在这方面，我们将介绍紫蜂协议。第三，需要软件技术支持有关能源效率的高品质决策。根据问题的复杂性，我们可以应用预测或者模拟仿真技术开发最优解决方案以寻求最优解。

9.1　可扩展标记语言 XML

作为数据交换的一项核心技术，可扩展标记语言 XML 解决的是数据管理过程中的数据获取、存储、恢复和交换这四个基本问题中的一个方面。可扩展标记语言中的"可扩展"（Extensible）指的是可以通过定义其结构及允许的标记而产生一种新的数据交换语言。例如，开放式地理信息系统联盟（OpenGIS Consortium，OGC）设计了一种地理标记语言（GML），以促进地理信息之间的电子交换。

XML 的设计是使行业群体能够创造一种标准用以描述他们要交换的数据。比如，保险业将 ACORD XML 作为财产和意外/担保保险的首选数据标准，它对包括会计、索赔、个人保险、商业保险、专业险、担保在内的交易方面的请求和回应信息进行定义。类似地，医疗业有一个 XML 标准，用于病人医疗信息的交换。HL7 V3 临床文档架构（CDA），就允许不同医院之间以通用格式交换病人的医疗记录。

XML 有三个主要组成部分，分别是：

1）XML 模式：描述文件结构和标签的 XML 文件。

2）XML 文档：包含相关模式的有效的 XML 编码的 XML 文件。

3）XML 样式表：对 XML 文件的特定格式（如网页或者电子书）进行描述的格式指南。样式表是用来帮助人们更易读懂 XML 文件的。

一个典型的应用有几个模式和样式表以及很多的文档。例如，对于公交车系统，我们可能将模式定义为当前的时间表、要求的当前时间表以及变化的时间表。对于人机界面，即通勤者和公交车司机，我们很可能会用样式表将 XML 文档转换成人类可读的友好的格式。因为手机现有的种类很多，每一种主要的型号都可能有其样式表。当通勤者要求最新的时间表时，他所持有的手机就会自动提示其类型（例如，iPhone4），相应的样式表就会被激活生成时间表。此外，也可能有一个通用的样式表适合所有的设备和浏览器。每天系统里会有数千甚至更多的XML 文档由各种服务器和设备生成，并在它们之间进行交换。

应用案例 9.1　关于公交车

RtigXML 是一种基于 XML 的公共汽车实时信息交换标准。它根据英国的NaPTAN 标准而建立，用来识别公共交通的车站、停靠点和其他连接点。

由 RtigXML 提供的数据有很多用途，比如，这些数据可以在某一站点、网页或者移动设备上显示当前的出发信息。同时，这些数据可以用来为中转运输管理系统提供历史运营记录。这一标准支持关于站点状态（比如下一次发车）或车辆状态（比如行驶中的公交车的位置）的请求。该标准的实施者包括了英国的多个行政区和城市。

　　资料来源：www.kizoom.com/standards/rtigxml/overview.htm

　　随着 XML 的广泛应用，对于经济领域的每一个行业或部门，对文件结构和标签的含义都需要有协议，将其编辑为 XML 模式。比如，公共交通运营商需要确定时间表的标准，并创建一种相应的模式。这种标准需要国际化以便使跨国联系中信息冲突最小化，比如从国际渡轮转乘到国内火车时。

9.2　Web 服务

　　Web 服务通常使用 XML 让程序或设备向网络上的计算机发出请求和接收需要的信息。比如，你想要知道现在某个邮编所在地区的天气预报，你可以向提供天气预报的 Web 服务系统发送该编码，你就会接收到描述当前温度、湿度、风速等的数据流。若要利用 Web 服务，我们的信息设备需要明确以下信息。

　　1）Web 服务的地址。

　　2）请求的格式。

　　3）对请求的响应的格式。

　　Web 服务目录的存在有助于我们找到所需的服务。对服务的描述会提供获取服务所必需的信息。返回的信息通常是 XML 文件，由程序对其进行解释。结果会是需要采取某个行动（比如关掉控制器）或者信息显示在网站上。一项 Web 服务的 XML 文件如表 9.1 所示。

　　Web 服务对于我们所设想的情形至关重要，即通过运用数据来直接或间接地协调设备、个人和企业的行为，以减少整体的能源消耗。传感设备通过通信激活节能控制器（比如工作场所无人时关闭暖气），通勤者通过智能手机找到停车位，企业间通过获取对方的信息来建立合作网络，以此来减少能源消耗。

　　为了进一步说明互联互通的社会是如何运作的，我们来看城市交通系统中各要素间的数据交换。公交系统会向轻轨系统请求其即时的列车到站及离开的具体细节信息，以便公交车的到达与离开时间与之保持同步。这种请求可以每分钟执行一次，所以，如果一趟列车晚点了，公交系统就会接到提醒，某趟特定公交车的司机也会得到电子通知。这样，想乘公交车的人就能刚好赶上这趟车而不会因为轻轨列车的晚点而错过。类似地，上班族可以通过手机获取轻轨列车和公交车的时刻表，以便准时出行。各方面的信息沟通如图 9.1 所示。

表 9.1　Web 服务的 XML 文件

```
<?xml version=" 1.0" encoding=" utf-8 "?>
<WeatherReturn xmlns:xsi=" www.w3.org/2001/XMLSchema-instance "
xmlns:xsd=" www.w3.org/2001/XMLSchema " xmlns=" ws.cdyne.com/WeatherWS/">
<Success>true</Success>
<ResponseText>City Found</ResponseText>
<State>GA</State>
<City>Athens</City>
<WeatherStationCity>Athens</WeatherStationCity>
<WeatherID>14</WeatherID>
<Description>Cloudy</Description>
<Temperature>42</Temperature>
<RelativeHumidity>82</RelativeHumidity>
<Wind>E8</Wind>
<Pressure>29.97F</Pressure>
<Visibility />
<WindChill />
<Remarks />
</WeatherReturn>
```

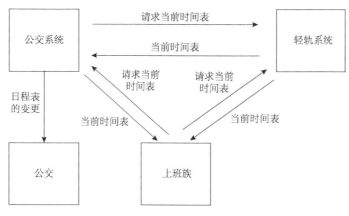

图 9.1　Web 服务示例

基于 Web 服务的系统的优点在于运行过程中可以最小化信息系统的冲突。由服务提供者声明其服务可用并处理服务请求，通常不关心由谁发出请求以及请求的目的。Web 服务可能每天要处理无数的请求，而每个请求发出者的行动都是独立的，他们将这些信息用于不同的目的。从我们的视角看，Web 服务目的就是使请求发出者能够利用这些信息减少能源消耗，同时也达成其他目标。

为了使 Web 服务发挥其最大潜能，它应该广泛应用于各种网络，比如无线Wi-Fi 网、移动 G3 网和因特网。此外，消费者的所有便携式或移动设备都应当具有询问 Web 服务和报告结果的功能。由 Web 服务推动的看不见的信息交流能够有力地协调企业以及个人的活动以减少能源消耗。

9.3　紫蜂协议 ZigBee™

如果我们要利用信息改变能源方程，那么我们需要采用低成本的方法搜集大量实时数据。紫蜂协议设备符合这一要求，因为它成本低、功耗低并支持无线多跳网络。低成本对于具有足够细的粒度对高度多变的环境做出精确反应的大型传感网的建设是至关重要的。低功耗是指设备可以使用很小的电池而运行很长的时间。最后，使用多跳网络可以在一个大的范围内建立设备群。和蓝牙技术相比，紫蜂协议更简单、便宜，但没有相同的通信带宽。紫蜂协议非常适于在需要时传输数据而不是连续地传输少量数据。紫蜂协议设备被设计成大部分时间处于休眠状态以延长电池寿命，但能够在 15 毫秒内被激活。

紫蜂协议联盟[①]负责维护紫蜂协议标准和发布应用程序配置文件。紫蜂协议联盟还推广了一系列"智能能源认证产品"，实现能源和水的交付与使用的自动化。这些产品可用于电表、恒温器和控制器。例如，与智能电表相连的一种产品可以为用户提供当前用电明细。另一种产品可以插入标准电源插座报告和控制用电量。可以期待紫蜂协议出现在家庭、楼宇自控系统以及其他更广泛的领域。一些专家预计未来许多家庭将有大约 60 个紫蜂协议设备分布在家庭各个角落（McGuigan，2017）。

应用案例 9.2　紫蜂协议温控

TXU 能源公司向得克萨斯州逾 200 万用户提供电力及相关服务。与 Comverge 公司的阿波罗需求响应管理系统（Apollo demand response management system）合作，TXU 将安装 10 万余台家用和商用能源管理设备，以降低用户的电费开支。Comverge 公司通过 500 万台已安装的设备，为 500 多家美国公共事业单位提供需求响应服务、先进的计量和网格管理服务。

[①] www.zigbee.org.

根据协议，Comverge 公司将为 TXU 能源公司的职工和小型商业用户安装支持紫蜂协议的程序化双向通信温控装置和具有上网功能的紫蜂协议网关。这种先进的计量基础设施在得克萨斯州得以实施，这些设备为智能电网的应用奠定了基础。

TXU 能源公司的第一个能源节约计划（TXU Energy iThermostat）始于 2008 年，安装了基于 Web 的程序化恒温装置系统。用户利用该系统监控和管理其能源使用情况。该计划的最新进展则使用户能够远程控制其能源使用情况。

资料来源：smart-products.tmcnet.com/topics/smart-personal-energy-management/articles/94520-txu-energy-extends-comverges-energy-management-program.htm

9.4　优 化 技 术

优化是一个广为使用的术语，一般指改进组织、流程、产品或者服务的绩效。我们主要讨论应用数学方法确定和改进决策以达到优化目的的方法。几个世纪以来，数学家们一直对优化感兴趣，即从一系列可选方案中找出最优解。该领域在第二次世界大战期间当军队作战计划面临复杂的问题需要寻求更好的解决方案时得到了极大的发展。早期，该领域一般被称为"运筹学"，目前则主要称之为"管理科学"。我们将介绍最优化的一些主要方法及其应用范围。

9.4.1　线性规划及其延伸

线性规划是指在一系列约束条件（例如 X 最少为 x 单位，Y 最多为 y 单位）和给定的要素价格（例如某种原材料价格为 w 美元/吨）基础上对某个问题寻求最优方案（例如利润最大化或者成本最小化）。例如，Yorkshire Water 公司应用线性规划提高了废水处理和配送网络的运行效率，废水和污水在排放之前先被集中到小型设备中采取额外处理方式（Mitchell and Beasley，2011）。

线性规划的最初解法出现于 1948 年，后来数学家们逐步开发了一些附加其他约束条件的问题求解方法。例如，整数规划用来解决带有整数约束限定的问题，比如航班安排，上午 8 点由亚特兰大飞往芝加哥的飞机不能分配 1.4 架。非线性规划用来解决非线性约束问题，比如大城市的饮用水处理厂，其运营成本昂贵且严格受制于环境法规。例如柏林的 Wasserbetriebe 公司，每年为大约 25 万个家庭供水逾 2 亿立方米。它设有 9 个水厂、8 个泵站，其中 5 个泵站配有贮水池，并安装了 7800 千米输水管道。由于水泵的工作方式，大城市的饮用水处理问题非常适合用非线性规划方法来解决（Burgschweiger et al.，2009）。

9.4.2　旅行商问题

旅行商问题首次被提出是在 20 世纪 30 年代，是指一名推销员要拜访多个城市时，如何找到在拜访每个地点一次后再回到起点的最短路径问题，或者，对于快递公司来说，问题就是找到最短路径或者使用最短的时间把包裹递送给指定的一组客户。由于存在大量可行方案，这个问题计算起来相当复杂。例如，一个涉及 10 个城市的问题就有 1 814 400 个可能的解。来看一个现实的案例，如果有 100 个家庭需要投递包裹，那么可行解有 4.67×10^{157} 个。在合理的时间内求解该问题的算法已经开发出来了，而且随着芯片运算速度的不断提高，商业化进程中更大的问题也在可以解决之列了。理想的情况是，快递公司能够针对它们的旅行商问题每天进行求解，而不是数月计算一次均值。精确的求解可以实现潜在地降低燃料成本的目的。

最初阐述的典型的旅行商问题在实践中是很少见的，因为大多数实际情况都要考虑额外的约束。例如，包裹递送公司可能想保持其交货路线的稳定性，这样司机就总是在熟悉的线路上配送，不容易迷路，但如此可能会抵消能源的节约部分。包裹递送公司还需要决定在特定时段内如何使用多种车辆，而非一种来递送和收取包裹。另外，包裹递送公司必须考虑到一天当中的路况可能会不同，因此导致两个地点之间行驶的时间也会有所差异。解决包裹递送问题必须考虑的这些额外的复杂性，使得旅行商问题的模型和求解相当困难，但也非常必要，就如同我们探索如何利用信息系统创造一个具有更高能效的社会一样。

9.5　预 测 技 术

预测的目的是针对未来的事件进行数据计算以提高当前决策的质量。航空公司可能会预测未来不同航线、座位类型的需求，以确保安排合适的航班组合来满足客户需求，并使能源成本最小化。在能源信息学中，有两种主要的预测技术：时间序列预测和因果模型预测。

9.5.1　时间序列预测

时间序列是与特定时间（如某个日期或者一天的某个时间点）相联系的一组观测变量。通常时间间隔是不变的，并且在特定的时段来测量（如每天中午）。如某人对太阳能加热系统产生的热水量的预测感兴趣，可能就需要一个每隔 15 分钟的气温、风速、云层覆盖等观测值构成的时间序列。时间序列的特征是数据是按照时间排序的，并且它们不是相互独立的，因为在时间上接近的观察值比时间间隔较远的观察值趋向于更加高度相关。时间序列还经常存在周期性，在一天或一年的相同时间内进行的测量通常是强相关的。在开发时间序列预测模型时，要考虑时间间隔和周期性。例如，处理按月的数据时可以考虑季节性模型。时间序列预测技术已被应用于城市交通量的预测。

9.5.2　因果模型预测

建立因果模型的基本前提是可以通过一组要素预测特定的结果。例如，二手车的价格是其使用年限、里程、品牌和型号的函数。在美国的二手车市场有网上估价的在线工具[①]。回归分析及其延伸是因果模型的典型应用。

9.5.3　时间序列和因果模型相结合的预测

有些预测问题需要时间序列和因果模型相结合。如果试图预测家庭用电量，那么使用季节性模型（如夏季空调使用），以及考虑家庭收入、房子大小等影响用电水平的因素都是有用的。

应用时间序列和因果模型相结合的一个很好的例子是瑞典的 eGain 公司专门研究的建筑供暖需求预测。它通过使用另一个预测（即天气的预测），并且和建筑物的特征相结合来预测供暖需求。eGain 公司的因果模型通过能源的损耗（如地热传输）、能源的贡献（如计算机之类的电器）和精准的当地天气预报来计算建筑物每小时的能源需求。eGain 称这项技术可以使顾客平均降低 10%的能耗[②]。

---

① www.kbb.com.

② www.egain.se.

应用案例 9.3　中国投资

中国致力于成为可持续发展技术领域的领导者。中国政府对建设低碳经济的支持助长了私营部门的投资。结果，2009 年中国在改良气候变化技术方面的投资占全球总投资的 24%，而在 2004 年，该比例只有 6%。可持续发展是 21 世纪的主要问题，中国良好的国内政治环境和私人投资可能使其成为可持续发展技术的全球领导者，并大大加速其成为世界最大经济体的进程。

资料来源：www.greenbiz.com/news/2010/09/17/china-moving-forefront-emerging-low-carbon-economy

9.6　模　拟　技　术

有些问题太复杂，难以借助数学得到精确解。在这种情况下，我们可以转向模拟了解系统并探索其关键参数的配置情况。模拟程序通过描述系统的关键特征来模拟现实系统或预期系统。建立一个有用的模拟模型的关键是获取并精确描述自然系统或人文系统的主要因素之间的关系。模拟已经被应用于了解地球的气候、研究商业流程和供应链、评估建筑物能源流等多个层面。

模拟模型被气候学家用来帮助人们理解大气中温室气体排放增加带来的影响。2010 年 6 月，美国国家航空航天局（NASA）成立了 NASA 气候模拟中心（NCSS），为气候预测研究服务。由于气候模拟模型具有数据密集和处理量大的特点，中心配备了运算速度为每秒 160 万亿次的超级计算机和多 PB 级字节的数据档案文件。美国 NASA 的戈达德（Goddard）全球气候变化模型的代码及相关数据可以免费下载查阅。这是一个很重要的特征，因为模拟模型的方程和所嵌入的假设需要经过仔细的核查，以确保模型是对现实的真实反映。

在组织层面上，模拟软件可以支持许多常见商业问题的建模，既有解决广泛的普遍性商业问题的模拟软件包，又有针对具体的商业系统（如供应链）的软件。交通运输系统和供应链，由于其复杂性和对组织绩效的重要影响，经常成为模拟仿真的主要主题。最近，许多企业已经认识到，供应链中固有的多个、互连的流网络是其碳足迹的关键决定因素。事实上，现在的一些模拟程序包可以用来计算一个组织对环境的影响。

美国能源部已建立起了一个跨平台的免费程序 EnergyPlus 来评估建筑。它能够模拟供暖、制冷、照明、通风、水流等能源流。该模拟软件在建筑设计和改造中为机械师或建筑工程师提供了有益的帮助。

　　尽管模拟无法计算出最优解，但是对于理解复杂的情况非常有帮助，这是现有优化技术不能做到的。通过在不同条件下对系统的模拟和对关键假设的敏感性测试，可以识别复杂情况的近似最优解。当模拟用于支持学习和实验时，也是很优秀的教学平台。

9.7　能源信息技术未来展望

　　我们努力创造一个更为节能的社会，期待新技术的出现。作为数据交换的基础，XML 适时出现了。然而，我们期待有更多基于 XML 的专门语言来处理各行各业与能源相关的问题。我们认为紫蜂协议是基于数字无线电的传感设备发展的一个阶段。我们需要能够检测到与环境相关的许多不同方面的信息（比如作物中存在的虫害情况），因此需要开发新的传感技术。此外，我们需要新技术来传递信息。例如，我们可以预期开发一种不需要电池的网络设备，因为它可以从周围的无线电波中提取足够的能量。管理科学家们将继续追求能源流网络问题的最优解决方案。仿真模型将变得更逼真和更全面，以便研究组织内和组织间的各种复杂情况，并在实施之前辨析到意想不到的结果。我们更希望看到多主题仿真领域取得大的进展，以便模型可以更真实地反映现代社会普遍存在的行为的多样性。

　　我们始终认为构建可持续发展的社会需要信息系统的力量。信息系统也是我们关注的能源信息学框架的核心。我们相信，现有技术可以创造广泛的节能系统，而该领域的创新还会带来更多的机遇。鼓励该领域创新的国家可能会成为下一个时代的技术领袖，因为它们正在解决世界上最紧迫的问题。

　　目前，许多能源消耗和分配系统，通过应用传感网来收集有关它们使用的信息，并利用收集来的信息优化这些系统，从而提高其自身效率，我们称之为能源信息学。它已经成为信息系统的一个子领域，专注于创建以信息系统为基础的解决方案，以保证能源供应与需求系统进行更有效的管理。它为我们应用信息系统降低能源消耗提供了一个综合性的结构框架。

第 10 章　能源信息学的信息视角

10.1　变革的时代

　　三个世纪的工业化已经对全球环境产生了重大影响。地球的最近代历史，虽然从地质学的角度看是很短的一段时间，但是环境却发生了巨大变化，科学家们将其称为人类世（anthropocene epoch），人类已经成为改变自然环境的主要因素。我们改变了空气、土地、河流及海洋的化学成分；我们改变了地球上大部分动植物的生态系统的关键方面，许多物种濒临灭绝。不幸的是，各种征兆都显示环境恶化有不断加快的趋势，除非我们能够采取措施建立一个可持续发展的生态文明，保护生态系统。我们或许已经给生态环境造成了难以恢复的严重破坏并跨越了可持续生活的极限（Rockström et al.，2009）。当前的推测认为，全球变暖的幅度已经超过1.5℃，已经非常接近科学家们所认为的对地球安全造成威胁的上限值2℃。地球复杂的生态系统，在过去的一万年里相对稳定，这使得人类文明得以涌现和繁荣，然而，它没有"复位"按钮。对于大规模的地球工程项目，有些人可能称之为实验，提出要逆转我们的影响，但这些也可能有潜在的有害影响，因为我们对全球生态系统的理解不够准确，无法预测大规模环境干预（Bengtsson，2006），比如向大气中大量注入硫酸盐气溶胶会产生的后果。期望地球工程能够通过一系列其他化学变化来安全而可靠地逆转几个世纪以来的化学变化是值得怀疑的，并且风险很高。我们需要依靠那些能更好理解其影响的力量，以及现有制度中能够影响这些变化的力量。我们需要一系列相互作用和相互补充的变革——政府决策、经济力量、组织变革、个人行动和技术创新，以创造一个可持续的文明，保存我们现有的绝大多数植物群和动物群。①

---

① 感谢 Jane Webster 和 Jacqueline Corbett 对本章早期版本给出的建议。

即使过去的 300 年来人类的行为造成了这些生态后果，也直到问题变得如此突出以至于必须要花费相当多的公共费用进行治理时，政治领袖们才开始考虑各种重大的生态问题（例如，美国的超级基金管理的污染土地，中国的空气污染和 20 世纪 50 年代伦敦的烟雾）。如果我们要保护大多数物种所在的地球的可居住性，作为一个可持续的社会必须将生态思维纳入所有重大决策中。如果我们不能形成一种防止这些问题出现的机制，我们就得不断地清理生态系统中的混乱状况。

许多问题的根源在于我们让企业的环境损害成本外部化。正如我们在第 3 章中讨论的，外部性是指由社会而不是产品或服务的生产者，最终是消费者来承担环境成本。例如，燃煤发电站 CO_2 排放的成本由每个人承担，而不管他们所消耗电力的多少。另一个例子是将未经处理的废水排入河流导致水污染，而成本从污染者转移到使用河流的每个人。这种成本的外部化意味着许多产品不包括其环境成本，这可能导致市场对可持续性的打击（Grunert and Thøgersen，2005），这就是一些领先的环境思想家倡导外部性的内部化的原因（Stern，2007）。

也许可持续发展最关键的挑战是我们如何处理全球外部性。一些国家已经建立了处理其国内外部性的制度，如环境法规和碳配额与碳交易制度，使得一些环境损害的成本计入产品成本。而我们在处理影响地球上每个人的外部性方面还是经验较少，例如 CO_2 排放。令人鼓舞的是，我们通过全球性地消除氯氟烃（CFCs）和其他人造氯的生产，能够以统一的方式对臭氧层中的极性洞做出反应。因此，有一些证据表明，目前的社会力量有能力解决全球变暖问题，但需要在广阔的范围内采取紧急和一致的行动。

10.2　多种社会力量

环境改变是人类文明发展进步的直接后果。我们创立了一系列交互系统推动了大规模的变革，有些是有益的（如公共教育），有些则是有害的（如战争）。现在，我们需要利用同样的系统大规模地转向可持续发展的社会。虽然有许多互动的力量在推动社会发展，但我们重点关注最有可能实现从不可持续的社会向可持续社会转变的五种力量[1]（图 10.1）。

---

[1] 在第 3 章中，我们讨论了影响能源系统的力量，在本章中，我们讨论一组不同的影响组织的力量，显然两种力量之间有重叠。

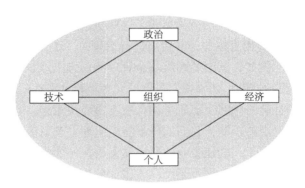

图 10.1   社会力量

在很大程度上，政治和经济体系是固定的。政治结构的打破需要革命，而世界大战可能激发国际合作体制的建立[1]。我们却没有看到任何一个国家出让一点点的主权，授权给联合国发起全球行动以减少污染。关键是，我们无法预见现有的主要碳排放国家——中国、印度、日本、俄罗斯和美国（图 10.2）能否大幅度地改变其政府管理形式。它们可能会颁布法律法规，但这些变化将通过嵌入国家治理体系和文化的正常政治过程而发生。例如，美国不太可能引入汽油配给制度来减少碳排放，但我们可能期待它引入一系列市场导向的变化来减少碳排放，因为市场决定的解决方案（尽管他们可能需要立法的勇气）是与其政治和文化体系相符合的。

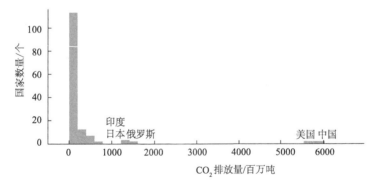

图 10.2   五个主要碳排放国家的 CO_2 排放量

此外，主要碳排放国家似乎坚定地执着于过去二三十年间出现的全球市场经济，而不是从根本上改变目前现有的政治和经济体制。唯有借助其他三种力量的作用，才能实现向可持续发展社会的转变，即改变组织和个人的行为以及促进科技创新。这些都是由内外部激励因素所驱使的，其中内部因素如意识到我们必须

---

[1] 国际联盟和联合国的成立都起源于战争。

从共同行动和个人努力两方面全力解决全球气候变化问题，外部因素如对污染税进行立法等。

第一，形式多样的组织是我们这个社会的核心，因此，我们将它们视为五种力量中的核心力量。组织获取各种资源，生产人们消费的产品。如果组织不进行变革，我们就无法塑造一个可持续发展的社会。组织不断受到各种力量的冲击（如政府的规制、不断变化的公众舆论、个人需求等），被迫进行变革或消亡。为了创建一个可持续发展的社会，我们需要对其中一些力量进行精细和刻意的管控。第二，政治制度需要以法律形式来维护——特别是在碳排放量较大的经济体中，以便促进可持续性，尤其是确保当代和后代的环境成本在当今的产品和服务价格中得以充分体现。第三，经济力量与市场需要完全符合长期的社会可持续发展目标。这意味着化石燃料的成本应反映其全部社会成本。第四，针对人类行为，对于绝大多数人类，尤其是那些消费最多的人，必须限制其导致环境恶化的行为。在全球范围内，特别是在发达国家，我们需要通过改变消费方式和生活习惯使人们的行为向着可持续发展方向转变。第五，需要开展技术创新来保证前四种力量的效果。信息系统可以说是对人类文明变革最有力的技术创新（例如写作、出版、数字化、电子通信）——将需要承担起社会变革的另一个角色。

10.3　理性与社会力量的结合

人类行为既有社会性因素，又有理性因素（Simon，1957）。我们在追求可持续发展时需要考虑这两方面。应用理性视角，我们首先认为，通过完全并准确地将环境成本纳入产品价格中来协调市场机制和可持续发展目标是至关重要的。然后，我们从社会的观点出发考察信息在改变组织和个人行为中的作用。总的来说，我们建议，技术创新需要通过与政治、经济、组织和个人力量的强化组合来实现向可持续经济的转型。

理性和社会性间的分裂以及它们对人类行为的影响见图10.3。在社会性方面，我们看到人类受到感知的影响，例如产品的品牌或个性的影响。同时，价格也影响我们的感知，营销人员经常鼓励我们将高价格等同于高质量和排他性。在理性方面，我们感兴趣的是商品的价格，但是正是商品的生产和消费导致了大量的污染。比如，尽管石油公司会进行不同的汽油广告宣传，但是大多数消费者，尤其是工业消费者，还总是会购买最便宜的汽油。电力公共事业单位也往往寻找最低价的煤或天然气。在商品市场上交易的矿物，因其在开采和熔炼过程中释放出化学毒素及其残留，可能对环境特别有害。

图 10.3　人类行为的理性（价格）和社会（感知）二分法

市场对于推动商品交易非常有效，因为商品可以被精确描述。例如，由不同供应商销售的特定纯度的 1 千克黄金就无法被区别。一种产品越接近商品，就越有可能走向作为交换机制的市场。或者，当感知占优势时，营销就会非常有效，营销人员努力通过广告、品牌和分销渠道来区分他们的产品。如果我们要将人类的行为转向对可持续发展的社会有益的，我们必须同时管控价格和感知；换句话说，我们需要同时采取理性和社会的视角来实现向可持续发展的社会过渡。

10.3.1　理性视角的应用

到 20 世纪末，大多数国家决定将稀缺资源的分配这个基本经济问题交给价格和市场。虽然少数国家可能采用不同的制度，但大多数国家都实行混合经济，即由市场作决定。在很大程度上，全球经济通过价格和市场来运行。价格代表了产品的价值，而市场能够使它们交易。从可持续发展的角度看，因为存在外部性，所以价格并不总是能有效反映价值。如果环境成本不能完全国际化，那么，将可持续发展作为目标时可能会由于承担更高的成本而使自己处于劣势——如果其竞争者不遵循同样规范的话。作为需求的主要影响因素，价格是非常有力的信息。如果价格中包含了污染的全部成本（如 CO_2 排放、有毒产品处理、废物回收等），那么我们对产品和服务对环境产生的影响将有更为准确的认识。因此，关键问题是确定污染的社会成本并将其平等地分配，如此，污染的制造者将为其行为买单。按照理性的观点，我们现在来探讨针对变革的各种关键力量应该采取什么行动。值得注意的是，我们并未讨论经济层面的变化，因为我们相信这一体系基本保持不变。再者，当价格如实准确地反映真实成本时，市场即会有效地分配稀缺资源。需要做的就是使当前的经济系统通过内部化其外部性促进可持续性。

1. 政治行动

我们需要新的法律及机构来促进可持续发展，并需要在国内和国际两个层面上采取行动。关键的一步是建立一套促进可持续性、外部性趋于零的国际条约和协议，并确保每个国家尤其是 CO_2 排放量占比很大的国家都能遵守。建立这样的条约和协议是政治家和联合国这样的国际机构的任务。为了应对这项监督工作，我们设想应该成立一个国际监管组织，比如世界可持续发展组织（WSO），类似于国际原子能机构（IAEA），其职能是监管全球可持续性条约的履行以及碳排放，报告违规事项，以及解决争端。该组织将负责建立一个全球传感网，检测其观测源的 CO_2 和其他排放，并依据每个碳排放者所在国家签署的条约对其收取相应的费用。

应用案例 10.1　英国政府在线实时管理能源消耗

2010 年 5 月，英国首相宣布，下一年度英国政府将减少 10%的碳排放。8 月，英国确定了所有的 18 个政府部门必须将详细的能源使用数据发布到 data.gov.uk 网站上。比如，能源与气候变化部（DECC）每隔 5 秒报告一次部门的能源使用情况。

资料来源：www.GreenBiz.com/news/2010/08/05/brits-get-access-real-time-govt-energy-use

从国家层面来讲，我们也需要一些补充性的政治行动。国家政府将负责制定法律法规和税收政策，同时将外部性转换为内部成本并最终反映在价格中。它们还可以提供补贴以鼓励可持续发展。

2. 组织行动

组织作为经济的生产引擎，承担着可持续发展的核心角色。它们在制造和销售产品的同时也产生了污染，而它们提供给消费者的产品将最终决定社会的可发展性。组织会对因税收或补贴而引起的成本结构变化做出反应，否则它们很难在一个竞争的环境中生存。因此，虽然定价机制将促进可持续发展方向的一些变化，但我们需要进行更深层次的转型，以实现向可持续性的实质转变。组织也需要在其内部以及供应链方面进行创新。当然，创新也可能会为那些引导迈向可持续地球的组织创造许多有利的机会。

3. 个人行动

社会是围绕如何满足个人的需求而发展的，特别是在发达经济体中。公司因为生产满足消费者需求的产品而取得成功。同样，各国政府必须满足其公民的需要，否则就有失去其合法性和权力的风险。因此，创造一种更加可持续发展的文明需要消费者的消费偏好向高度可持续发展的产品转变，以便组织和政府做出相应的回应。从理性的角度看，实现这一转变的途径有以下几种。第一，价格对消费者需求有重要影响。在竞争的市场中，价格竞争是非常普遍的。因此，可持续性较高的产品的价格不能过高地偏离那些可持续性较低的产品。消费者不会完全被价格所驱使——这一点正如奢侈品牌所说明的，但价格往往总是购买决策的强有力的影响因素。因此，正如前文中我们所论述的那样，我们需要准确的定价以便使外部性能够从社会成本转化到个人购买的决策中。第二，政府通过补贴（降低价格）及税收（提高价格）来改变个人行为。这些做法会改变定价在资源分配中的效果，但当个人消费转向可持续发展时，结果是可取的。

4. 技术创新

我们在第 1 章中提及的楔子模型（Pacala and Socolow，2004）大概是最全面的采用工程方案来改善全球变暖状况的技术创新计划。它提出了 15 种可能的解决方案，其中大多数是直接的工程解决方案（如碳封存技术和建更多核电站）。然而，楔子模型没有设想到信息系统的创新，我们认为它可能是这一模型的另外一个重要楔子。特别是，我们看到需要设计和部署大规模的全球地面通信网和卫星传感网来检测污染，并使用这种信息系统来确保定价的准确性。这样的网络将需要跨越多学科边界的创新。

5. 定价的重要性

定价是全球可持续发展的理性模型中占主导地位的信息系统。其特点在于，在每个价格后面通常有一个或多个复杂系统[例如企业资源计划（ERP）系统]来确定价格，但我们不认为单个的数字就代表信息系统。因信息系统缺失而不能准确定价的组织是很难生存的。我们将这一观点进行拓展，即定价错误的文明可能导致环境崩溃的危险。为了避免这种灾难性的结果，我们需要在最广泛的意义上构建一个信息系统，使最终消费者承担他们的消费选择的真正成本。系统的关键输入信息来自记录污染位置和污染物特点的传感网中的数据，以便污染者支付反映长期可持续性成本的费用。如果我们使信息系统的这部分准确和有效地运行，那么关键的输出——价格也将是准确的。理性观点认为，我们现在的全球经济体系是由价格机制主导的。我们不需要建立新的经济体制，而是需要让定价与可持续发展的目标相一致。

定价改变行为的作用在新加坡引入的交通拥堵定价案例中得以充分体现。正如我们在第 6 章中所看到的，最初引入的先是上午的交通拥堵定价收费，而后是下午的，这使 CBD 的交通拥堵程度急剧下降。新加坡 CBD 交通拥堵定价的效果见图 10.4。

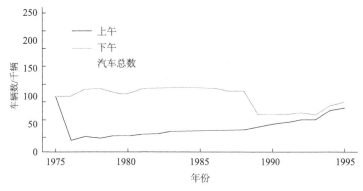

图 10.4　新加坡 CBD 交通拥堵定价效果

该图在本书前文已出现，为了方便读者阅读，我们将其在此重现

在理性的视角下探讨的是如何向可持续发展社会转变。它认为，如果我们能够使价格准确地反映出污染的成本，那么市场机制将会发挥作用。然而，价格并没有激励雷切尔·卡森（Carson，2002）——这位环境运动的助产士，也没有激励佐治亚地毯制造商的首席执行官雷·安德森（Anderson，1998）——这位商业领域负有环保责任的著名人物。人具有社会性，我们也应考虑运用社会因素。组织同样具有社会性，制度理论认为组织的决策中存在着模拟性、强制性和规范性的压力，特别是在采取绿色信息系统和绿色信息技术的行动方面（Chen et al.，2014）。行为经济学也提出了传统理性经济学分析的缺陷。

10.3.2　社会视角的应用

社会转型的关键还在于消费者改变其消费模式，即为了更好地保护环境而不仅仅是因为产品价格。我们可以明显地看到，在社会性方面人们选择购买品牌奢侈品来彰显其地位。而丰田普锐斯与混合动力汽车本田思域的成功归功于其独特的"混合"设计，它们公开倡导采用绿色的生活方式。一些消费者会偏好保护环境的企业和产品，这是一种社会反映。同时，每个人都可能是员工、管理者、决策者、社会企业家或地球公民的角色，其社会性将在上述每一个角色中体现。

很多人都对环境保护持积极的态度并寻求可持续发展的生活方式。然而，由于他们缺少其选择将造成的环境影响的相关信息，所以他们很难将其态度和行动一致起来。信息对于在社会性方面发挥作用是非常重要的；我们不仅需要信息来了解我们自己的消费习惯，同时也需要信息来了解其他人的消费习惯（Hareyan，2007）。

人们对企业的感知可以决定他们从何处购买商品或服务，这正是一些公司付出很大的努力来建立它们的品牌和声誉的原因。以此类推，人们还受产品的特性和特征的影响。此外,人们也会因对其行动所带来的后果的认知而动摇自己的购买决策。最后,人们还会受到一些影响和引导,即伙伴们在类似情况下会有什么样的行为,以及会对自己的行为做出何种反应等。我们现在考虑的是这些感知是如何形成的,特别感兴趣的是如何形成与可持续发展目标相一致的感知,类似于我们通过信息来确定污染价格。

1. 政治行为

如果消费者想支持对环境负责任的企业组织,那么他们又能够从哪里找到关于这些有可能与之打交道的企业组织在可持续行动方面的客观而可靠的信息呢?投资者可以依据审计的财务报告,但如果你想投资地球的未来又怎么办呢?现在已经出现了关于可持续发展报告的相关规定。目前,在全球范围内,有十几种不同形式的可持续发展报告标准,所有的报告都要求是自愿的,并不要求必须经过审计。在这些标准中,1997 年由美国非营利组织在联合国环境规划署(UNEP)的支持下成立的全球报告倡议(GRI)组织的标准是世界上应用最广泛的可持续发展报告标准。

在区域方面,欧洲有强制性报告标准和自愿性报告标准两种,而北美洲目前只有自愿性报告标准(如气候变化注册局和西方气候倡议)。欧洲企业通常更积极地报告其环境指标,且更倾向于通过审核和认证。这归功于基本的法律制度。当法律以面向股东为导向时,组织并不太倾向于报告其可持续发展举措,也不倾向于对报告进行认证;相反,嵌入在一个面向利益相关者的法律模式下的企业则会更加倾向于这样做(Ruiz,2009)。

自愿可持续发展报告制度可能不利于可持续发展目标的实现,因为它可能妨碍其他能够更加有效地推进这些目标实现的机制,比如更严格的法规。因此,一些可持续发展的倡导者及投资者要求政府在可持续发展报告制度中发挥更大的作用。因而,全球报告倡议组织在 2009 年发表了一份声明,呼吁政府应通过制定相关政策,要求企业报告其环境和社会影响,进而发挥政府的领导作用。我们也认为,政府非常有必要要求企业在做现有的财务报告的同时,强制推行可持续发展报告,以便公民可以判断一个组织对可持续发展的影响。此类报告还应采用 XBRL 格式[①],以便于对所报告的可持续性信息进行过滤、总结、比较,并以个性化格式提供给个人。

总之,从政治行为方面,需要建立一套强制性的环境和社会影响报告制度,使之与当前的财务报告系统相结合,以提供关于组织绩效的综合性报告。新要求的报告应当具备相似的监管和审核机制。换言之,可能需要有相当于美国财务会

---

① www.xbrl.org.

计准则委员会和审计公司这样的机构对环境和社会影响报告进行正式审核，并将其添加到指南中。

2. 组织行为

如果消费者有意购买具有可持续性的产品，那么他们去哪里获取这些产品的客观可靠的信息？然而，已有公司开始自愿描述其产品的"绿色度"（greenness）了。[①]例如，苹果公司声称它具有世界上最"绿色"的笔记本生产线。英国的连锁超市乐购（TESCO）于 2008 年开始对产品进行碳标注，目前已有 120 种产品贴有"碳足迹"标签。乐购的首席执行官解释说："消费者要求我们开发复杂的碳计算方法，但要使用最简单的方式标注。"（Specter，2008）在信息时代，这样表达还不够。他应该表达的是："消费者要求我们开发复杂的碳计算方法，但要使用最简单的数字化方式标注。"经过数字化处理的信息将更具价值。我们真正需要的是一个包含了绝大多数常用物品的环境数据的产品数据库，这样就可以很容易地对产品进行绿色比较。

GoodGuide[②]可能就是这样一个例子。它报告了超过 100 000 种产品（从普通家用产品到食品、电子产品，甚至汽车），并基于以下三个方面的得分对其进行了分类：①健康方面，即使用给定产品对人的健康所产生的潜在影响；②环境方面，即与产品的制造、销售、使用和处置相关的潜在的对环境不利的影响；③社会责任方面，即公司面向治理结构、社会、劳动力和消费者等方面所采取的积极行动的综合度量。消费者在购买商品时，可以使用 GoodGuide 将注意力集中在反映其偏好和价值的产品上。正如你可能对这类服务所期望的，GoodGuide 是完全开放的。GoodGuide 的评分采用了多个经审核的数据源，而这些数据源都通过了科学和学术专家的评估。希望了解评分系统的客户和有兴趣提高产品分数的组织，均可访问 GoodGuide 获悉其选定指标和数据来源。

虽然在一些国家这种报告可能是强制性的，即通过提供信息的方式来促进可持续的生活方式，但是我们仍然鼓励组织现在就采取行动，将其产品的可持续性特征告知消费者。组织的领导者和舆论领袖往往能够为组织或社区确立方向。通常，比颁布了什么议程、法律和法规更有效的是使其落实的方式。

3. 个人行为

许多人都想转向可持续的生活方式，但他们并不一定清楚其行为的社会意义。例如，当电能成为主要的可持续性来源时，需要洗衣服的住户却缺乏动态的信息。

---

① www.apple.com/macbookpro/environment.html.

② www.goodguide.com/.

进一步说，即使一些信息是可获得的，也经常是没有被分解的（不够详细），以至于个人的行为常常被隐藏在集体行为中。如每月的电费账单就缺乏促使人们改变其用电行为的信息。居民并不知道他们在夏季的下午 3 点让洗碗机运转 20 分钟所造成的环境成本和能源公用费用是多少。

此外，市民往往很少知道他们的伙伴们的持续性行为，而事实上确实也不了解很多其他的行为。可以用来比较的数据就提供了改变这方面的标杆。正如我们前面指出的那样，美国心理学协会的报告表明，社会的规范对于人们改变自己的行为至关重要。我们也特别关注舆论领袖的领导作用。因此，在保护隐私的同时，我们也需要让消费者知道如何与邻居和相关的群体进行比较。假如出现了一种倡导可持续性的社会风气，那么可比较的数据将会形成一个减少不利环境影响的良性循环。正如我们第 1 章讨论的那样，信息系统是提供比较数据的关键技术。接下来讨论其他的技术。

4. 技术创新

在社会层面，我们需要支撑技术和制度来转变信息流的格式，以帮助确定哪些公司因为其高可持续性和高社会响应性而应该得到支持。例如，有许多网站专门进行财务数据分析，我们希望看到有类似的网站出现，对企业的环境和社会报告部分进行分析和展示。要求此类报告是基于 XBRL 扩展的 XML 格式，将有助于过滤和转换，以适应广泛的利益相关者和受众。同样，我们将需要信息系统将产品可持续性报告转化为购买支持系统，以促进绿色购物。

消费者还需要信息系统和技术创新来帮助他们分析其消费和行为，并给出如何降低其环境影响的关键建议。已经有一系列服务支持金融和医疗保健方面的决策，成为现代生活的关键组成部分。考虑到 CO_2 排放持续增加所带来的问题，有必要通过改变信息服务的引领，促使社会上大部分人，特别是发达经济体的人们，采取高度可持续的生活方式。此外，我们可以想象到，一系列的智能手机应用程序将帮助我们对日常行为的生态影响进行分析。对于最需要转变生活方式的经济发达地区的大多数人来说，总是随身携带智能手机，将其嵌入 GPS、加速度计、陀螺仪、蓝牙和任何其他可能添加的功能后，就会形成一个用于制订个人行为及其环境影响的定制化方案的理想设备。既然 UPS 可以跟踪其送货的司机们的行驶路线，那么我们就会很容易想到开发一个应用程序，用于跟踪个人行为，使其进行自我报告，也可能是匿名的集体评估。

5. 感知的重要性

感知是与价格和理性行为相对的社会性表现。感知可以推动公共舆论和社会变革。公共舆论能够使法律得以通过，并使一些行为及产品成为时尚。基于对现实准确感知的公共舆论，需要可靠并经核实的信息的自由流动。高效率的市场需要信息。美国证券交易委员会和会计监管机构研发了一个精心设计的企业报告信息系统，以保证高度透明及信息的准确性。我们需要研发一个类似的、相互联系的、通用一致的用于可持续性报告的信息系统，它可以使人形成准确的感知，并促使人们思考和产生集体行为，因为他们共享着一个明确定义和测量的知识库。拥有充分信息的公众是大多数社会运动的重要组成部分。

最初于 1970 年在澳大利亚维多利亚州生效的安全带立法充分阐述了感知对行为改变的重要性。在立法前遵守安全带规则的人为 25%左右，在立法之后很快攀升到 80%以上（Milne，1979）（图 10.5）。系安全带的基本规则没有改变。在车祸中出现致命伤的风险在立法前与立法后也完全一样，但是在系安全带从自愿转变为强制之后，感知发生了改变。类似的行为影响也会在器官捐献、车辆保险、车辆购买及退休计划等决策中被观察到，这取决于显示出来的决策项是选择参加还是选择退出（Beshears et al.，2009）。当默认选择项为退出时，与将其设为参加时相比，有更多的人同意器官捐赠。人们做决定的理由没有改变，改变的只是提出的方式。对于理性经济学家来说，这种改变是没有意义的，但是行为经济学家认为人不是由理性主导的，他们的社会性方面会影响决策。如何提供选项（如自愿或强制，或者选择加入或选择退出）能够影响决策，且感知的影响会在许多决策中取代理性的影响。

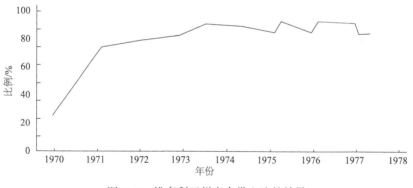

图 10.5　维多利亚州安全带立法的效果

10.3.3　理性和社会信息的协同作用

人的行为是理性及社会性的综合体，社会转型需要我们认识到二者的相互作用。定价信息切合我们理性的一面。虽然有许多信息流可以影响我们的感知，从而影响我们的社会行为，但我们认为关键的重点应当是创建能够识别对环境负责任的组织和可持续性产品的信息系统。我们需要这两种系统能够有效地运行，因为在当今社会存在大量的各类信息的传递。政府通过颁布法律来自上而下地回应自下而上的个人行为。企业组织在对执政者、供应商及个人发布信息的同时，也倾听这些群体的意见。在这种多层和多向的信息系统中，个人可能很容易被许多信息所迷惑。正如我们目前看到的，不管有多少科学依据和观点，也仍有许多公众否认全球变暖现象。虽然我们不能左右那些既得利益的政治家、评论家或其他人否认对全球变暖的存在和原因的科学共识，但通过我们提出的理性及社会性双重信息流，我们希望可以削弱他们的影响。像价格、经审计的公司报告和碳含量标签这样坚实的数据，最终对个人的感知和行为的影响，应该比几个虚构的先知的大声吹嘘更具影响力。毕竟，当证据变得具有压倒性优势并被广泛接受的时候，认为地球是平的的人们最终会失去他们的追随者。现在绝大多数人不再认为地球是平的，那么具有科学知识的人们当然也会承认全球变暖的现实。

应用案例 10.2　澳大利亚引入了二氧化碳税

2011 年 7 月，澳大利亚总理朱莉娅·吉拉德宣布了其政府对 CO_2 排放和其他有害排放征税的计划。该税旨在减少环境损害。初步迹象表明，税收将对排放每吨征收 23 澳元。该税收设计为中性税收，即旨在改变行为而不是产生额外收入。因此，该计划将补偿那些受到所谓碳税过度影响的人。

资料来源：www.theage.com.au/money/warming-to-task-of-explaining-carbon-tax-20110709-1h7jh.html

10.4　明天的社会

如果我们继续让市场违背可持续发展和社会的利益，不将污染成本纳入价格，我们就不可能减少 CO_2 的排放。如果消费者没有关于公司的环境实践、消费的产品的生态影响以及自己的行动的后果等方面的准确信息，他们就将继续在如何亲自推进可持续性方面做出一些不好的决策。我们今天的消费决定了我们明天的环境，而我们今天的消费取决于价格和感知。

第 11 章　能源信息学的设计原则和方法

我们已经从信息学角度讨论了问题的主要特征，现在需要考虑如何设计系统来回应这些问题。我们的目的是通过概述信息系统的一般原则，来阐明信息系统在能源信息学视角下的作用。

11.1　设计的一般原则

11.1.1　信息效率原则

信息效率原则是我们考虑的核心。它主张当各种各样、为数众多的参与者可以收集、分析与系统运作相关的信息并据此采取行动的时候，系统就变得更高效。信息能够改进个人和群体的决策并提高效益。如果你不清楚是怎样以及什么时候在消耗能源的，你就不可能追求能源效率的提升。信息效率原则几乎适用于所有的企业系统，但在这里我们特别关注能源生产和消耗系统。在本书中，我们已经看到了信息效率原则运用在 UPS 的远程系统和 EnerNOC 的需求响应管理中。

在大型系统中有许多角色，每个参与者的信息需求都是未知或不确定的。想获取可能涉及数百万公民的各种各样的信息需求是一个组织所无法解决的问题。然而，一个可能的解决方案是创建一个开放的信息市场，创新者可以找到方法来创建应用程序，满足许多不同的细分市场的需求。例如，苹果公司无法识别消费者使用 iPhone 或 iPad 的各种方式，但可以创造一个新的平台，使成千上万的开发者能够鉴别那些吸引各种各样细分市场的应用程序。人们可以以各种不同的方式使用不同的信息，从而更有效地实现其目标。适当的环境使创新者能够找到方法来服务于多种多样的需求。

　　为了使公民提高能源利用效率，我们需要开放地、标准化地进行与能源相关的信息交流。这就要求像公共交通这样的能源密集型领域的各主要方面都能以标准的形式发布其公共信息。在默认状态下，所有这些信息都是公开的，必要时各方必须说明为什么特定信息是不公开的。信息可以使社会发展更加高效，但如果我们不能确保这些信息在适当的粒度细节上普遍可用，那么潜在的效益也就不会实现。

应用案例 11.1　消息灵通的瑞典人在 Volvo 的帮助下节约能源

　　Commute Greener 是 Volvo 公司设计的一个帮助人们减少日常通勤的碳排放的手机和网络应用程序。通勤者提供他们当前通勤的详细信息，应用程序就计算其足迹。他们可以设定一个较低的目标，应用程序跟踪其表现。它也可以提供不同交通选择的比较数据。

　　哥德堡市鼓励员工使用该应用程序。在开始使用 10 周后，大多数人就超额完成了他们降低碳排放的目标，一些人将他们的碳排放减少了 2/3。

　　资料来源：www.greenbiz.com/news/2010/10/01/volvo-phone-app-helps-swedish-city-employees-cut-commuting-emissions?utm_source=Vertical+Newletters&utm_campaign=72c646be64-GCNews-2010-10-05&utm_medium=email

　　信息效率原则在许多系统的设计中起支配作用，而这在大多数情况下是不够明确的。在我们所举的例子中，我们想要表达这个重要的假设，并让系统设计者把这个假设放在他们思维的最前端。这里我们所说的是包括所有设计师的，而不仅仅是信息系统的设计者。例如，公共交通系统的设计者需要考虑向公众提供关于交通选择和运营的信息。同样，建筑师应该考虑如何创建一个描述建筑物功能的信息系统，这同窗户和墙壁的设计与建造一样重要。

11.1.2　情景耦合原则

　　在社会中，当不同系统和个体想要交互时可以通过对相关信息的共享来协调他们的行动，例如搭乘公共汽车、去电影院、找到方便的航班。两个实体需要就同一件事情或事件协调其行动。通勤者想知道下一班公交车何时到达，影迷需要知道什么时候才能赶上一部电影的放映，商务人员想要找到一个能及时赶上会议的航班。每天当人们需要使用信息达成目标而他们的活动又与其他人或实体紧密耦合的时候，都会出现数十亿种类似的情景。如果有能力了解其他实体在从几秒到几年的各种时间表中所做的工作，就可以使得处于高度退耦的社会中的人们和企业能够协调其行动。通常，这种协调对于一方是看不见的，并且没有理由使其可见。

再以铁路为例。当铁路系统开始遍布全美的时候，管理层很快意识到也有需要协调的问题。地方时间由当地决定，时区并不存在。关于地方时间没有国家统一的规定，所以潜在的协调意识就不起作用了，原因是当不知道列车到达每站的地方时间时，铁路部门是不能发布列车时刻表的。1883 年，美国和加拿大铁路引入了时区概念，并最终于 1918 年在美国合法成立。一旦建立起来一套时区标准，列车时刻表就可以发布了，成千上万的个人和企业就能够根据火车的进出站时间来协调其活动。由铁路建立的这样的时刻表促进了整个美国大量情景下的紧密耦合。

组织之间的系统具有情景耦合的典型特征。通过数据共享，企业可以使它们之间的活动更紧密地耦合。准时制（JIT）生产是众所周知的关于紧密耦合的应用之一。供应链上的企业分享其在特定时间内所需要的投入，这样供应商就可以按需交货。澳大利亚的珀斯市的公共交通系统则通过收集短信服务支持紧密耦合，因为乘客可以知道下一班车何时到达他们乘车的站点，这样他们就可以将离开家或单位的时间与公共汽车系统协调起来，以便尽量减少在公共汽车站等待的时间。

在一个组成元素高度耦合的社会里，信息能够使自我管理的情景产生紧密耦合。公共电子数据交换标准和相关联的信息服务是搭建紧密耦合框架的关键。从能源信息学的角度来看，信息耦合原理意味着我们需要识别那些基于信息的紧密耦合并能够使社会和个人能效提高的情景。

11.1.3　无处不在的访问原则

人们在任何地方都需要做决策，在办公桌、会议室或餐桌旁，也可能是在开车时、午餐时、看体育赛事时、乘飞机时，或者是在其他任何可能的地方。我们可以想象需要决策的范围以地球表面为中心，下至最深的矿井，上至国际空间站。在这个范围里制定决策，而当可以获得相关信息的时候，更好的决策就会出现。

虽然现在的通信系统还不能完全覆盖我们所想象的这个范围，但其发展势头是非常趋向于形成网状的网络，并逐渐为所有人——无论在哪里——提供无处不在的访问网络的潜力。SoBi 自行车共享计划说明了无处不在的访问网络的价值所在。无论在哪里，潜在的乘车人都可以使用他们的手机找到最近处的自行车。

有三个相关的原则与无处不在的访问原则相联系。

1. 数据一致性原则

数据一致性原则要求特定的数据元素的所有形式都是一致的，无论数据存储在哪里。目前数据一致性的实现可以通过直接连接到中央数据库或定期同步复制。数据一致性原则意味着公司要对集成的数据库进行维护或者至少对确保跨系统的数据同步方法进行维护。在完全实现无处不在的访问之前，我们期望各种形式的数据同步处理，尽管它们会造成数据复制的延迟。当云计算可以完全实施并达成无处不在的访问时，或许就不再需要同步，或者同步处理就能及时到不易察觉。那时候数据一致性的目标就能实现，将使人类很多活动达到令人满意的效果。在当前的实践中，数据一致性意味着无论对于哪种接入设备（如笔记本电脑、台式电脑或电话），某一特定数据元素都具有一致且实时的数值。

在该原则达到完全普遍之前，如果企业层面已经存在集成的数据，那么可以通过数据同步保持数据的一致性。从能源信息学设计角度看，它意味着设计者必须决定在哪方面特定数据要素的一致性对提高能源效率起作用。

2. 设备通用性原则

人类携带多种设备和学习使用各种设备的能力是有限的。因此，设备通用性原则主张人类寻求那些具有完成各种必要信息处理功能的设备的高通用性（比如电话、导航系统、照相机、日历和浏览器），并通过人机界面使用各种功能。多年来人们一直有一种趋势，即给手机增加更多的功能，但是界面很差，需要用户努力学习和回想如何使用这些功能。这种界面障碍被 iPhone 突破了，它融合了高可扩展性的功能和简单的人机界面。虽然平板电脑至少出现十年了，但只是联合了近期出现的几项技术才使其变得非常有用（比如触屏技术、锂电池、G3、云计算）。因此，平板电脑成为另一个获得突破的界面，它超出手机屏幕具有更大的显示区域，能够运行那些不适合小屏幕的应用程序。例如，绝大多数表格不适合在手机屏幕上看，地图也需要很多滚动或缩放。当代的智能手机和最新的平板电脑在设备通用性原则方面还是非常令人满意的。

3. 唯一性原则

信息需要针对当前的问题、情景、位置进行精确的定制，而信息的展示需求则必须与接收人和访问设备的特定信息处理优势或能力相适应。系统不可能预测每个人在所有可能情形下的信息需求。因此，信息定制的过程有两个步骤：首先，系统通过允许某人获得可能有用的信息进行粗略的定制；其次，每个人再精确定制其当时所需的特定信息。举例说明这个原则：你在地图上展开一个特定的区域，找到旅行的起点和终点，获得这两点间的一条推荐路线（粗略定制），然后你可以移到建议路线上的一些中间点，对路径进行调整，避免去通常堵车的地方或者造访附近的某些特定地点（精确定制）。

先由系统推荐再根据情景定制的双重过程似乎是实现唯一性原则最好的方法。因此，从广义系统分析角度看，问题变成了先确定粗略的信息，然后设计一个接口便于精确地定制。

特别地，对于能源信息学而言，这个问题就变成了首先确定能源利用效率提升所需的数据，然后开发相应的接口支持基于数据的解释和行动。在前面讨论的 UPS 案例中，可以看到，通过远程信息处理系统收集的数据是如何得以提炼，从而为驾驶员提供减少空转和调头等相关的具体信息的。

11.1.4　领域知识原则

从 UPS 案例中我们学到，专业领域的知识对项目的成功至关重要。事实上，研究表明，系统开发成功与否，其区别通常就是专业领域的知识。这就是说，需要任命一个专业知识造诣很高的人作为项目团队的领导者。很多组织不愿意"牺牲"这么有专业价值的人去做系统开发，因为他们对现有岗位的作用很大。系统开发和实施是一项代价很大的任务，新系统常常是公司成功的关键。开发人员缺乏必要的技术，特别是专业知识，会制约系统开发的成功。这就是说，如果应用本书的思想去建立信息系统以提高能源效率，那么至关重要的是，要在项目组成人员中补充进熟悉目标区域的内部工作人员。

11.1.5　系统设计原则

当有一个分析、设计和开发的系统化流程时，上述原则的应用就能得以改进。这个流程包括考虑系统所处的社会、生态、技术环境。系统设计者必须考虑所采用的技术解决方案如何适应其应用的社会和生态环境。例如，在 Vélib 项目中，最初没有考虑到的一个情况就是，一些人由于感到自己被新的自行车共享计划排除在外而可能产生的不满，以及他们为了破坏自行车共享计划而采取的不良行为（即盗窃和故意损坏自行车）。有很多现有的系统开发方法都在信息系统环境中经过了良好的测试，并通常综合考虑了社会性和技术性两方面。我们预测这些方法只要稍微做些改动即可适应能源信息学的思想。

11.2　基于设计原则的解决方案

现在我们把前文介绍的一些设计原则应用于对已有能源流系统进行改进的一些想法中。我们从非常普通的居家问题——热水供应开始，以此进行概括。

11.2.1　智能太阳能加热系统

典型的太阳能加热系统由一个或多个将太阳能转换成热能的太阳能板组成。大多数这样的系统都有一种辅助能源，比如电能或天然气，当水箱温度下降到设定温度（比如50℃）以下时辅助能源将启动。因此，即使在阴天，或由于大量使用而使热水耗尽并超出其迅速补充新水的能力时，仍然有热水可用。为了节能，辅助能源的使用应减到最小。然而，太阳能加热系统依靠一个非常简单的信息系统运行，即当温度下降到某点以下时辅助加热器开启。现在，我们考虑一个智能太阳能加热系统将如何工作。

智能太阳能加热系统需要两部分信息：预计的太阳能供应量和预计的热水需求量。在供应方面，在线天气服务提供每小时的天气预报，包括日照量和气温的预报。实际上，Trupoint宣称可以为美国48个州提供6小时内每15分钟精确到1平方英里的天气预报。在需求方面，许多家庭在使用热水时遵循熟悉的模式。例如，早上洗澡，晚上洗碗和洗衣服。因此，不难快速预测一个家庭在每天各时段的热水需求量（比如，早晨7点到8点使用50加仑热水用于洗澡和早餐，晚上8点到9点用相似的使用量来洗碗和洗衣服）。因此，在许多情况下，当前的太阳能加热系统使用辅助能源来加热水以用于几小时之外的需求，其实在需要热水之前是有足够的太阳能用于加热水的。

应用信息效率原则意味着，通过综合考虑预计的日照量和需求量来决定是否需要辅助加热系统。简单的系统是使用热水后随时补充热水，而智能系统则通过整合供应和需求来决定应该做什么。因此，基于早上11点到下午4点的日照量预测及直到晚上8点前没有使用热水需求这些信息，智能系统不会在此期间启动辅助加热器。在满足晚上的用水需求后，系统也能识别水箱中还有足够多的热水来满足明天早晨的用水需求（图11.1）。

关于无处不在的访问原则，在智能太阳能加热系统中，所有者可以与系统进行交互，即使不在现场（如工作中或旅行时）。例如，要去加拿大度假两周，可以通过应用程序连接到太阳能加热系统，让辅助能源停用14天。

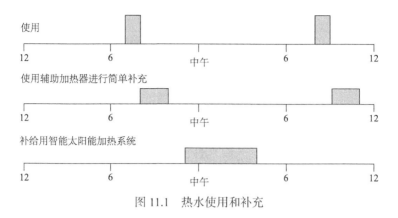

图 11.1　热水使用和补充

　　使太阳能加热系统智能化需要满足什么条件呢？首先，太阳能加热系统需要与网络相连，以便接收天气预报数据和发送数据，如带时间控制的热水使用情况和水箱当时的温度。这些信息将支撑计算机程序的运行并决定何时启动辅助加热器。其次，需要一个与太阳能加热系统进行数据交换的标准。我们需要让所有制造商和模型都采用一种统一的形式来描述预期的天气和太阳能加热系统的操作，以简化软件开发。

　　应用领域知识原则，专家可以创建规则库推荐系统，使智能太阳能加热系统可以为家庭提供行动建议。例如，"今天天气不是很晴朗，如果可能，请推迟到明天下午 2 点洗衣服"或"使用洗衣机的最佳时间是下午 1 点，因为在 1 点之后将有足够的阳光加热补充的水"。当然，正如系统设计原则所倡导的，专家不仅需要关注这样的规则库在推荐系统开发技术上的挑战，还需要部署太阳能加热系统使用的社会环境。因此，规则库推荐系统可能需要根据家庭采取额外行动去减少能源使用的意愿进行必要的调整。太阳能加热系统的信息系统见图 11.2。

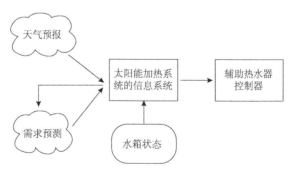

图 11.2　太阳能加热系统的信息系统

　　一旦我们认识到问题和解决方案的通用属性，太阳能加热系统的信息系统的设计原则就可以延展应用到其他情况。太阳能加热系统的信息系统由五个部分组成，如图 11.2 所示。天气预报，可以被当成是供应预测，因为它表示的是能源流的供给量，在本例中即太阳能。需求预测，在更广泛的意义上是对能源流的预期需求。水箱状态则通过信息系统对其进行检测。这里信息用来更新需求预测和决定是否开启或关闭辅助加热器。信息系统是太阳能加热系统的核心，因为它对数据流进行解释并根据需要执行相应的操作。它也应该向用户报告有关太阳能加热系统的使用和运转的情况，并且允许其对预期的用水量进行调整。

智能太阳能加热系统符合标准的能源信息学框架，如图 11.3 所示。在这种情况下的流网络是阳光；我们使用气象站网络来感测当地条件并提供一天的日照供应预测的原始数据；感应体是水箱，它可以报告水流量和水温，并通过相关的信息系统打开或关闭（加热器）。

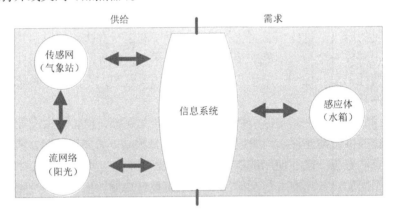

图 11.3   智能太阳能加热系统的能源信息学框架

天气预报能够通过网络服务在线获取。美国国家海洋和大气管理局定义了一种数据交换语言，可以让任何人通过互联网获得来自国家数字天气预报数据库中的天气数据，并且也可以获得一个包含所需数据的电子文件。如果其他天气预报提供者遵循同样的标准提供数据，那么住户选择使用哪家的天气预报服务就变得很简单了。这里我们再一次看到了信息效率原则在起作用。增加信息意味着将会减少给水加热的用电量。当前的热水系统的运转没有用到任何未来天气的信息，在阳光明媚的下午，当没有能够预知的需求时，加压泵还会照常运转。我们提出的设计方法将会避免这种不必要的用电情况。

11.2.2   智能灌溉系统

在本书前面章节，我们讨论了可变灌溉系统，并考察了精准农业如何能够在耕作中减少水、能源和各种农用化学物的消耗，也讨论了如何用土壤类型信息创建一个精确控制农田中每一区块用水量的土壤地图。同时，我们也指出了，在灌溉之前通过直接或远程感应土壤含水量，而不是依赖静态土壤图，因为前者可以使灌溉的精确度更高。此外，我们还探讨了自动喷水灌溉系统如何用于施肥和消灭虫害过程中喷洒各种化学品。为了与这一章的主题保持一致，我们现在以更广的视角考虑各种数据的整合，而不是只考虑土壤湿度。

如果我们能想到农场具有产生可再生能源的能力，而这些能源可以用于灌溉系统，那么我们在追求能源利用效率和减少碳排放方面就可以将许多因素考虑进去。天气预报就是决定用水量的一个因素。预报的降雨、气温、风速和湿度都会影响土壤含水量以及近期灌溉的需求量，以至信息效率原则中所有的数据。如果预报有雨，那么灌溉大约就可以往后推迟一天。同样的天气预报会帮助人们估测农场能源生成系统在随后几天内的不同时间里能够产生多少电量，这也是决定何时灌溉的因素。一旦农场的能源生成系统安装到位，那么农场产生的能源通常就比从当地公用设施购买的成本更低。

其他需要考虑的输入因素包括每块地当前的土壤湿度和作物的情况，包括虫害和肥料需求量等（Raun et al.，2005）。实时 GPS——无处不在的访问原则的实践已经通过测试用于收集农作物生长、杂草侵扰、表面土壤条件和农药残留覆盖数据等（Tang et al.，2001）。传感技术得到了快速发展并应用于高效农业，以将 CO_2 排放量减到最小。

我们设想的高精度农业系统（图 11.4）是信息密集型的。它旨在广泛使用信息，以提高能源效率，降低碳排放，节约用水，并精确控制所需化学品的运输。

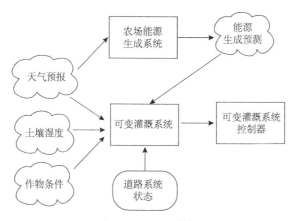

图 11.4　一个整合的农业能源系统和可变灌溉系统

我们可以描绘前面的能源信息学框架图。在供应方面，根据智能太阳能加热系统，气象站构成传感网。在需求方面，我们感测的是灌溉系统（图 11.5）。当灌溉系统的悬臂通过作物时，它感测作物的状态（例如其长势和虫害）及土壤的湿度。将这些数据传输到信息系统，信息系统通过动态调节从每个喷嘴流出的水和化学品的供应来控制灌溉系统，以满足每一个喷嘴对应的那一片作物的精确需求。换句话说，每个喷嘴都遵循唯一性和无处不在的访问原则。根据领域知识原则，将需要领域专家根据每一片作物的状态采取与之相匹配的行动（例如，对于某种特定的杂草侵扰需要如何喷洒、喷洒哪种以及喷洒多少化学药品）。

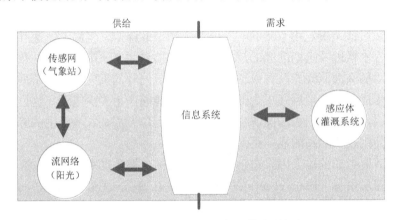

图 11.5　智能灌溉系统的能源信息学框架

我们只深入考察了农业中的一种能源消耗，即灌溉。然而，我们相信前面分析的原则都可以用于能源密集型农业的其他领域。虽然在美国，农业并不是耗能大户，直接耗能（如农业机械）和间接耗能（如肥料和杀虫剂）相加仅占能耗总量的 2%，但是能源效率和能源成本的变化可对农场的盈利能力带来显著影响。更大的收益还将来源于节约用水，以及降低用来提高现代农业产量的化学品对环境的不利影响。

11.2.3　多车队路径优化

很多公司运营用于运输和服务的车队。例如，每天有数万辆 UPS 的褐色卡车送货和收集包裹。很多公共事业公司，比如美国电话电报公司（AT&T），也有卡车车队用于检修设备和服务顾客。很多车队都制订了访问地点的日计划，还有很多甚至使用了优化算法来高效地规划路线。通常，他们力求使时间或成本最小化。比如，一个制药公司的医药代表如果想把与医生谈话的时间最大化，就需要让花费在路途上的时间最小化。问题是每个公司都是独立运转而又高度依赖于道路系统的静态路况的，但却缺乏对数据的集成。数据通常是可以获得的，但却分散在多个系统中，并以不同格式呈现。我们设想一个可能更加动态的情况，如图 11.6 所示。这里运用数据一致性原则，通过集成多个车队的路线数据以给出车队可能出行的路线的单一视图。一旦这样的数据可用，就可能开发一种多车队路径优化系统，在一个广泛的区域内为每个参与的车队最小化其能源使用。

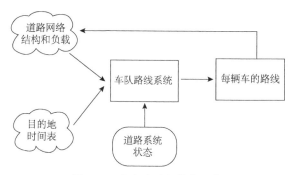

图 11.6 多车队路径优化系统

在信息共享模型中，为了让车队在多个公路系统中运行，所有的交通网络及其预计的交通负载都将以标准的方式进行描述。这些数据和车队的运输或服务需求将输入公司的车队路线制定系统中。此外，包含在输入流中的将是当前道路系统状态的数据（如道路当前关闭情况、定期维修情况、因特殊事件的预期延迟状况等）。车队路线系统将为每辆车制定一条要求司机执行的最优路线，并且有可能监控其遵守路线与否，就像 UPS 的远程信息处理系统那样。

另外，数据可能会被反馈给对道路系统产生影响的各种组织，以帮助它们了解需求来源，并提供更可靠的预测。道路系统管理当局还应当检查这些数据，以识别（并建议更正）由独立的路线制定系统创建的次优解。例如，独立规划路线时，两个车队的路线系统就可能因为它们都规划其运输卡车几乎在一天的同时段通过同一个交通瓶颈而导致交通堵塞，但道路系统管理当局可以推荐一条替代路线，以避开瓶颈。

多车队路径优化系统的基本特征体现在以下能源信息学框架中（图 11.7）。传感网通过道路系统也就是流网络，来评估和报告当前的道路交通状况。车队车辆是感应体。我们可以认为它感应以下两个方面。第一，可以通过定期获取每辆车的位置信号来进行动态跟踪。这在许多车队中已经是一个比较常见的特征了。第二，当每辆车的行程计划以数字格式提供给信息系统时，预定路线就是一种容易被感知的形式。因此，信息系统知道每辆车的当前位置及其驶向目的地的预期路线。

供给　　　　　　　　　　　需求

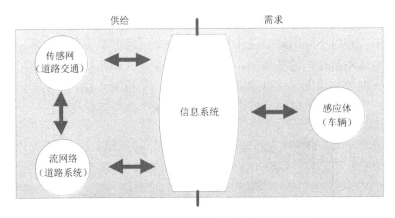

图 11.7　多车队路径优化系统的能源信息学框架

最后，我们可以设想以两种方式扩展这一系统。第一，由单一车辆组成的车队。上班族就是一个小车队，非常小。通常他们有一个设定的目的地和预期到达的时间。基于统一的原则，以适合大型车队的调度出发，每个通勤者可以规划出一条最佳路线。第二，对于道路系统的状况能够进行动态的报告，这已经应用于一些导航系统中。这样在车辆行驶途中车队和通勤者的路径就都可以被动态计算了。我们的目的就是通过收集充足的关于道路预计使用情况的数据，来预测和避免交通拥堵。如果能够获得适当并及时的信息，一些车队和乘客就可以改变其行程以避免交通拥堵。

我们需要的是一个系统，为各种出行自动地生成数字化的智能使用道路网络所需的信息，并且我们需要这些信息通过通用的标准实现共享。很多驾驶员已经配备了使这类系统可行的必要的设备。驾驶员的智能手机或导航系统可以在旅行开始时发送其起点和终点信息。只要足够多的驾驶员提供此类信息，就会有足够的数据用于预测。

在这个例子中，我们有几个设计原则。总的来说，和所有的例子一样，我们看到了信息效率原则的应用，这并不奇怪，因为本书正是基于信息需要引入能量方程中这一前提的。我们也看到了情景紧密耦合的作用，因为车队中的车辆在某一特定时段都是与特定路段的其他车辆紧密耦合的。有时，这种耦合是非常紧密的，导致交通堵塞，而这意味着每次前移几米，拥堵车辆的移动几乎都是一致的。我们的目标就是要将道路的使用与需求较低的时期相耦合，使这种情景紧密耦合是能源高效利用的。我们还看到无处不在的访问原则的应用，它使信息可以实现动态共享。

11.2.4　交通一体化

很多城市正在投资公共交通系统建设，以支持从私人交通到公共交通的转换，并在这个过程中减少总能源的消耗和碳排放。为了引导人们少使用汽车，公共交通就要更安全、便捷和可靠。信息有助于提高公共交通的便捷性和可靠性。

依照我们以前的讨论，通勤者乘坐公交车或者轻轨列车是一个情景紧密耦合的实例。通勤者需要去适应交通运输系统的时刻表，因为它是一个基于供应的系统，而不是像轿车那样具有按需使用的性质。便捷性就是使用交通服务时不麻烦，比如有高度密集的公交车站或地铁站（例如，巴黎的地铁在全世界都算得上是高密度的运输系统——有 300 个站点和 16 条线路，站间平均距离为 1850 英尺）。增强便捷性可以是协助顾客在不熟悉的地方找到最近的服务，也可以是允许乘客使用储值卡快速支付费用来实现，当乘客可以用这种方式进行更广泛的购买支付时，就能体现设备通用性原则的价值了。

可靠性实现起来比较困难，特别是公交系统，因为它是共享道路网络的。在无处不在的访问原则下，我们需要重新思考可靠性问题。现在的可靠性概念是通勤服务能够按照时间表准时到来，而这个时间表可能是数月或几年前制定的。在网络世界里，可靠性可以重新定义为在很短的时间内（比如事件发生前的 5 分钟或 10 分钟），乘客能收到关于下一个或随后的通勤服务的准确数据。乘客能够认识到，服务变更的发生是不可避免的，但他们不理解的是为什么不能在延迟之前得到通知，并且提供动态的备选方案，特别是现在已经有了广泛使用的实时报告技术。

我们来设想有一套开放的信息交换机制可以使个人和企业能够实现一趟行程的情景紧密耦合。由 Web 服务为这种情景紧密耦合提供基础。我们的设计基于开放式 Web 服务，它提供交通运输系统中各交通运输工具，例如火车、渡轮和公共汽车状态的当前信息。请求者应该至少能够知道一种运输单元预计何时到达某个特定的停靠点。例如，在澳大利亚珀斯，公共交通系统的乘客通过手机短信发送其要停靠站点的号码之后，就可以收到关于该停靠站的下一个服务的详细信息，这是无处不在的访问原则的一个例子。更高级的服务可以告诉通勤者他离最近的停靠点有多远，走到那里（并提供方向）需要多长时间，以及还有多少空座位，这就引入了唯一性原则。

公共交通符合能源信息学框架，如图 11.8 所示。公共交通系统是一个流网络，它包括了所有的公共交通形式，如铁路运输、船运、公共汽车和出租车。这些公共交通形式可以被视为各自独立的流网络，但从通勤者的角度来看，将其看作是组成流网络系统的不同模式更合适。通勤者面临的问题就是从家到工作地点，需要对中转的情况进行感知，所以公共交通系统要能够实时获取整个网络的状态，向乘客提供他们选择的交通方式的全部细节信息及其之间潜在的联系。这里通勤者成为一个感应体，通勤者应该能够"开启"自己的状态，在其需要交通中转时能指出其要去的目的地。分析所有处在已"开启"模式下的通勤者的集成数据，可以实现动态调度以使能源消耗达到最小化，同时也能提供方便的公共交通，这正是信息效率原则的一个有力的例证。

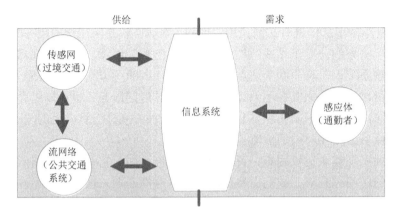

图 11.8　交通一体化的能源信息学框架

通过运用前面讨论的方式来利用信息整合公共交通选项，需要应用系统设计和领域知识原则。大众交通系统通常是一个有各种交通选项、到达区域广泛、每天大部分时间都在运行的复杂部署。设计交通辅助信息系统时，需要采用系统的方法，考虑交通中转的方方面面的因素，包括人的行为等。设计者还需要运用广泛的领域知识。理解大众交通系统的运作、中转交通使用行为以及如何增强信息使用，都需要高水平的专业知识。理想的做法是，启动一系列小型试点项目，以便领域知识可以快速增长，并使系统设计理念在大规模实施之前能接受小规模测试。

11.3　一 般 模 型

11.3.1　模型框架

现在，我们来对支持能源效率的第二个一般模型中的几个基本设计原则进行拓展（第一个一般模型是能源信息学框架）。为了管理能源流系统，需要对系统的供给、需求和当前状态的数据进行预测。这种系统的一般属性可以概括为图 11.9。

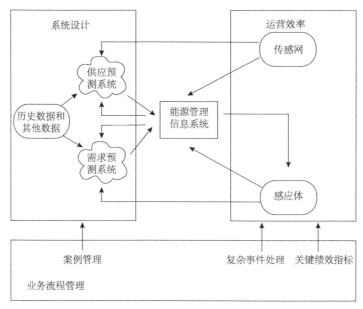

图 11.9 能源管理的一般信息系统模型

我们将这个一般模型分为两个部分：系统设计和运营效率。进行系统设计时，效率是一个典型的准则。但是设计只是基于平均水平以及在合理范围内的一个宽泛的描述。设计师也会被迫直接或间接地使用历史数据，比如，使用历史数据或基于以往的观察和经验进行的预测。因此，在一个动态环境中，任何现实系统都不可能做到在每个时间点都是最优的。所以，需要设置一个运营效率单元去收集关于系统使用的当前数据，用于产生能更好地适应当前条件的解决方案。新加坡的 ERP 系统将这些理念付诸实践，其道路系统历经数十年完成设计和实施之后，道路上才设置了收费龙门架。新加坡的道路系统也有不完美的时候。比如，一些路段没有充足的线路承载交通流量，或收费的道路仍然交通流量太高而其他一些路段交通流量很小。总之，新加坡的 ERP 系统通过预测车辆拥堵情况和改变交通信号灯的控制，提高了系统运营效率。

应用案例 11.2　智能交通信号灯

交通信号灯时间变换的设置主要是基于道路交通流量的历史平均值，交通流量很少有相同的时候，因为总是有一些波动。因此，任何一个固定时间的设置都不是最优的。研究者认为，如果将交通信号灯建成由智能控制的，使其能够判断什么时候变绿或变红，就可以减少 10%～30% 的交通拥挤。带传感装置的交通信号灯可以测量到达和离开时的交通流量，并使用这些数据决定信号灯的状态。

资料来源：www.networkworld.com/news/2010/100110-researchers-argue-for-smarter-traffic.html

11.3.2　关键因素

下面讨论一般模型中的关键输入因素和组成部分。

1. 历史数据和其他数据

基于对过去供应与需求模式的识别，供需的历史数据提供了预测的基础。这些数据中很可能包含了季节性的交通模式以及特定假日的公交需求。此外，也可能有其他一些数据来源，比如天气预报，它们对供应与需求两方面的精确预测都是很关键的。

2. 供应预测

通常，供应预测就是估计在适当时间范围内、在一定细节水平上能源流的供给能力。在智能太阳能加热系统的案例中，比较准确的数据可能就是在未来两天内每15分钟的日照水平和空气温度。与此相反，建筑自动化系统则可能得益于对预期定价和电力组成的预测。因此，一个电力公司可能要对电能概况（如燃煤发电、风能发电、地热发电）以及一天中每隔10分钟的价格进行估计。

例如，交通管理机构可能提供一周内每天每隔15分钟的每一条洲际公路以及城市主干道路的行车速度的详细预测数据。为了让数据发挥作用，这些预测需要根据当时的情况进行动态调整。一些系统的运作基于历史交通流的预测即可，而其他系统可能需要进行动态预测。

该一般模型包含了基于预期的需求来更新供应预测的理念。基本的供应预测可能会对需求进行一些固有的假设（例如，高速公路上的交通负载或电力需求），然后随着了解更多的实际需求信息而进行调整。因此，供应预测可能因实际供需的相互影响而出现反复调整。当然，在一些情况下，供应是固定的，比如阳光，我们不能在需要更多的阳光时把云层移开。

3. 需求预测

需求预测的目的是对能源流系统的能源消耗需求进行估计。考虑建筑自动化系统的情况，我们可以想象两种预测是有用的。首先，关于每天气温的天气预测对用于加热或制冷的能源需求将给出一个宏观上的指导。其次，建筑设施使用的日程计划将提供关于建筑物内特定部分加热或制冷需求的细节信息。例如，日程表可能显示某一天从上午 10 点到中午 12 点，316 房间预计将有 20 人使用，在当天其他时间空闲。

4. 传感网

传感网提供关于供应系统当前状态的数据，并将数据输入用于供应预测和能源管理信息系统中。传感网还提供关于预期需求的信息（如第二天将有多少包裹流入特定的仓库）和系统当前状态的信息（如某特定高速路段的交通流量）。例如，气象频道就要依赖于各种传感系统（如天气雷达、卫星、闪电探测器、地表感测器），通过表面感测器测量温度、风、湿度、降水、能见度和云层等，对美国各地每隔 1.5 英里、每小时数次进行报告。对这些不同的数据进行组合和分析，就可以建立天气预报，用来作为供应预测（如太阳能系统的预期能源供应）和需求预测（如用于空调的电力预期需求）的输入因素。

5. 感应体

感应体为能源管理信息系统和需求预测系统提供它们当前状态的数据。一旦将这些数据纳入整体需求的视角，就可以通过向能源管理信息系统控制器发送适当的信息，使能源管理信息系统改变一些感应体的状态。在智能太阳能加热系统的案例中，水箱是能够感应的，它能定期报告水温。它也带有时间标记地报告水箱的水流量，这是需求预测的关键输入因素。

基于所提供的输入，能源管理信息系统为当前的情况找到最佳解决方案，然后发出信号通知各种能源流控制器对系统的感应体采取行动，对方案予以实施。例如，信息系统可以向几台电器发送信号，在用电高峰期将它们关闭。根据所涉及的能源流网络，系统中的一些变化可以在几秒钟内完成并很快见效（如调整空气流到工作的空间），而在其他情况下，例如对于交通流量，系统的改变可能在某一段时间内就不会有明显的效果。

6. 能源管理信息系统

两个预测系统整合不同来源的数据，向能源管理信息系统提供必要的数据以优化整个系统。一个反馈环路使得供应预测系统能收到关于当前需求的数据，需求预测系统也能收到关于当前供给的数据。例如，当某路段的交通需求比预计的要大很多时，供应系统的预测就应该进行调整。在一些情况下，连续反复地对供需预测进行调整就能实现能源效率的平衡，特别是当有可能对供应（如增加一列火车或一辆公共汽车）和需求（如关闭一些电气设备）进行动态调节时。

11.4　本章小结

本章已经展示了如何使用能源信息学框架来描述一些减少能耗的设计。我们还介绍了一系列设计原则，并说明如何应用它们来解释我们所描述的许多设计的中心特征。

我们已经在多种情况下使用了该框架，并将其讲授给高级管理人员和学生们。我们发现该框架激发了他们对实际问题解决方案的辨识兴趣，这正是我们对该框架的重要期待。我们也有兴趣了解您如何使用该框架来寻找降低能耗的机会。

流量系统的设计可以在两个层面进行。在宏观或基础设施层面，流量系统的设计应在合理的时间范围内并基于预期需求，但解决方案可能受到可用资金和低质量需求预测的限制。尽管存在资源和知识短缺等因素，但智能设计师仍然应该尝试根据关键标准进行优化。然而，未来并不总是符合我们的预期的，而且系统的使用存在波动。因此，还需要一种尝试平滑波动和处理非预期峰值的操作系统。在微观操作层面，将操作设计纳入系统设计中以最大限度地减少每天能源的使用是有意义的。在本章中，我们提出了一个模型来理解这两种设计是如何相互作用的。

第12章　创建智慧星球的技术

12.1　标准化的重要性

虽然现在有很多关于创建智能电网的文章，但电网只是世界经济中重要的能源流网络之一。正如前文所述，可以通过优化多种流网络来提高能源效率。我们需要借助协调统一的多重能源流网络管理模式，来创建一个智慧星球。通常情况下，人和物的流动是通过多种能源流网络来实现的。例如，人们每天早晨出行的交通工具可能涉及公交车、轻轨列车、电动自行车。早晨出行的人会涉及至少这三种能源流系统，在白天其他时间使用的交通工具一定会更多。如果减少这些数以亿计的日常交通能源消耗，我们就需要建立标准化的信息交换系统，使系统间的连接能提高能源效率并使能源流中的用户感到便捷。

缺乏标准化的澳大利亚铁路系统充分说明了标准统一的重要性。在1855年（新南威尔士州）到1890年（西澳大利亚州）期间，澳大利亚领土中各英国殖民地逐渐独立并获得自治。1901年1月1日，英国在澳大利亚的殖民地组成了澳大利亚联邦。每个殖民地开发了各自的铁路系统，似乎没有意识到潜在的人和物穿越殖民地边界的流动。各殖民地独自行动导致在1901年，澳大利亚存在三种不同的轨距，其所带来的影响持续了一个多世纪。一些州甚至采用多种轨距。假如货物通过铁路由昆士兰州的布里斯班到维多利亚州的墨尔本，我们可以设想一下货物在三种不同轨距间运输的成本。伴随着联邦政府的成立，澳大利亚逐步建立了国内主要城市间具有标准轨距的铁路网，但是由于整个铁路网缺乏统一标准还是产生了运输成本高和运输效率低的问题。

澳大利亚铁路系统的问题并不是独特的，有许多缺乏标准化而导致效率低下的事例存在。尽管早在1866年美国就颁布了以公制为测量单位的法定标准，但是测量单位变换为公制还是失败了，这或许是全球缺乏标准化持续最久的事例之一。此外，1875 年美国还是国际计量局的创办成员之一。

正如我们在前文讨论协调设计原则时提到的，人们寻求信息和程序上的一致性。现在到了该考虑如何建立世界范围内大量能源流的一致性的时候了。首先，我们应当考虑现状。假设一个大学校园，它拥有的多种能源流系统支撑人们在这里工作和学习，并为建筑正常运转提供服务。这些能源流系统或许包括承载师生校内通行的公交系统和自行车共享系统、为教学楼提供能量的电力系统和为房间供暖的蒸汽分配系统（图 12.1）。

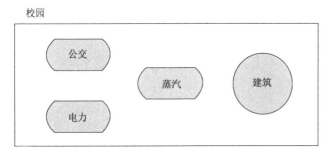

图 12.1　校园的能源流系统

大学校园是一个包含多层的复杂系统。比如，每个建筑都有很多房间，这里我们可以想象一下支撑每个房间的能源流系统（图 12.2）。

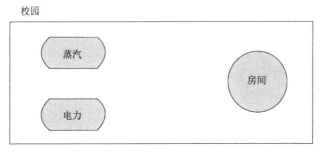

图 12.2　一个房间的能源流系统

大学校园是更大系统的一部分。它与城市电网相连；校园的公交车为居住在大学周边的师生服务，也许是出于互惠的考虑，经过大学的城市公交车既为一般市民服务也为学生服务；校园可能还设计了交通的中转站，使学生可以从城市公交系统换乘到校园公交系统或自行车共享系统。因此，我们可以认为能源流系统是分层的（比如房间属于建筑层面）和互相连通的（比如自行车共享系统连接到校园公交系统，继而连接到公共交通系统）。图 12.3 描述了一个广义上的能源流系统的一般属性，即能源流的分层性和互联性。

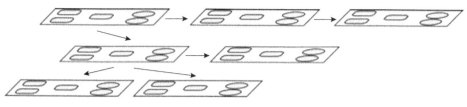

图 12.3　能源流的互联和分层

　　虽然企业容易在其所处领域内的各种能源流系统之间实现顺利的衔接，但是社会仍然需要寻求方法以减少在更大社区内的能源流之间的信息和物理摩擦，而这可能会跨越和影响到更多的组织及个人。现在，我们讨论几种减少这种摩擦的方法。

12.2　信息的标准化

　　多年来，企业一直在努力解决由业务和部门的信息孤岛造成的业务摩擦，这样的信息孤岛阻止了部门之间（如营销部门和生产部门）以及跨业务部门（如巴西的子公司和阿根廷的业务部门）的信息共享。很多企业转向实施企业资源计划（ERP）系统以克服这种信息摩擦。企业资源计划系统通常需要大量资源的投入，因为管理者需要克服嵌入式结构和文化问题，将各种活动整合到一个单一系统中。企业完成了向单一企业范围的企业资源计划过渡时便获得了高效率和灵活性。它们将多种半独立结构的信息系统整合成一个单一系统。例如，据报道，苹果公司使用单一的实例企业资源计划系统，它可以管理其运营的各个方面，从中国的制造到伦敦的销售。因此，当第一款 iPhone 在推出之后需求量很大时，苹果公司能够在晚上 9 点告知客户在第二天早上将有多少台 iPhone 交付给当地苹果商店。
　　很多国家和城市面临着类似的问题，但是复杂程度更高，影响更大。它们都拥有很多不同的系统，这些系统为特定的目的而设计，有各自典型的操作，彼此独立。然而，大多数国家和城市都没有机会创建一个统一的实例信息系统，因为它们是各种独立实体的集合，这些实体通常追逐不同的目标。没有一个类似企业中的指挥和控制系统的指挥和控制系统来指导和激励它们向一个单一整体的系统转变，即使拥有这种能力的组织建立一个集成的系统，也经常需要付出很大的努力。我们必须超越企业的界限，依靠合作和协作来减少信息和物理系统间的摩擦。
　　大多数国家都有 11 个核心系统（图 12.4），这些系统通常跨越国家或城市边界（Korsten and Seider，2010）。这些宏观系统都是一些系统的集合。比如，教育系统包括中小学、大学、图书出版商、计算机软硬件供应商。它们都有信息系统，都使用能源。此外，这些系统相互连接，一个系统的输出是另外一个系统的输入。例如，食品工业的输入依赖于交通运输。系统间连接的改变对上游（输入）和下游（输出）都会产生影响。核心问题是，尽管系统间是相互依赖的关系，但是它们主要还是作为独立的单元运作。每个核心功能都很少对其他部分产生作用，核心系统反映了这种独立性。

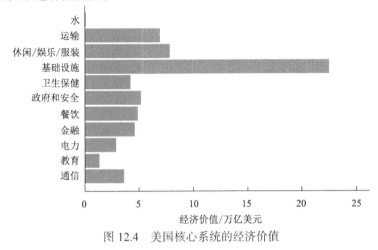

图 12.4　美国核心系统的经济价值

　　浪费现象和低效问题随处可见。美国街道上不必要的交通拥堵每年浪费约 23 亿桶原油，这足以满足德国和荷兰两年的交通需求；总共有 1/4 的发电力未被利用。消除这些浪费现象将可以减少 1300 个燃煤发电厂，并大幅度减少碳排放。IBM 商业价值研究院估计低效率导致的全球经济成本占全球 GDP 的 28%（Korsten and Seider，2010）。

　　低效问题存在于系统内部和系统之间。当系统在组织层面运作时，通常有一个高级管理团队负责持续改进和消除主要的浪费来源。当跨越组织边界时，这会变得非常困难。供应链的主导者（如沃尔玛）可以发挥它们的购买力来整合系统，但这种强制行为算是例外。我们不能依靠命令和控制来提升全球效率，而是应该通过标准化来促进合作与协作。特别是，我们需要专注于如何通过信息标准化在核心系统内部与核心系统之间实现更好的整合。无论是通过强制还是通过合作达到协调，信息都是将摩擦减到最小的润滑剂。你可以指定一种适当的信息交换关系的形式，或者颁布社区信息交换标准，并传播使之被采用，但对于大多数社区来说，公共信息标准是唯一可行的选择。

12.3　耦 合 问 题

社会是由功能相对独立的大量的实体组成的。即使实体内部的许多系统也是在一定程度上相对独立运转的，更不用说跨越实体边界的情况了。然而，社会的高效运转则常常需要这些实体的合作。比如，在美国，当有罪犯越过管辖的边界时，市、县、州和联邦的警察局就经常需要合作，但是平时它们主要还是作为自治单位独立运作。

耦合描述了两个实体整合其活动的程度，也表征了它们互联的强度。高度整合的实体就是紧密耦合的，正如我们在准时生产制原则下的汽车公司供应链中所看到的。解耦实体之间则没有任何关系。股票或商品市场的交易者是高度解耦的。一个交易员的行为对其他交易员没有任何影响，除非大量买入或者卖出。不难想到，实体之间的关系从高度耦合（强联系）到高度解耦（没有联系）是连续存在的。

耦合有它的优点和缺点。紧密耦合的实体，如供应链能提高效率，但是很多合作伙伴特别是那些处于弱势的参与者会失去灵活性。一些合作伙伴之间是一体化的，以致他（它）们在其他合作伙伴遇到困难时都会受到影响。在一个延展的高度耦合的供应链中，一个环节的失败可能会对供应链其他成员造成严重的影响。由于一些商业伙伴之间的高度耦合，2011 年日本的大地震和随之而来的海啸造成了一些供应链的严重破坏。

松耦合的实体具有灵活性，但是他（它）们经常会牺牲效率。因为当每个实体实现性能最优时，由于解耦实体组成的各种系统并不是设计成高度内聚而工作的，所以作为一个整体的系统则可能是次优的。客户通常能体会到松耦合的真实代价。考虑这样一个案例：一名旅行者可能需要预定机场停车位、预定航班、乘巴士去目的地的市中心酒店、预订酒店房间和在附近找到合适的餐馆。旅行者期待的服务是由通常没有关联的不同企业提供的。最多航空公司可能提供一两个酒店的预订服务。将行程进行整合的事情是留给客户完成的，其结果就是需要多次输入相同数据。这种过程完整性的缺乏困扰着许多旅行者（Piccoli et al.，2009）。虽然中介机构如 Orbitz 提供了一些多种服务之间的数据流，但从顾客的角度来看，它们所提供的服务还是很不完整的。

根本的问题是顾客需要的服务通常比单个服务提供商能提供的要更加广泛。对旅行者来说，需要的服务是一次旅行；对航空公司来说，它是出售机票；对酒店而言，它是预订房间。以此类推，对于这一系列服务的每一个提供商而言都是如此，而一个完整的需求需要整合。客户追求的是满足更广泛需求的无缝集成互动。这只有在有相应的功能支持整个过程的组件之间的数据流时才能实现。由于客户需要组合的服务具有多样性，所以这种整合可能仍然是消费者的任务。

解耦实体间的数据整合无论对个人而言还是对企业而言都是一个难题，因此，我们需要行业内实体之间的数据交换标准，甚至必要时需要跨产业之间的数据交换标准。幸运的是，我们有实现这种数据交换的基本技术，也就是前文提到的数据交换语言 XML。标准化的数据交换是解耦企业间协调其活动的手段。如果两个或两个以上参与者之间没有信息交换，他（它）们将很难合作。因此，鉴于国际经济中的众多参与者，我们需要信息交换标准，以便我们有基于行业的语言来进行数据交换，而不是限制信息共享的地方性、不兼容的解决方案或专有系统。幸运的是，我们已经建立了国际标准化机制，因为信息交换并不是能源流领域独有的问题。

12.4　能源管理标准化

国际标准化组织（ISO）成立于 1947 年，已成为国际标准制定机构。ISO 已经开发了超过 17 500 条国际标准，每年发布 1000 多个新标准[①]。在企业管理领域，ISO 可能以 ISO9000 标准而闻名，它是一套质量管理标准。其他与企业有关的 ISO 标准包括 ISO668（运输集装箱）和 ISO1004（磁性墨水字符识别）。

在集装箱尺寸标准出台前有数十种不兼容的系统，为不同系统设计的处理容器导致了物理摩擦和高成本。集装箱的发展和标准化对全世界的消费者、工人和制造商都产生了重要影响，并成为促进全球化的关键因素之一（Levinson，2006）。集装箱标准化减少了不同的物理系统之间交换的摩擦（例如把集装箱从中国苏州运到德国慕尼黑）。磁性墨水字符识别的标准化促进了全球银行业的支票处理。在这个例子中，标准化减少了不同银行处理系统之间的信息摩擦。

鉴于标准化在促进全球贸易中的物质和信息方面取得的成功，ISO 开发了能源管理标准。正如本书所强调的那样，ISO 认识到有效的能源管理能够减少 CO_2 排放。能源管理标准 ISO50001 提供了一个将能源效率整合到管理实践的框架。

ISO50001 要求组织：

1）制定更有效的能源利用政策。

2）修订目标以实现能源利用政策。

3）利用数据更好地了解能源使用并做出决策。

---

① www.iso.org/.

4）测量结果。

5）审查政策的运作情况并持续改进能源管理。

6）提供供应链能效提升的框架。

7）在温室气体减排项目背景下，促进能源管理改进。

该框架通过将能源管理纳入组织的标准操作程序而得以持续改进。继 ISO 9001 以将质量管理融入组织实践为宗旨之后，ISO50001 的建模也遵循"计划—执行—检查—行动"这一通用的四步流程。"计划"阶段确定目标，并制定实现预期产出的程序；"执行"就是计划的实施；"检查"阶段则是评估实施结果，并将其与计划进行比较；"行动"是分析计划和实际结果之间的差异，并确定原因和后续步骤。

能源信息学框架与"计划—执行—检查—行动"模型非常契合，特别是在提高能源效率方面。能源信息学提出了能源管理规划中需要考虑的主要组成部分（即能源流、传感网、感应体和信息系统），因此它提供的是一个整体框架。比如，在"行动"阶段，通过使用信息系统可以自动感应能源流或其中一些部分的状态，并且自动执行操作（如关闭一个空闲房间的风量开关）。由于能源信息学框架强调使用传感网收集能源数据，因此它还能提供多时段范围内的检查和分析系统性能的数据流。

能源信息学框架提出的标准主要侧重于内部程序，其宗旨似乎是确保组织能够实施能源管理的运行机制。我们认为，就标准化而言还有另一个机会，也就是制定用来描述能源流系统的标准。

12.5 能源流的标准化

我们已经多次阐述数据对于一个能源管理系统的高效运行至关重要。如果我们要跨组织部署能源信息学，那么我们就需要一种标准的方式用来交换供需预测数据和系统状态数据。正如我们之前讨论的，标准化的优势是相当显著的（如运输集装箱）。我们也不希望由于创建减少信息摩擦的交换数据格式而延迟能源信息学对减缓全球变暖的贡献。

行业数据交换标准降低了数据交换的摩擦和成本。一个精心设计的标准优于多种专有格式。因此，我们大力倡导制定描述能源流、感应体、传感网方面信息的国际标准。能源流系统并不是完全相同的，除非它们都供给或消耗能源。因此，我们所描述的能源流系统所需的数据在不同的能源流系统中有很大差别。建立一个描述能源流的共同的宏观基础，而每个具体行业（如电力、道路运输、公共交通、制造业）再有其特定标准，是有意义的。类似地，我们需要一个描述传感器的标准，不论它们是独立的还是联网的。我们现在看到了数据交换标准的宏观基础、优势和应用。

我们注意到已经开始出现一些能源信息系统的国家标准：阿拉伯联合酋长国的阿布扎比计划将其 20 多万栋建筑中的每一栋都连接成一个单一的能源信息系统。由于使用了这个信息系统，预期节省的能源约有 30 亿美元（Gelobter, 2010）。

12.5.1　能源流标记语言 EFML

能源流标记语言（EFML）是什么？最重要的，EFML 是一种基于 XML 的对能源流的结构和流进行描述的语言。对于结构，它必须能够记录供给和消耗能源网络的细节。这方面的例子包括描述公路网、电网、建筑物供热通风与空气调节（HVAC）。它必须能够记录关于每个链路（如容量）和节点（如交换特征）的信息。流，则意味着 EFML 必须能记录网络中特定的时间或特定时段关于负载的细节、节点间的流量等，无论是记录历史的负载还是预计未来的负载。EFML 必须具有在网络的链路间捕获连续流（如电力）和离散流（如公共汽车）的能力。

能够描述流网络的地理位置也是必要的，因为流涉及能源从一个地方到另一个地方的移动，或消耗能源将一些持续或者离散的物体在点与点之间移动。因此，开发一种完备的语言来描述资产的空间分布是很有意义的。

12.5.2　地理标记语言 GML

地理标记语言（GML）定义地理特征。它是一种用于对具有地理空间特征的实体进行建模的语言，也是一种开放的地理数据交换的格式。随着时间的推移，GML 的功能已经有所扩展，现在已包含整合各种地理信息的功能。例如，它包含了一种描述传感网，即空间分布的资源的语言。2007 年，GML 作为国际标准 19136 被 ISO 采用。

GML 还可以描述环境方面的特征，包括元素的几何属性如位置、形式、范围，以及非几何属性如容量、速度、价格。例如，可以将一条道路分解为一系列直线段，每段都有起点和终点，并且有多条线路，有最小速度和最大速度，可能还有使用费用。

GML 是由 OGC 开发的。OGC 是一个由大约 400 家公司、政府机构及大学组成的国际行业联盟。它的愿景是：在全球范围内将电子定位资源整合到商业化和制度化的过程中，充分实现社会经济效益和科学意义。我们认为，这一愿景也可以包含能源流资源的整合，特别是 OGC 也声称它对提高地理空间互操作性的国际标准是有兴趣的。能源流穿越组织边界，因此现阶段互操作性是个问题，而随着社会越来越积极地追求能源效率将会更成问题。OGC 涉及的专业知识包括建立信息模型、灾难管理、环境与自然资源、传感网等。因此，我们已有这样一个具有技术技能和专业知识的组织对已经成为国际标准的 GML 进行扩展，并使其具有描述能源流的能力。

12.6　光子社会

贸易是社会的基础，并塑造了现代世界（Bernstein，2008）。我们的文明是一种买卖的文明。货币是我们进行产品和服务交换的润滑剂。因此，我们需要系统支持货币、产品和服务的交换。几个世纪以来，我们依靠不同形式的运输来交换货物，现在我们使用各种交通工具（如轮船、卡车、火车、飞机）来运送货物。而一种发展趋势是，在可能的情况下，对原子（物理的商品）的移动转变为对电子的移动。比如，电子图书正在取代实体书籍，2010 年 7 月亚马逊公司报告其电子书的销售超过了精装图书[①]。电影的传播方式从光盘配送到电子下载。从经济学和能源节约的角度看，相比移动原子，使用者更偏好于移动电子。

另一个正在发生的不那么显著的变化是移动光子比移动电子更便宜。光缆已经成为我们的通信网络的支柱，除了最终的入户连接之外，光缆已经取代了电缆并用于大量数据传输。因此，数据中心正在转向世界上能源成本较低的那些区域。我们以光子的形式发送数据进行处理，并以光子的形式接收数据。例如，冰岛因为有可再生能源和它的低温可以提供免费冷却而被视为未来数据中心的主要选址。

我们需要审视一下，我们的社会有哪些方面可以遵循从原子到电子再到光子的轨迹，以便我们不断地减少运转这个世界所需的能源。讨论一下如何使用金钱就是一个好的开始。下面我们就来讨论一个无现金的社会。

欧盟委员会计算出包括现金、支票和各种形式的支付卡在内的支付方式占其 GDP 的 2%～3%。这个数字超过了欧洲农业部门贡献的 2.1%的 GDP 比例。欧盟进一步估计其中现金大约占总成本的 2/3。换句话说，欧洲的 GDP 中大约 2%用于支持现金支付系统（Aldrick，2010）。

[①] www.nytimes.com/2010/07/20/technology/20kindle.html?_r=1&scp=9&sq=amazon&st=cse.

重要的是，我们要意识到纸币并没有内在价值（除非你想要用它点火），是信息让纸币具有了价值。数字表明了它的交换价值，水印、全息图、复杂的设计告知卖方有关纸币的真实性，因此我们才认定特定类型的纸币或塑料钞票具有其价值。既然信息是经济交换中接受货币的核心影响因素，那么我们就能够从原子转向电子，从而转变为无现金的社会。无现金的社会具有能源优势，并促进可持续发展。它将会减少制造纸币需要砍伐的树木和制造硬币需要开采的矿石。在纸币和硬币的制造和发行中将不再需要使用能源。

为了创建一个智慧星球，我们不得不放弃一些旧的系统，因为它们增加了原本不必要的能源负担。政治家和组织领导者需要仔细审视我们如何实现从原子到电子再到光子的转换，以使成本最小化并节约能源。尽管有人可能会认为，市场力量最终将引导制订更好的解决方案，比如无现金社会，然而一种悠闲的可持续方式也许就能使我们超越创建可持续社会的转折点。

12.7　可持续的星球

人类用了数万年时间创建了一个智慧星球。当我们学会通过手势和动作来交换信息并协调行动时，我们就开始了这项任务（Tomasello，2008）。现在，我们需要利用所有的技能来交流、合作以及研制系统，以共同提升人类文明。要让我们的星球智慧到足以避免其出现过热的情况。人类最初开发的信息系统，比如书写，促进了人与人之间的交流。现在，我们需要信息系统让人们与设备之间能够以新的方式进行合作以提高能源效率。在本书中我们已经提到过下面这个精致的命题：

能源+信息<能源

前面我们通过多个案例展示了许多组织已经意识到将信息加入这个能源公式所带来的好处。我们还需要更多的力量来实现这个目标，并在这个过程中创建一个智慧的可持续星球，让人类得以繁衍生息。

第13章 智能优化技术在能源管理中的应用[①]

本章我们主要从能源管理的预测和优化技术以及智能方法的研究出发，结合装备制造企业的应用进行综述。

13.1 能耗预测与能耗优化

13.1.1 能耗预测

对于目前我国的装备制造企业来说，能源规划工作对于企业节能减排具有重要的意义，此项工作首先需要做好能耗预测工作。能耗预测对于企业把握未来的能耗发展趋势有着重要的意义，做好能耗的预测与规划既可以降低企业的运营生产成本，又可以逐步提高企业的信息化建设水平和产品在同行业当中的竞争能力（Cardenas et al.，2012；赵敏，2008；冯丽，2005；程其云，2004）。

能源消耗的预测建立在历史数据、统计数据等信息基础上，运用分析技术可以建立变量之间的数量关系，并用获得的模型来计算未来的能源消耗。目前在文献研究与实际应用中，能耗预测的方法主要可分为以下几种（张华美，2007）。

1）直观预测。这是一种定性预测，依靠人的直观判断来确定未来情况，也被称为直观的判断方法。该种方式较少使用在目前的企业当中，因为其主要在数据情况不理想的情况下使用。

① 从本章开始的研究工作主要基于河北省科技支撑计划项目。项目名称：装备制造企业能源效率提升关键使能技术及智能化协同服务平台（项目编号：14210102D）。项目研究主要基于装备制造企业的实际情况开展能源效率方面的研究工作。

2）因果关系。该种方式根据目标预测变量与当前已有的相关因素变量进行模型构建，之后用修改变量数值的方式来观察结果的变化趋势。因果关系模型主要有经验模式因果模型、机理模式因果模型和二者的混合模式。但是在实际的装备制造企业当中，生产过程复杂，能耗因素多样且不确定，相互之间的影响作用难以清晰梳理，因此在实际运用当中一般采用智能优化算法类方式，如 BP 神经网络、模糊系统等进行建模。

3）时间序列。时间序列采用分析历史数据的方式进行走势判断与预测，意图从连续的历史数据当中找到变量的变化规律从而对未来时间进行预判，时间序列只分析历史数据本身所包含的内在规律，而无法反映其他相关因素对变量的相互作用，因此时间序列原始数据需要有足够多的数据进行规律发现，但无法解释某些因素对其的影响作用。

能源消耗预测包含的步骤主要有五步，如图 13.1 所示。

| 目标确定 | 对象分析与简化 | 数据准备 | 预测方法选择与模型建立 | 结果分析与误差纠正 |

图 13.1　能源消耗预测的主要步骤

五个步骤当中，预测对象的预分析和数据的预处理占据了极大的工作量。

1）目标确定，即确定预测目标的实际内涵，同时也应该确定目标的时间范围及具体内容等。

2）对象分析与简化。这一过程非常复杂，不仅相互之间交叉而且流程也较长，这是装备制造企业的特点。如果能够对预测对象分析得深入一些，那么便可以掌握其主要性能，从而得到各类预测方法模型的帮助，而且有利于对基础信息的评价，能够提高预测的准确性，更有利于建立适合的模型。

3）数据准备。充分的数据来源为进行准确的预测提供了前提条件。为了满足预测的相关要求，一方面以目标要求为准，获取充分的数据资源；另一方面则要对数据进行一系列的操作，如预处理、变换或者压缩、一致化等。

4）预测方法选择与模型建立。预测方法的选定有多种实际方法。在实际工作中，模型方法的选择是否适当不仅需要考虑目标要求，还要考虑数据资源的充足性、预测对象的自身特点等。如果想要通过数据挖掘、统计分析等方法来对预测对象进行计算，则必须首先建立预测模型。

5）结果分析与误差纠正。在对结果进行分析时，要结合理论认真处理，找出误差产生的各种原因，进而判断其准确与否。只有这样才能提出更好的改进方案，提升分析预测水平。在这个过程中，影响后期工作的主要是数据收集的充足与否、各个工作部分的占比情况等。

13.1.2 能耗预测的应用

目前有关能耗预测的研究绝大多数仍是在传统的数据分析背景下，利用时间序列、神经网络、灰色预测模型等方法进行构建与改进，其中研究的对象绝大多数为宏观经济体，而针对微观角度，面向企业的研究较少。在大数据（Big Data）背景下，预测方式将会有很大不同，如图 13.2 所示，如今我们有更多更全面的数据用于分析，甚至包括与某因素相关的所有可能数据，即全集数据，数据分析不再依赖于普通常规的随机抽样。数据分析的重点不再是寻找某种因果关系，而是将重点转向分析数据中存在的相关关系，排除人为的假设，发掘出数据深处的意义，但是数据的价值信息隐藏在大量的无价值的数据中间，目前尚无法通过既定的常规手段进行数据价值挖掘，因此，获取有用信息变得越发困难（Han and Kamber，2006）。必须针对这种特定的背景来调整数据分析方式，需要将适用于大数据背景的相关性分析与传统的预测方法相结合，用于构建一种大数据环境下的企业能源消耗预测方式。

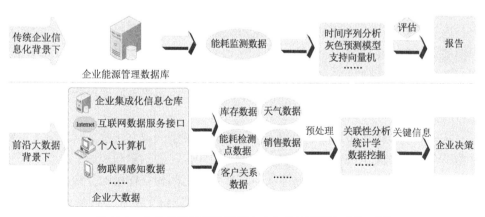

图 13.2　大数据背景下的预测方式与传统预测方式的不同

13.1.3 能源模型及优化理论

能源模型抽象地表达了各种实际能源系统，可以恰当地描述实际能源系统的结构和变量间的关系，是研究能源系统各种问题的基础（赵斐，2010；Jebaraj and

Iniyan，2006）。国内外学者通过运用模型化方法优化能源系统取得了显著效果。赵斐（2010）将国内外学者的研究成果进行比较分析。常见的分类方法和模型功能（张林和张传平，2011）见表13.1，模型的研究范围主要集中于国家（地区）、行业（部门）、企业（工厂）等不同层面的能源优化。

表 13.1　常见能源模型的分类

分类方法	范围	内容	功能
	全球能源模型	能源-经济模型	能源综合规划模型
模型名称	国家（地区）能源模型	能源-环境模型	能源供求模型
	行业（部门）能源模型	能源-经济-环境模型	能源预测模型
	企业（工厂）能源模型	生产系统能耗模型	节能减排模型

能源系统工程领域的研究涵盖了国家（地区）、行业（部门）和企业（工厂）范围的能源建模方法及能源模型，是指通过运用科学理论和方法，分析或预测能源系统的变化趋势和能源需求，使其能够在给定的时间和空间内，以最低的环境、资源和社会成本，按照需要的能源种类、数量和质量，满足社会要求，实现能源系统的高效管理。

能源模型主要包括企业级能源模型，是指以模型化方法为手段，运用系统工程、运筹学、计算机技术等，定性和定量地分析企业与能源相关的问题。企业能源模型主要有平衡模型（陈光等，2003）、灰色模型（Grey Model，GM）（Liu et al.，2009）、投入产出模型（蔡九菊和杜涛，2001）和神经网络模型（赵敏，2008）等。上述模型大多是企业以节能减排为出发点建立的，应用于不同层面和环境，都有各自的优势。

从当前能源模型所属范畴可以看出，现有的模型构建方法及其能源模型主要分布于全国（地区）等较大的范围，集中于能源供需的预测和规划，能源开采和转化技术，以及能源系统与经济系统、环境系统之间相互作用的分析，而对于企业车间能源消耗环节的关注较少，不能系统地描述整个生产车间生产过程中的能耗状况，加之车间能源系统的复杂性，也不可能仅仅通过一个简单的模型描述清楚。

13.1.4　车间能源管理建模

能源紧缺和能源成本的提高，使得提高能源效率、减少能源消耗成为企业重点关注的问题之一。建立以节能为目标的车间调度模型，可以将车间层能源消耗问题有效地引入车间调度过程中，使面向节能的车间能源消耗建模成为一种重要的生产实践和科学研究课题，对于能耗的车间调度问题，学者提出了很多有效的方法。

早期，学术界主要关注制造过程中能源的分布和去向，如 Drake 等（2006）研究了机器在制造过程中产生能耗的计算方法；Kordonowy（2003）研究了产品加工过程中设备能耗的分布情况，大量的调研数据表明在产品加工过程中，机器除加工之外的辅助状态消耗了大量能源；刘献礼和陈涛（2011）认为制造过程是能源消耗、资源消耗的过程，主张从制造过程的整个生命周期上考虑能源消耗问题；Gutowski 等（2005）发现在汽车制造业中，真正用于产品零件加工的能耗不足 15%；Tridech 和 Cheng（2011）认为减少机器设备的空闲等待时间，有助于企业节能降耗。

目前，国内外学者致力于研究在调度问题的目标函数中如何达到能耗量最低或者在生产约束中增加能源约束，并将车间能源消耗分解为不同组成部分，在此基础上计算车间能耗量。如郑庆仁（2012）构建了混合流水车间的低碳调度模型，以机器空转能耗最小化为目标函数来优化机器能耗；Rahimifard 等（2010）以加工过程中能源消耗量最小作为调度目标，建立了含有直接能耗和间接能耗的产品加工过程能耗通用模型，其中直接能耗又包含了理论能量和辅助能量；Dietmair 和 Verl（2008）将机器的能源消耗分解到电机空转、空闲、加工等操作过程，该模型针对单台设备，可以反映每台机器的能源消耗；Mouzon 等（2007）将混合流水车间分为加工、启动、准备、停机、空转四种能耗状态，建立车间能源消耗模型，并采用智能优化算法对模型进行求解；王伟（2011）和张立萍（2013）在 Liu 等（2008）研究的基础上将车间层能源消耗分为固定的五个部分，分别建立了流水车间、混合流水车间和经典作业车间的能耗模型，以完工时间和能源消耗量为目标，并通过遗传算法和混合差分算法对模型进行寻优，求解出最低能耗下的节能调度方案。

综上所述，节约能源已经成为全人类的共识。对高能耗的装备制造企业来说，开展关于企业节能方法的研究有利于提高企业能源利用效率。并且，当前对于调度方法的研究，通常是研究如何实现完工时间最短、生产成本最低等目标的调度技术和方法。而关注节能降耗的研究很少，且已有研究成果更多地将车间层总体的能源消耗进行拆分，与机器加工过程中能耗变化情况联系较少，各部分能源消耗以事后统计为主，不能准确反映车间实际加工过程与能源消耗的关系，与能耗优化调度的实时性相背离。

13.2　物联网技术

13.2.1　物联网概述

欧洲的智能系统集成技术组织认为物联网将会在未来的节能减排研究中起到十分重要的作用。所以在能耗监控系统中，物联网也将会成为之后的发展方向，为能耗监控系统做出更多的贡献。

1999 年美国麻省理工学院 Auto-ID 中心的 Ashton 教授最先提出了物联网概念，即通过 RFID、红外感应器、GPS、激光扫描器、气体感应器等信息传感设备，按约定的协议，把任何物品与互联网连接起来，进行信息交换和通信，以实现智能化识别、定位、跟踪、监控和管理的一种网络。2005 年 11 月 17 日，国际电信联盟(ITU)在于突尼斯举行的信息社会世界峰会上发布了《ITU 互联网报告 2005：物联网》，报告正式提出物联网概念（Oriwoh et al., 2013）。到目前为止，物联网在全球都受到了重视，并得到了较快的发展。

物联网概念一经提出，因其全面感知、可靠传送、智能处理等特点，而得到美国、英国、德国、法国、日本、韩国等发达国家的认同，这些国家投入了大量的财力物力进行研究（Kyriazis and Varvarigou，2013）。各国的物联网发展状态如表 13.2 所示，在传感器产业、RFID 产业、通信产业、数据存储、数据处理、智能分析及预警等多个方面取得了显著的进步与丰硕的成果，大部分技术趋于成熟或基本成熟，相关产品已经应用到智能交通、物流、军事、灾害防治、汽车、农业、医疗等方面。在灾害预防方面，日本科研人员通过对各类地震传感器采集来的数据进行分析，提前十几秒对 2011 年 8 月 19 日的福岛 6.8 级地震进行预警，减少了很多损失。在智能交通方面，在 2010 年 10 月于韩国举行的第十七届智能交通世界大会上提出了智能交通，韩国的高速公路通过使用交通管理系统（ETMS）（Ovidiu and Peter，2011），可以实现实时交通信息更新。韩国的智能交通中的信息系统达到了国际先进水平，其目标是达到"泛在、透明、信用"这样一种智能交通效果，现在已初步实现，目前出行者可以在任何地方、任何时间通过任何设备得到实时准确的交通信息。在地质方面，美国、英国等发达国家已经开始在地质测量、矿山开采监测、地震监测、地质灾害监测中应用了物联网，并且已经发展到一定规模，且卓有成效（Yang et al., 2013），见表 13.2。

表 13.2　各国物联网发展现状及领域

国家或地区	发展现状及领域
美国	IBM 提出"智慧地球"概念，即传感网加互联网，2009 年美国总统奥巴马将此作为国家战略，并将此应用于电力、城市、医疗、交通、银行、供应链六个方面，并在能源、医疗、教育等方面应用物联网，进行资金投入，促进其发展
欧洲	欧盟提出三个阶段的物联网研发路线图 将物联网在航空航天、汽车、医药、能源等 18 个领域进行应用发展
日韩	智能交通 智能家居 远程医疗 自动监测

叶甜春（2013）认为物联网的参与将会使全球信息化发展迈向新的阶段，使信息化进一步提升，并向智能化发展。在已有的传感器、智能识别以及基础网络的基础上，结合云计算、智能控制等技术，进行集成，协调发展，使其功能得到进一步提升，从而实现物与物的相连。刘海涛（2011）对物联网的看法是，其精髓是感知，通过前端感知信息后，再加上传统的网络传递信息，最终使物与物相连接。

2009 年，温家宝同志在江苏无锡进行考察时，提出在该地建立"感知中国"中心，之后又做出了加快传感网的研究，在无锡开展建设物联网园区的指示。在此行之后温家宝于 2010 年 3 月做出的政府工作报告中再次明确提出要加快发展物联网在实际中的应用。国务院、国家发展和改革委员会（简称国家发改委）联合无锡市等共同制定了一系列政策与规划，力求推进无锡市物联网的发展，包括《无锡国家传感网创新示范区发展规划纲要（2012—2020 年）》《无锡国家传感网创新示范区建设总体方案及行动计划（2010—2015 年）》等。我国物联网的发展已经有了初步的成绩（黄桂田等，2011），例如在智能电网、医疗护理、农业灌溉、安防监控等领域，而且在这些领域也具备了一定的规模。

2013 年国家发改委发布《国家发展改革委办公厅关于组织开展 2014—2016 年国家物联网重大应用示范工程区域试点工作的通知》（发改办高技〔2013〕2664 号）称，在 2014～2016 年将组织建设国家物联网重大应用示范工程，并进行试点工作。该通知称，国家发改委将给予地方支持，支持各地结合本地经济发展的实际需求，在工业、农业、商贸流通、节能环保、交通能源、社会事业、公共安全、安全生产、城市管理等领域，组织实施一批能够起到示范作用、具有很强的产业带动性、区域特色明显、有巨大推广潜力的物联网大型应用示范工程试点项目，有效推动物联网产业的健康发展。

经过几年的发展，物联网已经应用于智能交通、物流、农业、医疗等方面，与信息系统的结合已经有初步发展，在能耗监控上的应用也呈现出良好发展趋势。

13.2.2 物联网的优势

相关数据调查汇总显示，基于物联网系统的智能城市建设，每平方千米的预计投资会达到 300 亿元的规模，由此带来的就业岗位可以达到几十万个。物联网应用得到普及以后，可以明显提高城市管理水平，降低城市能源消耗。以采用物联网电力系统为例，测算结果显示，采用智能电网以后，意外停电的频率和时间会比当前下降或减少 30%，由此可以将交通运行的顺畅性提高至少 10%。所以，国际上的观点认为，物联网技术会是继计算机技术、互联网技术之后的下一个推动社会 GDP 发展的亿万级产业。

目前，物联网系统在一些制造企业中已经有一定程度的应用，应用的范围一般在车间管理和生产供应链管理方面。其中，车间管理信息系统主要借助于 RFID 技术，通过对产品从原材料、半成品到成品的全过程跟踪与追溯，了解产品生产的每一个环节，及时发现问题并解决，改善了应用了几十年的传统工作模式。而在生产供应链管理方面，通过把 RFID 技术应用于生产的各个环节（例如订单接收—生产计划—原材料准备—冷热加工—精密加工—成品检验—产品包装—仓储运输—资金回笼），实现了企业的闭环生产。

美国，作为目前世界上科技最为发达的国家，其物联网技术也是走在了世界的前沿，其物联网研究成果也被其他国家引用学习。早在 2009 年，IBM 就与美国信息技术与创新基金会（ITIF）联合向奥巴马政府提交了一个名为 "The Digital Road to Recover: A Stimulus Plan to Create Jobs, Boost Productivity and Revitalize America" 的建言报告，希望奥巴马政府能够在智能电网、智能医疗、智能网络三个领域追加投资 300 亿美元用于物联网技术应用。而奥巴马政府也把信息网络技术等新兴技术看作振兴美国经济、确立美国全球持续竞争能力的核心战略，并随后通过国会制定《美国复苏与再投资法案》对上述战略进行制度保障，追加 7800 亿美元用于推动新兴技术的发展。这部法律从环保节能、卫生医疗、科技教育等方面着手，通过政府的相关政策刺激来改善经济结构、增加社会就业、拉动 GDP 稳定持续发展。奥巴马政府在信息、能源与医疗三大领域全面推进物联网技术的应用与研究，促进了物联网技术的迅猛发展。

物联网技术在制造企业应用的案例很多，以宝马公司为例。宝马公司在德国的雷根斯堡总装厂使用了一套 RFID 的实时定位系统（RTLS），将准备装配的汽车与正确的工具相匹配，根据车辆独有的识别条形码自动实现了流水线上的车辆准确定位与装配（关勇，2010）。通过使用物联网的这种系统，汽车生产企业可以实现在长达 2000 米的生产线上精确对应每一辆汽车的监控，从而能够做到精准生产，避免出现遗漏，实现提高产品质量的目标。

13.2.3 物联网关键技术

作为信息技术的新兴产业，物联网这项技术仍然处在研究阶段。物联网涉及广泛，再加上应用领域和观察角度有所不同，物联网涉及的关键技术也不一样。

国际电信联盟的报告提出，物联网有四项关键技术：可对物品进行标签识别的 RFID 技术；可以对事物进行感知的传感网技术；对事务进行处理的智能技术；对事物进行微缩的纳米技术。从报告中能够看出物联网的这四项关键技术的侧重点在末梢网络技术（王志良，2010）。

针对装备制造企业能耗监控的实际应用，结合物联网，在能耗监控系统中应用的物联网技术应包括感知技术、通信网络技术和区域数据处理技术等关键技术。

1. 感知技术

感知技术又称信息采集技术，它是实现物联网的基础。装备制造企业的生产特点是技术密集与劳动密集同时存在，且存在着大量的定制化采购、定制化设计、定制化生产组织、定制化装配工作，以及生产过程中的技术工艺需要变更、生产计划因需要做出调整等事项，生产中的各种设备、物料以及人员的相互感知，都可以通过电子标签来实现。由于装备制造企业厂区设备繁多，因此在设计物联网时就需充分考虑此特点，以保证能耗信息传递的可靠性和实时性。可读写标签和传感设备是现在主要的信息采集途径。

电子标签在物联网系统中的作用，主要是对所需物件信息的标准化识别，以及用于向整个网络发送物件信息，并且接收网络传来的物件信息。作为一种非接触性的自动识别技术，RFID 如今已经在我们的生活中被普遍采用。这种技术通过对物品射频信号的自动识别，可以准确获取相关的数据信息。RFID 的最大优点是可以在各种各样的恶劣环境中充分发挥准确捕获信息的能力，并且整个过程不需要人的干预。同时，它还能在同一个时段同时识别很多个不同的标签，即使物件高速通过识别器也同样能够被准确捕获。这样，电子标签完全可以依靠系统自动识别与捕获收集，全程不需要人工干预和操作，并且可以及时在后台处理接收到的数据。系统一旦开启，便可实时监控，操作简单，具有很强的应用性。

传感器，顾名思义其相当于设备或物体的感觉器官，可以通过传感器获得所需的参数。常用的传感器包括温度传感器、声音传感器、光电传感器等，物联网的基础数据的提供者就是这些传感器。这些传感器采集的数据可以用来进行处理、分析、控制等。

2. 通信网络技术

物联网应能够具备将传感器所采集到的数据，从当前节点发送到另一个节点或传输到其他控制模块的能力，这个通信网络应可以满足物与物、人与物在线实时互联。

无线传感网技术。对于如何解决物联网的信息互联问题，目前的解决办法是建立无线传感网。根据实际应用需求，无线传感网仍有一些需进一步研究的关键技术，包括收集后的数据融合、路由间的联系算法、网络集成后的安全保障，以及低功耗的处理设计等。根据企业的实际操作空间和步骤应用，无线传感器由于其灵活的组网方式和随意的空间布局，正好符合企业的现场管理需求。在设计企业车间的监控网络时，无线传感器路由间的联系算法是组网的关键技术之一。

对传感网的自检与自维护。只有保证了传感网正常良好地运行，才能保证物联网的正常运行。然而在物联网中，网络节点的数量众多，现场情况复杂，传感网就有可能产生故障。因此在实际应用中，传感网的自检与自维护功能就十分必要了。比如，当某些网点的数据未能正常传递或未能被处理时，传感网就能及时发现，同时保证整体系统的运行能够正常进行。

3. 区域数据处理技术

物联网是个大系统，它是由分布在各处的大量传感网节点构成的。这其中的每一个传感网节点都是一个微型的嵌入式独立系统，这个系统拥有很强的抗周围环境干扰的能力，能够适应各种正常环境，甚至是在恶劣的工作环境中，只要设置恰当也可以正常工作。物联网的核心是信息处理，但是如果每个网络节点收集到的各种简单信息也都送到数据处理的中央服务器进行处理，就必然会导致核心处理器处理效率的下降，还占用大量的通信带宽，影响信息的传递效率。所以，传感网的节点通常会设计有对简单数据处理的功能，这些简单数据不再送往核心处理器。这种分步和选择性的数据处理方式，可以有效利用有限的网络资源，提高核心处理器的运算效率，系统也能更快地做出决策。

13.2.4　物联网网络节点

目前，学术界将利用计算机进行检测并控制机械设备物理运行的嵌入式系统叫作信息物理系统，简称 CPS（Cyber-Physical Systems）。根据物联网网络节点类型的差异，将物联网的网络节点分成几种类型，主要的类型包括无源 CPS 节点、有源 CPS 节点和互联网 CPS 节点，其具体特征如表 13.3 所示。

表 13.3　CPS 节点特征

节点类型	无源 CPS 节点	有源 CPS 节点	互联网 CPS 节点
感知性	被感知	感知	感知
电源	无	有	不间断
移动性	有	有	无
计算能力	无	有	强
存储能力	弱	有	强
联网能力	无	有	强

无源 CPS 节点，通常指的是带有电子标签的各种物品。由于物品种类繁多、数量巨大，所以这种节点是物联网系统中节点数量最多的一类。这种节点具有不消耗电能、空间移动性好、可以储存少量数据信息的优点。但是，这类节点没有计算能力和联网功能，所以只能处于被动连接的位置。

有源 CPS 节点，在几个节点分类中，作用十分明显，处于物联网的核心环节。这种节点由于其嵌入式特性而具备感知、网络连接和信息控制等功能。其特点是有电源、移动性强、感知性强、可存储大量数据信息和可进行网络连接，因此有源 CPS 节点是物联网系统的信息控制中心。

互联网 CPS 节点，作为物联网系统的一个分支，具有一些特别的优势。它拥有独特的时空控制能力，而且延续了网络信息的安全性和可靠性，所以与生俱来地区别于一般传统意义上的互联网节点且特点鲜明。其特点是电源不间断供电、感知性能强，同时还可以进行大量的数据收集、存储、计算和分析。其缺陷是不可移动。

物联网的网络节点种类很多，但是并不具有排他性，所以节点之间的相互连接又可以进行进一步的分类。作为一个复杂的网络系统，物联网体系就是由上面列举的各种节点之间相互组合和连接构成的。

由于物联网的异构性，在物联网体系中，节点互联结构通常分为三种：无源和有源互联结构；有源和有源互联结构；有源和互联网互联结构。

无源和有源互连结构是比较简单的，它们的连接只是通过物理层协议，在物理层进行连接，如图 13.3 所示。

图 13.3　无源 CPS 节点和有源 CPS 节点连接

关于有源 CPS 节点之间的相互连接，这种连接结构相对而言更为复杂。因为每一个这种网络节点都是由三层结构组成的，所以有源 CPS 节点的连接就需要设置三层网络协议才能实现组网物联网信息数据的收集、传导、分析和查询。这种节点在设计时通常都是直接嵌入式设备，受制于硬件水平。其结构如图 13.4 所示。

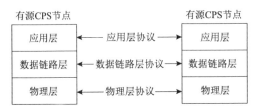

图 13.4　有源 CPS 节点和有源 CPS 节点连接

物联网节点的连接中，有源 CPS 节点和互联网 CPS 节点的连接最为复杂。这个连接中的一个重要设备是 CPS 网关。CPS 网关是个功能特别完善的组网设备，基于这个性能良好的设备，可以实现各种互联网组网时会遇到的网络协议。常见的组网协议有物理层协议、网络层协议、传输层协议、应用层协议、数据链路层协议等。这种组网结构可以使得互联网系统与物联网系统完全融合在一起，相互间的各种应用与服务可以实现相互访问、数据互通和资源共享，能够提供十分复杂的物联网系统的数据服务。其结构如图 13.5 所示。

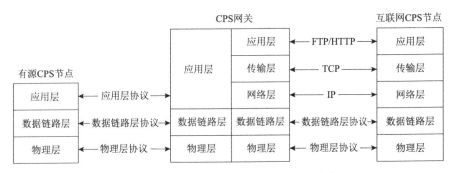

图 13.5　有源 CPS 节点和互联网 CPS 节点连接

通过对前面总结的物联网体系的分析，我们可以看出，物联网网络系统中的各种功能通过各层协议互通来保证实现。其中的物理层协议的主要优势在于对物理底层的信息数据的采集、整理和传输，但是这个过程并不能完全保证数据的准确性和安全性。数据链路层协议的主要优势在于可以控制和复制物理信道的使用与顺畅性，从而能够保证数据在传输过程中的准确性和安全性，是对物理层协议的补充。应用层协议的主要目的是利用下层协议的功能，提供安全性和可靠性很高的上层信息处理与分析服务，实现物联网信息系统的组网目的。

13.3　大数据及相关技术

13.3.1　大数据的概念与内涵

随着"云计算""物联网"等概念的提出与不断发展，"大数据"概念应运而生。如今的列车加装了更多的传感器来收集全车的运行状况，以此实现整车的安全运行以避免由列车故障导致的伤亡。为了使这些工作更为智能化，需要对整个铁轨系统乃至整个交通运输系统进行实时数据采集，把这些信息加入到普通列车所收集到的数据里面，就构成了大数据的基础（Zikopoulos et al.，2012）。

如今互联网乃至移动互联网的时代已经到来，人们每天的日常生活都在产生数据，大量的数据对我们的生活、工作产生巨大的影响。数据已经成为一种与人力资源、自然资源一样的战略资源，已经引起科技界和企业界的高度关注。据国际数据公司 IDC 的数据统计，当前全世界产生的数据总量每过两年增长一倍，按照此增长速度，至 2020 年全世界将拥有大约 35ZB 的数据量（Gantz and Reinsel，2011），具体的增长情况如图 13.6 所示。以上数据中有 80%以上均以非结构化或者半结构

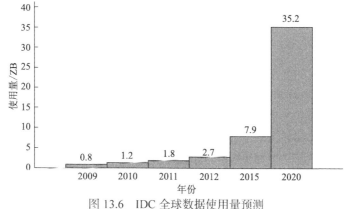

图 13.6　IDC 全球数据使用量预测

化的形势存在，信息技术人员用"大数据"来表示这个全新的问题。"大数据"概念的广泛传播源于《自然》杂志发表的文章 *Big Data: Science in the Petabyte Era*。

目前对大数据的关注程度逐步上升，据 Google 等搜索引擎统计，"大数据"的搜索频次自 2011 年 6 月以来呈直线增长态势，可以断定大数据时代已经到来。

目前企业与学术界对于"大数据"的概念尚未有统一准确的定义。维基百科以及著名 IT 研究与顾问咨询公司 Gartner Group 将"大数据"定义为超出传统信息技术处理能力的信息处理问题。而美国国家科学基金会（NSF）则将"大数据"定义为多种数据源生成的大规模与多元化的复杂分布式数据集合。国际数据公司 IDC 在此以一幅示意图（图 13.7）揭示了大数据的内在含义（Vesset et al., 2012）。其对大数据的界定从三个层次展开，首先，从数据源场景来看，数据采集量超过 100TB、数据来自高速的数据流和每年的数据增量超过 60%三个条件符合其中之一即可；其次，数据必须部署于可动态适应数据变动的基础设施之上；最后，部署中必须有不少于两个种类的数据格式或数据源，或者部署中必须有高速流数据源。总的来说，大数据的特征为数据量大（巨量）、数据具有多样性（多样）、数据处理利用速度快（高效）和具有隐含价值（价值）。

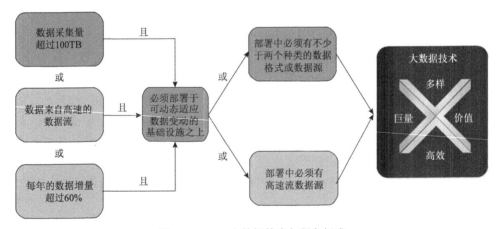

图 13.7　IDC 大数据技术与服务标准

以麦肯锡公司的评估为例进行说明，大数据的有效利用可以减少欧洲发达国家约 1000 亿欧元的政府运作成本以及医疗行业每年 3000 多亿欧元的成本，并且可以使零售商的利润率提升 60%以上（Bughin et al., 2010）。国际数据公司 IDC 预测，大数据技术服务市场总值从 2010 年至 2016 年会产生逐年 40%的增长率，预计 2016 年市场规模达到约 240 亿美元（黄桂田等，2011）。

纵观大数据研究领域与其发展状况，产生的大数据主要分为两种类型（何非和何克清，2014）。第一种指企业，例如当前信息化水平较高的制造企业等的产品与服务在运营过程中产生的大量的超大规模数据，通过对这些数据进行深入的数据挖掘分析，提升自身产品、服务等方面的质量，从而吸引更多的客户，进而产生更多的数据，形成正向循环；第二种指由网络的发展催生出的网络大数据，由于互联网的迅速发展，其用户不断增多，形成了具有丰富内涵与高度可挖掘潜力的大数据。

从常规的数据概念到目前的大数据，无论是数据的种类还是量级，均有了质的飞跃。在当前的大数据时代，对于数据已经不仅仅需要常规的分析统计，而是需要通过思考如何能够从杂乱无章的海量数据中快速高效地提取出有用的信息用以提高我们整个社会的价值。在人类发展历史中，科学领域经历了四次基本研究与认知方式的更迭（表 13.4），从最开始的实验验证方式到现在的数据计算方式，其中伴随着的便是人类需要处理的信息量的不断增加。在大数据时代，数据计算方式将会指导我们进行更先进的科学研究。

表 13.4　科学研究的四种范式

范式	时期	思维方式
经验范式	几千年前	观察和实验
理论范式	几百年前	建模和归纳为基础的理论学科和分析范式
模拟范式	几十年前	以模拟复杂现象为基础
数据密集型范式	当前	以数据考察为基础，集理论、实验和模拟于一体的数据密集计算

13.3.2　装备制造企业的大数据

由于当前企业资源计划系统、CRM 等信息化系统逐步在中国的制造企业中普及，其管理方式逐步变为精细化的信息管理，企业在实现日常产品生产开发与客户服务过程中，已经不自觉地积累了大量的数据信息。随着这些用现代信息技术采集的数据数量的不断增加，对其进行有效的信息提取、展示分析便成为一种基本的诉求。企业想实现信息化，必须做的，一是对海量信息进行挖掘以满足分析的需要，二是只有通过分析才有利于决策，实现风险消除（苏畅，2012）。所以，众多企业的管理重心发生了转移，即由原来的注重流程和全生命周期架构同时运行，逐步转到注重对质量和效率在全流程数据上的体现，这个过程以企业的各种控制系统（DCS、FCS、CIPS 等）和各种生产经营管理系统（MIS、MRP、CRM、企业资源计划系统等）为基础。建立的数据结构只有能够包涵全部数据流程，且质量和效率也非常高，加上企业级 PLM 系统，才能使企业对市场做出较快的反应，从而实现多样化数据的价值。

对于装备制造企业来说，其拥有的主要是第一种类型的大数据，装备制造企业的整个产品周期链条均涉及大量的数据。装备制造企业的运营，越来越依赖 IT，因此装备制造企业的数据也呈现出爆炸性增长的趋势。如无特殊说明，下文中有关大数据的叙述均集中在第一种类型的大数据背景下，即装备制造企业大数据。

现代化的装备制造企业需要管理的数据（图 13.8）与信息种类繁多，涉及大量非结构化的数据和多媒体数据。

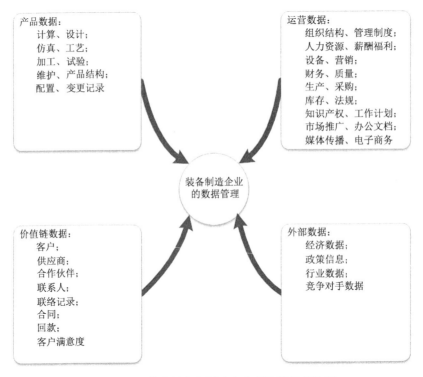

图 13.8　现代化的装备制造企业需要管理的数据

产品数据当中，尤其是生产制造过程中，随着能源管理系统的全面应用和物联网在生产过程中的不断深入应用，能耗数据采集点数量不断增多，数据采集力度不断加强，数据采集速率目前已经达到秒级甚至毫秒级，其架构多为分布式的可扩展设计。在系统的正常运行中，必将产生高速的数据流，随着时间的推移与企业的不断发展壮大，此过程必将产生大数据。图 13.9 为一种典型的装备制造企业能源管理体系架构设计图。

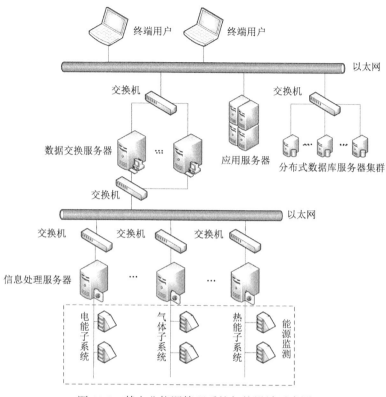

图 13.9　某企业能源管理系统架构设计示意图

产品数据中存在大量与企业能源相关的信息，而且这些信息往往隐含在数据当中，目前，关于从这些装备制造企业产品数据中提取必要的信息以对企业的能源利用进行决策的研究尚不多见，装备制造企业等传统行业的企业已经营多年，存在大量的历史企业数据，并且随着当前工业物联网的大量运用，装备制造企业的产品生产过程数据采集频率不断提高。企业的数据仓库处于实时更新状态，结合这些历史数据与在线数据提取出对企业运营决策提供支持的重要信息，对于企业能源结构配置、能源优化与能源成本预算等方面有着重要的意义，对于身处大数据时代的装备制造企业的发展至关重要。

相比较于传统的数据分析处理技术，大数据处理有其特殊的技术手段，大数据挖掘与分析主要包括数据收集、数据存储、数据处理和分析结果的可视化呈现四个环节。

13.3.3　大数据处理模式

大数据的应用类型主要分为两种，根据处理数据的速度与数据到达进入处理流程的时间可以分为两类（Kumar，2012；Anonymous，2012b）。数据首先被存储起来按需进行分析的为批处理模式，数据几乎即时到达进入处理流程的为流处理模式。

1. 流处理

流处理的工作方式是以尽可能快的速度处理最新到达的数据，数据的价值随着时间的流逝不断降低，例如具有较高更新率的网站点击数、传感网数据以及金融领域中的高频交易数据。

在流处理模式中，目标对象为流动的数据，即数据流，新的数据到达之后立即进行处理并返回结果，过程如图 13.10 所示。

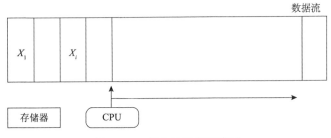

图 13.10　基本的数据流模型

流处理要求响应时间短、速度快，因此其处理过程一般均在内存中直接完成，这种方式比较依赖于内存计算的巧妙设计。目前内存容量为限制流处理模式的主要瓶颈，高容量低价格内存的出现或许可以改变目前这种制约条件。

当前数据流理论为研究热点，一些有代表性的实际产品系统已经得到开发和广泛利用，比较有代表性的产品，如 S4（Neumeyer et al.，2011）、Kafka（Goodhope et al.，2012）等，这些产品均为开源系统，且均有成熟的公司加以使用。

2. 批处理

MapReduce 模型由 Google 公司在 2004 年提出（Dean and Ghemawat，2004），是目前最流行的批处理模式，并且是最具有批处理特点的模型。在实际的大数据处理应用当中，并非单独使用一种处理模式，往往是两种模式结合起来。例如，对于当前最重要的大数据来源——互联网来说，很多互联网公司将自身的业务根据时间划分为在线业务、近线业务与离线业务，任务的实时性依次降低。如 Linkedin 社交网站根据任务的处理时间划分了三种业务类型（Das，2011）。

13.3.4　大数据处理流程

大数据的来源广泛而复杂，数据类型与格式多样，但其处理流程基本都一致。大数据处理流程与以往常规的数据分析流程较为相似，主要分为四个阶段步骤（Meng and Ci，2013），如图 13.11 所示。不同数据源的数据需要进行预处理来达到数据的集成，格式一致后的数据集合则能更好地进行分析处理，构建合理的大数据处理模型，对数据进行分析，之后将分析的结果以合理的方式呈现在用户面前，即完成了大数据的整个分析过程。

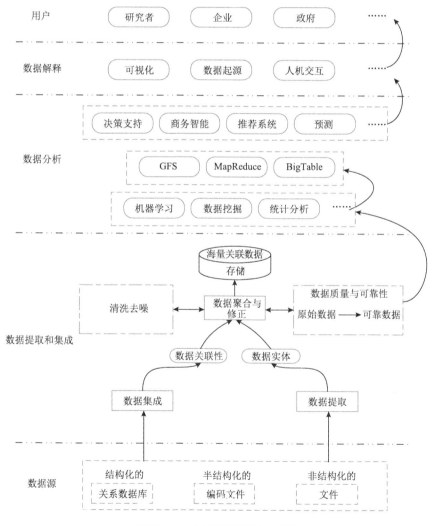

图 13.11　大数据处理基本流程

1. 数据采集

数据采集是大数据处理过程中的第一阶段，目前常用的方式有很多，主要包括物联网的应用等，即通过 IC 射频设备即时快速地读取相应信息，以及通过目前常用的二维码等扫码技术进行资料收集。在装备制造企业当中，主要使用智能电表设备等具有自动远程传输功能的仪表进行数据收集。

2. 数据提取和集成

数据的提取和集成阶段占据整个处理流程的很大一部分。大数据时代的数据来源与种类多样，如果不经过预处理直接进行数据分析，则会对分析模型的建立与关键指标的提取造成极大的困扰。因此，本阶段的工作虽然枯燥，耗时较长，但对于整个数据分析流程来说至关重要。在大量的数据当中，由于所有的数据均夹杂融合在一起，所以一些无用的脏数据与噪声数据同样占据很大一部分。本阶段工作除进行数据集成与融合以外，还需要进行数据的基本排查过程，去除过多的噪声数据，这对于之后的模型建立与数据的最终分析结果有重要影响。

传统数据库领域已经对数据提取和集成技术进行了比较深入的研究。新的方法随着新的数据源的出现而出现。根据数据集成模型，数据提取和集成方式主要有基于物化或 ETL 引擎的方法、基于联邦数据库或中间件引擎的方法、基于数据流引擎的方法及基于搜索引擎的方法（search engine）（Haas，2012）。

3. 数据分析

作为大数据处理流程的核心，数据分析发现大数据的价值；数据分析的原始数据源于各种各样的数据源，之后根据不同的需要对数据进行选择分析。传统的分析技术需要在大数据时代做出适应性的调整，因为当前的技术将面临一些新的挑战。第一，数据的价值与数据量的大小无直接关系。过多的数据往往存在着过多的噪声，因此数据的清洗工作必须在数据分析之前进行。大量数据的预处理是一项具有严峻挑战的工作。第二，需要做出更改的是大数据环境下的算法。因为实时性是大数据环境下的鲜明特征，并且最重要的指标已不是算法是否准确。在线机器学习（online machine learning）算法就是一个非常典型的例子，说明在数据处理时需平衡实时性和准确性。再者，可扩展性是算法的发展趋势。众所周知，云计算可以很好地协助算法，算法也应该做出一定的更改来与云计算的框架得以配合；适用于小数据量提取各项信息的算法不一定适合大数据量的算法。邦弗朗尼原理（Bonferroni's principle）（Rajaraman and Ullman，2012）在统计上提供了一个很好的例子。第三，衡量好数据和坏数据的结果。得到最终分析结果较为容易，但对结果好坏的衡量与测度是数据分析在大数据时代下的一种挑战。拥有多样、复杂数据类型的大数据成为主要分析对象，在分析整个数据的分布时，往往理不太清全局分布的特点，这将导致在衡量指标设计时遇到许多困难。

4. 数据解释

大数据处理的核心是数据分析，但用户往往更关心展示的结果。如果分析的结果是正确的，但没有使用恰当的解释方法，得到的结果可能就很难让用户理解，并且在极端情况下，甚至会误导用户。在许多方面的数据解释上，文本输出是更为传统的形式，或直接在计算机终端上显示结果。这在数据量小的情况下是一个很好的选择。但大数据下的数据分析结果一般是海量且多样的，且结果之间的关联是极其复杂的，使用传统解释方式基本无法工作。提高大数据分析结果的解释能力可以从以下两个方面来考虑。

一是引入可视化技术。可视化（Quan-Bing，2008）作为解释大量数据最有效的手段之一首先在科学工程计算领域被使用。通过对分析结果的可视化用形象的方式向用户展示结果，而且图形化的方式比文字更易理解和接受。常见的可视化技术有标签云（tag cloud）、历史流（history flow）图和空间信息流（spatial information flow）图等。

二是使用户能够一定程度上参与详细分析过程。这既可采用人机交互方式，利用交互数据的分析，使用户在获得更好分析结果的同时理解分析结果。也可以使用数据起源技术（Chapman et al.，2012），该技术有助于通过对数据分析的全程跟踪，帮助用户了解结果。

13.3.5　大数据核心技术

1. 云计算和 MapReduce

随着计算机存储技术和网络技术的发展，目前用户付出比以前少的代价就可以使用网络服务，这使得云计算模式成为可能（Qi et al.，2010）。云计算概念起源于生活中的按需购买，如生活中常见的水的使用、电的使用等均为按需购买，以量计价。计算机计算能力是否可以按需提供成为大家研究的热点。由于当前虚拟化技术的不断发展，这种按需购买的想法成为可能，这样一来，计算能力也能像水与电一样以一种高度的可拓展性与适应性的方式提供给需要的客户，这从节省能源与节省成本方面来说是一个巨大的进步，并且云计算以互联网为基础进行提供，个人用户与企业用户足不出户就能享受到高性能的计算能力，省去了极大的人力成本与时间成本。

目前业界云计算的服务模式主要分为三种：基础设施即服务（IaaS）、软件即服务（SaaS）以及平台即服务（PaaS）。谷歌的产品使用的是 PaaS 或 SaaS 模式，它的邮件服务、谷歌地图导航服务都在云平台上进行（Ralph，1986），谷歌翻译提供远远领先于其他翻译的服务（Ye and Liu，2008），这严重冲击了传统计算机软件行业提供的软件和服务。

如果大数据的应用程序是"车"，那么支撑起这些"车"跑"高速公路"的则是云计算。大数据有用武之地源于云计算对于数据存储、数据管理分析等方面的技术支持。云计算是大数据分析处理技术的核心原理，也是大数据分析应用的基础平台（Chen and Zheng，2009）。谷歌公司内部现运行有诸多的大数据分析处理平台，其均基于云计算的平台，最具代表性的就是分布式文件系统 GFS，以及上文提到的典型的批处理模式 MapReduce，后来的 Hadoop 数据处理系统在此基础上进行发展。

MapReduce 由谷歌提出，一经提出立刻受到业界的广泛关注，业界纷纷将其用于数据分析与挖掘、在线机器学习算法实践等诸多领域，目前 Map Reduce 已经成为一种典型的批处理技术而被广泛应用，并已成为大数据的关键处理技术（Li et al.，2011）。

MapReduce 的数据处理过程如图 13.12 所示。首先，数据源被分成多个部分，每个部分均表示为 key-value（K-V）对，即键值对。不同的部分分给不同的工作区域进行处理，形成的中间文件已将各部分的原始数据处理完毕，在进入 Reduce 阶段后，中间过程对所有的中间文件参照 Key 值进行分类汇总。其次，将所有的中间文件处理完毕后，最后的 K-V 对作为输出文件，即为最终结果。

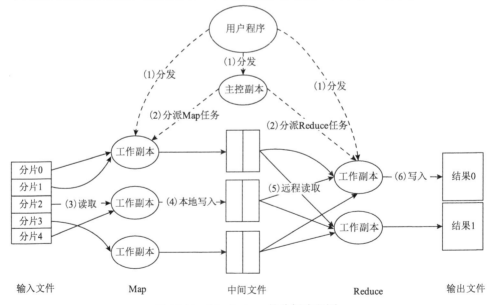

图 13.12　MapReduce 的分析流程图

MapReduce 的模型简单，并且现实中的许多问题都可以用 MapReduce 的模型来表示。因此，该模型受到公众的高度关注，并已广泛应用于生物信息学、文本挖掘等领域。

2. 分布式文件系统

在整个 IT 界，谷歌公司最先遇到大数据问题，因此，为了自身发展的需要，谷歌结合其自身的业务特点，自主研究设计了一种名为 GFS 的底层数据存储系统，为 Map Reduce 提供了良好的底层支撑。GFS 需要处理大量的数据，因此其架构为分布式的，即大型分布式处理系统，GFS 的问世为大数据的成功应用提供了良好的底层支撑，其可处理的文件数量与规模伸缩性极强，从几十兆到几吉的数据均可高速处理。GFS 通过数据分块等分布式技术实现了如此高效的底层数据存储系统，详细的架构设计如图 13.13 所示。

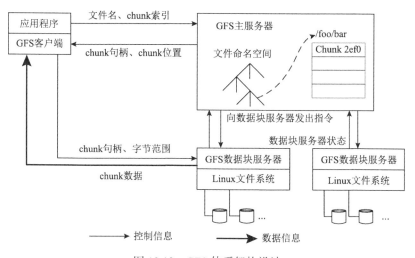

图 13.13　GFS 体系架构设计

除谷歌的 GFS 之外，目前业界也陆续发布了其他类似的文件系统，如 Hadoop 分布式文件系统（HDFS）即 GFS 的一个开源实现。淘宝网根据 GFS 的原理，结合自身的业务特点，设计研发了更适合于自身业务的大量小文件的快速分布式存储系统 TFS（Anonymous，2013）。Facebook 也根据自身的业务特点研发了适用于海量小型文件的分布式处理系统 Hay-stack（Beaver et al.，2010）。

3. 分布式并行数据库系统

原始数据存储在文件系统中，用户习惯于通过数据库系统访问文件。因为它会屏蔽掉底层的细节，且能够进行便捷的数据管理。直接采用分布式数据库关系模型，并不能适应数据存储的大数据时代，主要原因如下。

第一，规模效应带来的压力。数据量在大数据时代远远超过单机容量，它必须存储在分布式系统中。这就要求系统具有良好的扩展性，而这正是传统数据库的弱势之一。因为传统的数据库产品更倾向于纵向扩展方式，用这种方式来提高性能的速度远远低于所需要的数据的增长速度，性能容易达到上限。数据库系统要想适用于大数据时代，就应具有良好的横向扩展能力，而这恰恰是在这样的传统的数据库中没有的扩展性能。对于数据库系统的横向扩展能力，具有再好的性能的并行数据库产品也比较有限。

第二，数据类型多样化。传统的数据库更适合于存储结构化数据，但数据的多样性是大数据时代的突出特征。这是指除结构化数据外，半结构化和非结构化数据也将是大数据时代数据类型的重要组成部分。如何有效地处理多种类型的数据是面向大数据时代的数据库技术的关键挑战之一。

第三，设计理念的冲突。关系型数据库追求"一刀切"的目标，希望用户从复杂的数据管理中解决各种问题。但在大数据时代，不同的应用领域在数据类型、数据处理方式以及数据处理时间的要求上有极大的差异。在实际过程中，几乎不可能有一个统一的数据存储模式可以适配所有方案。例如，网络的数据处理和天文图像的数据处理就不可能采取同样的做法。在这种情况下，很多企业开始尝试从"一对一"和"一对领域"的设计理念出发，研究新的数据管理方法，并产生了一系列非常有代表性的工作。

第四，数据库事务特性。关系型数据库必须符合正确执行事务的 ACID（atomicity、consistency、isolation、durability）属性，即原子性、一致性、隔离性和持久性。对于数据一致性的严格要求，使得关系型数据库在许多大数据方案中不能适用。在这种情况下出现了新的 BASE 特性，即只要求满足基本可用（basically available）、柔性状态（soft state）和最终一致（eventually consistent）。从著名的 CAP 分布式理论（Brewer，2000）的角度来看，ACID 追求一致性，而 BASE 更注重可用性。严格的 ACID 属性的事务处理要求，导致关系型数据库的可扩展性受到限制。

面对这些挑战，以谷歌为首的一批技术公司的代表相继推出自己的解决方案。BigTable（Chang et al.，2008）是由谷歌较早开发的数据库系统之一，它是一个由行和列构成的多维稀疏排序表，每个存储单元具有时间戳，形成一个三维结构。多个不同版本的相同存储单元的运行数据由形成时间戳加以区分。除了 BigTable 外，亚马逊的 Dynamo（DeCandia et al.，2007）和雅虎的 PNUTS（Cooper et al.，2008）也是其中极具代表性的系统。BigTable、Dynamo 和 PNUTS 等使得人们对关系型数据库进行反思，从而产生了一些不使用关系模型的数据库，这些程序现在统称为 NoSQL。NoSQL 在业界暂时没有确切标准。一般认为 NoSQL 数据库具有以下特点：模式较为宽松自由；支持简单容易的备份工作；有简单的应用程序接口；具有最终一致性（或者说支持 BASE 特性，不支持 ACID 属性）；支持海量数据。NoSQL 和关系型数据库的简单比较如表 13.5 所示。

表 13.5　NoSQL 和关系型数据库的简单比较

对比类别	关系型数据库（RDBMS）	非关系型数据库（NoSQL）	说明
理论	完善	不完善	RDBMS 基于数学模型；而 NoSQL 没有基于这样的模型
规模	大	海量	RDBMS 的性能随着数据量的增加而降低，无法适用于非常大的数据规模；而 NoSQL 可以通过增加更多的设备来增加存储
模式	固定的	灵活的	RDBMS 必须首先定义模式才可以使用；而 NoSQL 是模式自由的
查询	快	简单查询效率高	RDBMS 将建立索引，因此它可以支持点查询和范围查询；NoSQL 没有指数，尽管可以使用 MapReduce 加速查询过程，但它仍然是低效率的
一致性	强一致性	弱一致性	RDBMS 遵循 ACID 原则；而 NoSQL 遵循 BASE 原则
扩展性	弱	强	RDBMS 很难扩展；NoSQL 可以很容易地通过添加新节点向外扩展
可用性	好	非常好	由于强一致性，RDBMS 的可用性在数据量很大时变得相对较弱；NoSQL 在放宽 ACID 原则后可以获得更高的可用性
标准化	标准	不标准	RDBMS 有标准（SQL）；NoSQL 没有这样的标准
技术支持	好	不好	RDBMS 的技术支持比较好；而 NoSQL 的技术支持比较低
维护性	复杂	复杂	RDBMS 需要数据库管理员维护；而 NoSQL 使用相对较少，因此维护也是比较困难的

BigTable 的模型很简单，但相比传统的关系型数据库功能，它支持的非常有限，不支持 ACID 属性。因此，谷歌开发了 Megastore（Baker et al., 2011）系统，虽然它的底层数据存储依赖 BigTable，但它形成了类似 RDBMS 的数据模型，同时提供了数据一致性强的解决方案。Megastore 将数据进行细粒度的分区，数据更新会在机房间进行同步复制。目前，Spanner（Corbett et al., 2012）是众所周知的谷歌最新的数据库系统,谷歌在 2012 年操作系统设计与实施专题讨论会上公开了 Spanner 的相关细节。Spanner 是第一个可以实现全球规模扩展并且支持外部一致分布式事务的数据库。通过 GPS 和原子时钟技术，Spanner 实现了一个时间应用

程序编程接口（API）。通过使用这种 API，数据中心之间的时间同步可精确到 10毫秒的范围内。Spanner 类似 BigTable，但它有一个分层目录结构以及细粒度的数据复制。支持不同操作者的数据中心之间有弱一致性或强一致性，并支持更多的自动化操作。另外，在 ACM SIGMOD 数据管理国际会议上，谷歌公布了其新的广告系统的数据库产品 F1（Shute et al.，2012），BigTable 的高度可扩展和 SQL数据库的可用性、功能性同时集成在 F1 数据库当中。该产品的底层存储使用Spanner，其具有许多新功能，其中包括全局分布、数据移动以及处理日常事务等。

社会上有一些比较激进的观点，即关系型数据库已经穷途末路，但关系型数据库和 NoSQL 是不矛盾的双方，二者可以相互补充用于不同的应用场景，如实际网络系统经常是两种系统的融合。最近几年来，多个新数据库的出现给数据存储带来新思路。这种 NewSQL 结合了一致性和可用性，可能是新的大容量数据存储未来的发展方向。

4. 大数据可视化

可视化技术作为解释大数据最有效的手段之一，最初被科学与计算领域运用，它凭借对分析结果的形象化处理和显示，已经用于诸多成熟的领域。数据的可视化技术一般指运用计算机图形图像技术，将数据通过各种形式展示在屏幕之上，并且进行相应的交互等（唐泽圣等，1999）。图像相比于数字较为直观，能够更加快速地传播要点，更易于为用户所接受（Wang et al.，2007）。

目前的视觉分析技术源于 21 世纪初，其主要的研究内容为通过交互与分析等方式进行科学决策。在大数据时代，数据的处理需要与视觉分析相结合，否则，大数据中的要素点难以清晰地展现在用户面前。大数据结合视觉分析将为大数据的分析流程构建一个完整的数据信息传播方案（Wu et al.，2002）。

现在，研究和应用的视觉分析在逐步发展，已覆盖了各种行业，如社交网络数据、科学研究等领域。面对海量数据的出现，探究一种合适的简约的呈现方式成为当前研究的热门话题，其具有诸多挑战，当前在企业界或学术界已有诸多良好的应用案例，列举如下。

（1）互联网地图（The Internet Map）。为了深入探索当前流行的互联网络，俄罗斯工程师 Enikeev 于 2011 年底在对 35 万个网站中涉及的 196 个国家的数据进行融合的基础上，根据这些网站之间的链接跳转关系，将这些"网站星球"的链接命名为"互联网地图"，其中的每个"星球"表示一个站点，体积的大小根据其流量确定，"星球"之间的距离则根据其链接引用的频繁程度等因素决定，如图 13.14 所示。

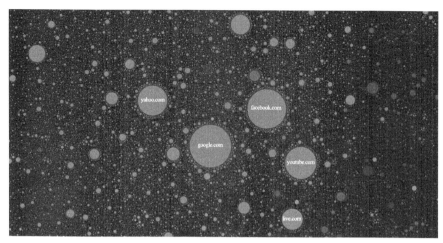

图 13.14　全球范围的互联网地图

（2）标签云（Kaser and Lemire，2007）。每个对象都有相对应的标签，这种"标签"即标签云的本质。如何排序以便于用户进行搜索是通过排序功能实现的，其中可以按照字母顺序并参考字体的颜色或者字体的大小，某个词语的字体越大，则该词出现的频率就越高，反之亦然。

（3）历史流图。相关文献（Vigas et al.，2004）指出，如果开放型文档面向广大用户，那么便可设计一种可视化的流程，即"历史流图"。在其中，如果用户想要删除或者增加某些内容，则可以根据需要进行改动。并且"历史流图"的作用是非常明显的，因为它可以显示出修改人员的人数随着时间积累的变化情况，维基百科便是一个最好的应用案例。

关于大数据可视化的研究依然在延续，比如当前流行的团购网与地图网站，用户可以根据自己的经验来评估网站上的店铺，且很容易地找到附近的餐馆、商店等地理信息，这类反馈给后来者提供了良好的参考信息，这些数字地图与生活地图的融合，是多维数据可视化堆叠应用程序（Li，2007）；支付宝网站提供的电子对账单由用户指定的时间周期内的支付宝使用信息自动生成相应的图表，帮助用户分析自己的消费，这是一个即时的关联规则可视化应用程序（Shi et al.，2010），参照那些与用户的数据存在相关性的数据，挖掘出数据之间的联系，并预测发展趋势，然后将产生的可视化结果反馈给用户，并可以为用户下个月的消费管理提出建议。

5. 大数据处理工具

Hadoop 是目前最流行的大数据处理平台。Hadoop 最开始是模仿 GFS 的一个开源的云计算平台，也是一种 MapReduce 的实现，到 Apache 接管项目之后，Hadoop 已经演变成一个完整的生态系统，包括文件系统（HDFS）、数据库（HBase 与 Cassandra）、数据处理（MapReduce）等功能模块。在一定程度上也可以说 Hadoop 这一大数据处理工具已经成为事实上的标准，英特尔公司基于 Hadoop 的系统配置，给出了一个 Hadoop 实现结构图，见图 13.15，相应组件的具体功能见表 13.6。

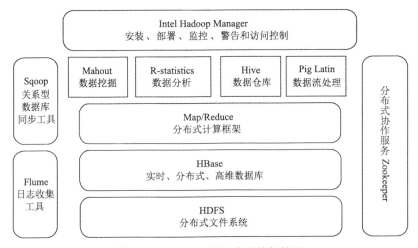

图 13.15　Hadoop 的生态系统架构图

表 13.6　Hadoop 生态系统各组件功能

组件	功能
HBase（The Apache Software Foundation，2013a）	分布式并行数据库系统，满足大量数据的存储和读写等操作，系统对各类数据类型与数据结构支持均完善
Mahout（The Apache Software Foundation，2013b）	实现经典的数据挖掘算法，可对海量数据进行挖掘
Sqoop（The Apache Software Foundation，2013c）	Hadoop 与关系型数据库中的数据进行双向转移的工具
PigLatin（The Apache Software Foundation，2013d）	对大规模数据进行分析的数据分析处理语言
Zookeeper（The Apache Software Foundation，2013e）	提供配置维护、名字、分布式数据同步、组服务
Hive（The Apache Software Foundation，2013f）	架构基于 Hadoop，可使用 SQL 语言对海量数据进行类似于关系型数据库的分析与查询等操作
Flume（The Apache Software Foundation，2013g）	处理日志数据，融合多数据源的日志数据，为整体集中式存储

　　Hadoop 提供坚实可靠的数据存储基础服务的分布式文件系统（Borthakur，2007），以及提供高性能的并行数据处理服务的 MapReduce 技术是两大核心模块。这两个服务为结构化数据的快速与可靠分析提供基础。一方面，Hadoop 的假定计算元件和存储故障现象是正常的，其目的是提供一种高水平的、可靠性的解决方案。通常情况下，Hadoop 将保持数据的多个备份以维护数据的安全性（Okorafor and Patrick，2012）。另一方面，因为 Hadoop 工作采用的是并行方式，所以由 MapReduce 计算框架加快并行处理速度，以获得高效率。此外，数据分割是 Hadoop 的一个重要特征，用于实现在许多子节点上完成主节点计算任务的目的（Thusoo et al.，2010）。因此，Hadoop 具有良好的可扩展性，可处理数据的级别达到 PB 水平，并且相对于相同性能的主机成本要低得多。同时，Hadoop 具有高吞吐量，可适用于大规模数据集的处理（Liu et al.，2002）。

　　表 13.7 归纳总结了当前业界一些主流的大数据相关处理工具，其中大多已经投入商业使用或者开源，且大部分都是在 Hadoop 平台基础上的拓展与延伸。

表 13.7　大数据工具列表

类别		代表性产品
平台	基于本地	Hadoop、MapR、Cloudera、Hortonworks、InfoSphere BigInsights、ASTERIX
	基于云	AWS、Google Compute Engine、Azure
数据库	SQL	Greenplum、Aster Data、Vertica
	NoSQL	HBase、Cassandra、MongoDB、Redis
	NewSQL	Spanner、Megastore、F1
数据仓库		Hive、HadoopDB、Hadapt
数据处理	批处理	MapReduce、Dryad
	流处理	Storm、S4、Kafka
查询方式		HiveQL、Pig Latin、DryadLINQ、MRQL、SCOPE
统计和机器学习		Mahout、Weka、R
日志处理		Splunk、Loggly

第四篇
装备制造企业能耗监测
与控制

党的十七大强调"大力推进信息化与工业化融合"及"坚持走中国特色新型工业化道路"。党的十八大提出了建设美丽中国的目标,要求"着力推进绿色发展、循环发展、低碳发展,形成节约资源和保护环境的空间格局、产业结构、生产方式、生活方式,从源头上扭转生态环境恶化趋势"。党的十九大报告强调加快建设制造强国,在绿色低碳等领域培育新增长点。我国装备制造业在国民经济和社会发展中具有十分重要的作用,没有强大的制造业,我国不可能成为经济强国。从现代化角度看,我国的装备制造业已经进入了信息化和工业化全面融合(简称两化融合)的阶段。在两化融合过程中,装备制造企业的信息化技术应用逐渐深入,信息化与工业化融合由内涵盖了研发、生产、销售、管理等各个环节,向外延伸至环境保护、资源节约等诸多层面,在生产要素、生产方式、管理方式、组织形式等方面进行了全方位的变革。随着工业化和信息化在深度和广度上的不断融合,装备制造企业在提升产品创新能力和管理精细化水平的同时,也需要关注生产过程以及整个产品和服务供应链及其全过程的能耗和排放问题。

企业发展的主导逻辑从产品主导逻辑到服务主导逻辑,再到服务和环境可持续的双重主导逻辑,已经得到了包括GE和IBM在内的诸多企业战略转型的实践认同,并逐渐成为国际前沿的热点学术问题。这方面的研究目的是使企业在提高经济效益的同时,承担更多的社会责任,社会效益也能显著提高,并建立可持续的发展路径。两化融合影响企业效益的途径有两条:一是直接途径,即通过技术进步提升企业效益;二是通过管理优化提升企业效益,在融合的过程中,企业创新能力将不断增强,产品技术含量明显提高,生产过程的能耗和排放逐渐减少,管理更加精细化,企业经济效益和社会效益将得到显著提高。

制造业信息化中综合运用现代信息技术、通信技术、智能控制技术等解决制造过程中的自动化、数字化和智能化等问题在国内外已有大量的研究和实践。然而信息技术、智能技术以及信息系统在日益受到重视的节能降耗和能效提升等方面的应用却有待深入和加强。

这里我们认为,基于能源信息学的研究框架,充分利用信息技术、信息系统实现能源利用和管理的智能优化与协同控制,进而提升能源效率是装备制造业转型升级、实现节能降耗和可持续发展的重要途径,也是传统制造业推进两化深度融合的必由之路。

从本篇开始,我们在能源信息学的视角下,以装备制造企业的能源效率提升为主要目标,搭建智能化协同服务平台,使得产品从设计、制造、包装、运输、使用到报废处理的整个生命周期中,能源利率最高,对环境负面影响最小,并使企业经济效益和社会效益协调优化。智能化协同服务平台是综合考虑环境影响和能源消耗的现代制造模式的必要基础,是对企业能源消耗过程中信息感知、信息传输、信息集成、信息分析、信息利用和生产优化的综合集成系统。本书研究成果在某典型煤炭装备企业(本书简称M公司)中进行了应用,建立了示范工程,并提出了在同类企业推广实施的措施。

第14章　装备制造企业能耗监控指标体系

本章结合当前装备制造企业的实际状况，系统分析装备制造企业的能源消耗情况，包括其生产过程用到的各种能源物质种类、各种耗能工艺过程的能耗分析以及各种生产设备的能耗分析等，在此基础上总结装备制造企业生产过程的能耗特点，进而分析提出装备制造企业的能源消耗影响因素及指标体系。

14.1　装备制造企业能源消耗状况与特点

14.1.1　装备制造企业概况

在我国制造企业当中，装备制造企业占据重要位置，其实际发展水平往往用于衡量某个地区的整体工业化实力。装备制造企业生产的产品大多为国民生活的基础硬件设施，也包括军事工业中的基础硬件设施，具有高尖端的科技含量，装备制造企业的发展水平与我国整体居民生活水平以及我国的国防事业在国际上的地位与发展息息相关，是我国各方面基础建设的保障性产业（张威，2002）。

装备制造企业的产品范围涵盖了诸多国内基础经济产业。根据生产的产品的种类、使用范围与功能，其产品主要有以下几个大类。

1）机械、电子基础件。该类主要包括传动设备等，如液压设备、密封设备和气动力设备等。

2）关键行业的整套生产装备。这类产品主要为各产业部门，如能源业、原材料加工业、交通运输业、环保行业和军工技术等行业所需的成套生产运营设备。比如煤炭产业的采掘设备，电力行业的大型成套设备，垃圾污水的成套净化处理设备等（王泽宇和韩增林，2008）。

3）各行业基础型机械设备。如各类数控机床、大规模及特大规模集成电路、工业柔性制造、工业及其他行业的机器人产品以及相应的计算机制造系统等。

装备制造业对于改造传统产业具有十分重要的带动意义，对于国家的军事安全与经济安全具有十分重要的意义。

14.1.2　能源消耗种类

装备制造企业是一种典型的离散型加工制造企业，它首先使用多种加工处理手段将不同原材料制成零件以及各种元器件，然后依次进行组装，最后进行装配，成为产品（胡正旗，1992）。

装备制造企业消耗的能源种类繁多复杂，包括煤炭、天然气等一次能源，电、汽油、柴油、焦炭、煤气、液化气、蒸汽等二次能源，同时还包括部分工序流程消耗的自来水、氧气、氮气、压缩空气等耗能工质。详细分类如表14.1所示。

表 14.1　装备制造企业消耗的能源种类

能源分类	能源种类
一次能源	煤炭
	天然气
二次能源	电
	汽油/柴油
	焦炭
	煤气/液化气/蒸汽
耗能工质	自来水
	氧气/氮气
	压缩空气

14.1.3　能源消耗特点

装备制造企业的消耗能源种类复杂多样，能耗内部因素互相影响导致其结构复杂且难以分析，具体有以下特点。

1. 耗能部门多

一般的装备制造企业的生产部分结构中包含诸多生产车间，如热处理、机械加工、锻造、总装、铸造等车间，以及辅助车间、动力车间等，以上车间等生产部门为装备制造企业制造过程中的耗能部门。

2. 耗能设备多

装备制造企业在生产制造过程中使用多种耗能设备，比如锻造车间与铸造车间中的工业热处理炉、冲压设备、电焊机以及各种金属加工机床等。

目前许多装备制造企业中的生产设备使用年限普遍较高，性能差，能耗高。目前仍有 20 世纪 80 年代以前的产品在装备制造企业中投产使用，这些设备的性能低、能耗高，致使我国装备制造企业的能耗远大于经济发达国家。

3. 消耗能源种类复杂多样

在装备制造企业中消耗的能源种类较多且大多属不可再生类能源。其中，天然气与煤炭等燃料资源占企业总能耗的 30%～80%。在有的装备制造企业中，电力消耗占比较高，可以达到 60% 甚至更高的比例。由此可以看出，装备制造企业的能耗主要来自电、煤与天然气等，其中煤与天然气为不可再生资源，且我国的电力供应主要来自火力发电，从这点考虑，电也来自煤等不可再生资源。

4. 能源消耗总量差异大

装备制造企业的产品随着不同季节、不同行业发展特点而随机变化，由于不同的产品工艺、原材料等差别较大，所以在设备的使用上也存在较大差别，这便使企业的日均能耗与月均能耗之间存在较大差异。由于以上原因，装备制造企业的能源周期消耗波动性较大，这将加大对能耗数据的分析与利用方面的困难，无法有效地预估能源消耗情况，造成不必要的损耗。

由以上分析可以得出，装备制造企业能源消耗机构多样，各机构的生产部分能源消耗设备复杂。选择合适的节能方式对于装备制造企业的节能减排具有重要意义。

14.2　企业节能策略及能源消耗影响因素

14.2.1　企业节能策略

伴随着环境与节能方面问题的突出，国家制定了一系列相关法律法规，各制造企业包括装备制造企业均采取了节能措施以实现节能减排目标。

1. 技术节能策略

1）常见的工艺节能策略，如表 14.2 所示。

表 14.2　制造企业常见的工艺节能策略

工艺类别	节能策略
铸造	密流球化处理工艺；气动脱硫；炉外精炼；定量配电；焦熔炼；冲天炉－电炉双联熔炼；树脂自硬砂制芯；冷芯盒制芯；除湿送风；富氧送风；热风送风；节能风机；铸钢件保温冒口；远红外干燥砂芯；微波干燥砂芯
锻造	利用余热；采用电感应加热炉；使用快锻水压机；改造燃烧装置；使用数控压力机；选用燃煤加热炉；新型炉用材料；锻锤泄露改造
热处理	减少热损失；充分利用废热；优化燃烧过程；缩短加热时间；降低加热温度；加速化学热处理过程
焊接	旋流双层气体焊；氩混合气体焊；微束等离子弧焊；压力焊技术
电镀	不同浓度清洗工艺；多重功能的电镀生产线；高能效工艺
冲压	降低拉延深度；使用高能效的冲压机；更多地采用复合方式冲模
机械加工	改善毛坯的形成过程；使用冷却润滑；采用能效高的加工切削机床
装配	工装夹具的合理选择；加热设备、焊接设备的合理选择；零部件清洗方式的选择
涂装	喷射处理工艺；抛丸工艺；桥式炉作多行程普式炉；保温措施等

2）典型耗能设备节能策略，如表 14.3 所示。

表 14.3　制造企业典型耗能设备节能策略

设备种类	节能策略
工业锅炉	优化空气的过剩系数；合理地监测炉渣当中碳成分百分比
工业炉窑	改革燃料结构；合理地设置燃炉内的压力；加强墙体保温降低墙温散发；提前加热助燃空气
电弧炉	使用直流电的电弧设备；对燃炉的剩余炉料进行加热处理或预热处理；采用氧气进行助燃用以提高炉温
热处理电炉	采用耐火纤维制品减少散热损失；采用适当的可控气氛；采用真空热处理炉
电焊机	提高节能高效电焊机比例；使用交流弧焊电源；使用专用电阻焊机
电机	提高电动机本身的效率；推广节能电动机与变速电动机；合理选择负载率；采用专用电机等
风机	多使用高效风机；小叶轮替换大叶轮；采用变频调速与调压调速等
压缩机	降低压缩机额定工作负载；使用高效率的压缩机；合理使用压缩机与驱动机

2. 管理节能策略

企业节能状况复杂。能源消耗种类繁多，节能方式与手段多样，从具体的生产机器到整个工艺的生产过程，均有相应的节能措施与手段。企业的节能措施受多方面因素影响，是一个综合性的多重任务课题。社会方面包括公众的可接受性、政策法规的适用性等（北京市发展和改革委员会，2008）。因此，节能管理工作必须开展。企业节能管理的主要内容如表 14.4 所示。

表 14.4　企业节能管理的主要内容

项目	节能管理策略
企业能源平衡	研究能源盈亏平衡；分析企业节能水平和节能潜力
能源计量	包括企业级计量、车间级计量与设备级计量
能源统计	能源采购与存储；转换量统计；配送统计；耗能统计；办公生产统计；节约统计
能耗定额管理	在一定的条件下，为生产单元制定合理的消耗能源的数量标准
能源规划	预测企业需要的能源种类与数量、能源来源与节能措施，获取需求能源所需的投资等
节能评估	节能前评估：把合理用能和节约用能的问题解决在项目建成投产之前；节能后评估：使项目的决策、管理和建设结合科学与合理的节能方法和策略，以提高决策、管理和建设水平

想要成功地在节能工作方面为企业降低成本，高效能的生产设备与国际先进的低能耗工艺方式是必须要考虑的，除此之外还需要加强能源的优化管理。装备制造企业的能耗预测对于其做好企业的能源规划管理具有十分重要的意义，因此研究如何有效地预测企业能耗以及做好在当前大数据背景下的能耗预测对于企业具有十分重要的意义。

14.2.2　能源消耗影响因素分析

为了对生产过程中的能源消耗进行准确预测，首先我们需要分析识别生产过程中的能源消耗影响因素，用以作为之后预测模型输入的依据。能源消耗影响因素的分析，对于建立能源管理体系而言是一项重要的任务，它是能源管理系统实施中必不可少的，有利于企业达到更好的节能效果。能源系统的核心要素——能源因素识别、分析、评价与控制，得到科学系统的研究才可达到节能的预期目标（陈志田等，2007）。

装备制造企业能源消耗影响因素指在企业的日常运营过程中能够直接或间接对能源的使用产生影响的方面，需要考虑的不仅是生产系统中的因素，还应该综合考虑其他系统对能耗的间接影响，如季节、人员、环境等。

能源消耗影响因素分析，一方面可以发现并确定影响系统能源消耗的主要因素，排除次要因素，确定能源系统的关键问题。此外，可以通过筛选降低维数以简化因素，这样可以提高预测精度和预测效率，降低预测模型的复杂度，从而使预测的分析结果和评价变得简单而清晰。另一方面，可以帮助分析识别企业当中各环节的节能潜力，从而有助于优化方案的设计和实施（Pitt and Kirschen，1999）。

能源消耗影响因素的分析在能耗预测过程中有着重要的意义，它分析因素与能耗之间的变量关系，因此通过因素分析获得模型之后即可进行能耗的预测，而在能耗预测的数据处理环节，因素分析同样是顺利完成的前提与保障，其对于提高能耗预测的精度至关重要。首先需要通过文献研究确定能源消耗影响因素。

Tribble（2003）研究了天气因素在电力负荷预测过程中的重要作用，并通过统计分析的方法进行了验证。

卢海星等（2013）在研究锻造生产系统多能耗特征分析与建模过程中，建立了锻造系统的多能耗特征体系，通过使用粗糙集理论方法对指标体系进行约简，得到锻打效率、零件数量、零件材质与锻打时间等锻造过程的主要能源消耗影响因素。

Herrmann 和 Thiede（2009）在对制造企业生产过程进行仿真建模的过程中，提出生产制造能源流模型中外部自然环境对生产过程中的能源消耗有着重要的影响，主要指外界天气情况，包括温度、湿度与风速等。此外，他们将生产系统组分为生产过程、生产机械设备以及相关人员，这些要素均被生产管理所控制和安排，因此，生产系统中的人员因素与设备因素均可能与能耗相关。

韩木林和吴顺达（2010）详细分析了锻造行业的能耗特点，阐述了目前常用的锻造系统节能减排技术措施，对锻造行业节能问题未来的发展方向进行了系统的阐述。

申银花和张琦（2014）在建立钢铁企业能耗分析模型的过程中建立了评价指标体系，从多层次、全方位的角度来评价企业的能耗情况，得出影响企业能耗的因素主要有钢比系数，产品结构，副产品、废弃品和废能的处理，节能技术等，其中，节能技术的推广应用对企业能耗影响最大。

Azadeh 等（2007）利用数据包络分析（DEA）与主成分分析（PCA）集成方法对能源密集型的制造企业部门进行了评估与优化，并提出了总产出和装运价值概念。魏楚和沈满洪（2009）提出基于全要素生产率结构的能源效率指标，即将单一投入的计算方式扩展为多重投入的结构，考虑到了不同投入要素之间的相互影响，从而可以更好地解释能源效率的内涵。考虑污染物的产出能够更好、更准确地反映能源效率。宫运启（2012）利用各切削用量组合及其对应能源消耗的历史数据作为神经网络训练的样本集，建立切削用量组合方案输入和能源消耗输出间的非线性关系，验证了该能耗预测方法的有效性。Tso 等（2003）在研究制造企业的综合能耗影响因素过程中提出制造企业中影响能耗的因素主要来自管理、技术、生产、固定资产和成本五个方面，通过多元回归分析得出能源消耗的总和与企业规模正相关，与企业效率负相关。因此，综合能耗主要依赖于总输出和企业绩效。在总输出一定的情况下，加强能源管理，建立能源管理标准是促进生产企业能源效率提高的最佳方法。Tao 等（2009）研究了汽车制造企业的能耗，建立了生产单元的径向基函数（RBF）神经网络能耗仿真模型，其中将能耗影响因素分为产量、废品率、模具质量、设备效率、机器运行速度、蒸汽压力、设备利用率、温度、湿度、原料厚度等 10 个因素。经过主成分分析之后将其简约至四个主要影响因素：设备效率、设备利用率、废品率、产量。闻洪春和张洪光（2011）在对《能源管理体系要求》（GB/T23331—2012）的解读中，以机械行业为例进行了说明，提出机械行业能源消耗影响因素识别过程的建议，其中提出设备设施能耗大小与设备设施功率有关，能源利用率与设备设施种类、完好状况和新旧程度有关。

在管理方面的文献中，李火银和闫亚军（2011）将能源管理方面存在的问题分为员工管理、计量管理、操作控制及原料的存储和使用四个方面，强调了人员节能培训、生产车间的节能奖罚制度对能耗的影响。在对目标企业的调研过程中也得知目标企业存在这样的管理制度。Yan 和 Du（2010）研究了大型工业企业技术创新与能耗之间的关系，设计两级评价指标体系，由四个一级指标构成：技术创新的输入、技术创新的输出、技术创新的基本条件以及对技术创新的金融支持，总结后得出企业的创新能力与能耗有着明显的负相关关系。

组织结构是企业内部分工协作的基本形式，规范着企业对资源的配置方式，直接决定了企业的效率和环境适应能力（齐旭高和吕波，2013）。而在装备制造企业中，生产过程直接发生于车间的组织结构当中，因此，在能源消耗影响因素中，需要考虑车间管理组织结构对能耗的影响。

笔者研究团队对某具体装备制造企业——M 公司进行了实地调研。调研过程中我们了解到，该公司的主导产品是煤矿机械化采煤工作使用的刮板输送机、转载机、破碎机、刨煤机等采煤设备、运输设备和输送设备，订单主要来自全国煤炭工业现代化矿区。2016 年，由于煤炭价格不断下跌，煤炭行业行情持续下滑，直接导致相关的煤机产品市场紧缩，M 公司同样遭到了冲击，订单量不断减少。由此可以看出，由于市场的原因，煤炭价格、煤炭产量因素导致生产任务量的变化，从而影响能源的消耗情况。因此，相关的市场因素同样应作为能源消耗的影响因素，我们这里选取影响与反映煤炭行情的三个指标：煤炭价格、煤炭库存量与煤炭产量。

根据以上文献研究内容，结合我们的研究目标——厘清企业生产过程的能耗特点，考虑从以下几个方面对能源消耗影响因素进行分类：①生产因素；②环境因素；③经济因素（申银花和张琦，2014；吴波，2012）。结合目标企业的实地调研情况，详细的影响因素划分见表 14.5。

表 14.5　锻造系统能源消耗影响因素

分类	一级影响因素	指标侧	编号
生产因素	生产参数（Tribble，2003）	设备运营时间	X1
		生产时间	X2
	生产物料参数（邓波等，2013）	原料投入量	X3
		原料材质	X4
环境因素	天气因素（陈光鹏等，2012；Liu et al.，2002）	温度	X5
		风力	X6
经济因素	生产产出（王泽宇和韩增林，2008；Pitt and Kirschen，1999）	生产产量	X7
	市场因素	相关产品历史产量	X8
		相关产品历史库存	X9
		相关产品历史价格	X10

14.3　企业能源效率测度

本节通过界定装备制造企业能源效率测度范围，并以此为核心，基于 DPSR 模型构建了系统、动态的装备制造企业能源效率指标体系初选框架。初选结果并不一定是合理的、必要的，可能有重复，也可能有遗漏甚至错误，这就需要对初选指标体系进行精选优化，从而使之更加科学合理。接下来，主要是对构建的指标体系进行优化以得到精确的指标体系，在此基础上确定指标权重，充分体现装备制造企业能源效率诸因素的相对重要程度，为企业管理者进行提高能源效率的决策提供参考依据。

14.3.1　能源效率测度范围

借鉴魏一鸣和廖华（2010）对能源效率的分类思想，本书分别从能源宏观效率、能源实物效率、能源物理效率、能源价值效率、能源技术效率、能源环境效率以及能源管理效率七个方面对装备制造企业能源效率进行更加系统、全面的研究。

1. 能源宏观效率

在测度一个国家、地区或行业的总体能源效率水平时，目前最常用的是单位 GDP 能耗这一宏观指标，将其倒数定义为能源宏观效率。将这一概念迁移到企业层面，用单位产值综合能耗（GB/T 2589—2008）和能源子系统效率（Morvay and Gvozdenac，2010）来表示企业的能源宏观效率。

（1）单位产值综合能耗

单位产值综合能耗一般包括单位工业总产值综合能耗和单位工业增加值综合能耗。

1）单位工业总产值综合能耗。

单位工业总产值综合能耗=综合能耗/统计报告期内企业工业总产值×100%

其中，对于企业，综合能耗是指统计报告期内，主要生产系统、辅助生产系统和附属生产系统的综合能耗总和。能耗量应以实测为准，工业总产值是以货币表现的工业企业在报告期内生产的工业产品总量。

2）单位工业增加值综合能耗。

单位工业增加值综合能耗=综合能耗/统计报告期内企业工业增加值×100%

其中，工业增加值指工业企业在报告期内以货币形式表现的工业生产活动的最终成果，是企业全部生产活动的总成果扣除在生产过程中消耗或转移的物质产品和劳务价值后的余额，是企业生产过程中新增加的价值。

（2）能源子系统效率

通过第 13 章的系统分析可知，能源系统包括电力、供水、蒸汽、空压、真空、暖通等子系统。整个子系统的能源效率可以定义为所有终端使用设备接收能量与初始输入系统能量之比。

能源子系统效率=系统终端使用设备接收能量 / 初始输入系统能量×100%

2. 能源实物效率

能源实物效率一般用单位产品能耗或工序能耗来表示，如吨钢综合能耗、吨钢可比能耗等。它在一定程度上受装备制造企业技术、设备和管理水平影响较大。本书用企业单位产品综合能耗、单位产品可比综合能耗和产品工序（装置）综合能耗（齐旭高和吕波，2013；DB12/046—2008）来表示。

（1）单位产品综合能耗

$$单位产品综合能耗=产品总综合能耗／报告期内合格产品产量×100\%$$

其中，产品总综合能耗就是企业在报告期内生产某种产品的生产活动总用能量，包括主要生产系统、辅助生产系统和附属生产系统的各种能源消耗量和损失量，不包括与生产无关的用于生活目的的能源、基建用能、外销能源和回收自用的能源。辅助生产系统，指为主要生产系统配置的工艺过程、设施和设备，包括动力、供电、机修、供水、供气、采暖、制冷、仪表、厂内原料场地和各种载能工质的生产装置；附属生产系统，指为主要生产系统配置的生产指挥系统（厂部）和生产界区内为生产服务的部门和单位，其中包括办公室、操作室、休息室、更衣室、澡堂、中控分析、成品检验、"三废"处理；机修、电修、仪修和金加工等工序以及车间照明、通风、降温等设施。

（2）单位产品可比综合能耗

单位产品可比综合能耗为，相同的最终产品能耗在同行业中实现可比，对影响产品能耗的各种因素加以修正所计算出来的产品单位产量综合能耗。

（3）产品工序（装置）综合能耗

产品工序（装置）综合能耗，指某工序（装置）生产某种产品过程中消耗的各种能源实物的实际数量，计算后得到的以标准煤量表示的能耗总量。

3. 能源物理效率

联合国欧洲经济委员会将该指标定义为在使用能源的过程中所得到的起作用的能源量与实际消耗的能源量之比。这一过程包括开采、加工、转换、储运和终端利用四个阶段。不考虑开采效率，应用到企业采用能源加工转换效率、能源储存效率和能源终端利用效率（魏一鸣和廖华，2010；吴波，2012）。

（1）能源加工转换效率

$$能源加工转换效率=能源加工转换产出量／投入量×100\%$$

其中，能源加工转换效率指一定时期内能源经过加工、转换后（包括一次转换、二次转换），产出的各种能源产品的数量与同期内投入加工转换的各种能源数量的比率。转换涉及锅炉、变压器、压缩机、熔炉等，它是衡量能源加工转换装置和生产工艺先进与否、管理水平高低等的重要指标。

（2）能源储存效率

储存能源的主要表现形式为电力、蒸汽、冷凝水、压缩空气、热油等。能源

储存效率的计算公式为

$$能源储存效率 = (1 - 能源运输储存损失量 / 能源运输存储总量) \times 100\%$$

（3）能源终端利用效率

能源最终使用者主要是设备和建筑物。能源终端利用效率的计算公式为

$$能源终端利用效率 = 能源终端用户有效利用量 / 能源终端投入量 \times 100\%$$

其中，能源终端利用效率综合反映了能源在终端消费过程中的有效利用程度。

4. 能源价值效率

能源价值效率是从成本的角度考虑（能源价格有差异）并采用价格作为权重计算的。它与企业能源价值管理息息相关。这一目标层分为四个方面（DB12/ 046—2008；桂其林，2014；张迪等，2014a，2014b）。

（1）产品全生命周期产出能源成本占比

这一指标从全生命周期的角度来衡量能源价值效率，更符合企业的生产实际。计算公式为

$$产品能源价值效率 = 产品全生命周期产出价值 / 同期能源总成本 \times 100\%$$

（2）各种能源介质成本占比

$$能源介质价值效率 = 某种能源介质成本 / 能源总成本 \times 100\%$$

$$能源介质成本差异效率 = 因素差异 / 某种能源介质成本 \times 100\%$$

其中，能源介质指蒸汽、压缩空气、氧气、氮气、煤气、水、电等。能源介质成本差异定义为五方面因素影响，分别是回收和外购价格、加工效率、能源结构、规模和费用。

价格因素差异：（报告期价格-基准期价格）× 报告期单耗 × 报告期能介产量；

加工效率差异：（报告期单耗-基准期单耗）× 基准期价格 × 报告期能介产量；

结构因素差异：（报告期分项单耗-基准期分项单耗/基准期合计单耗 × 报告期合计单耗）× 基准期单价 × 报告期能介产量；

规模因素差异：（基准期产量-报告期产量）× 基准期固定单位成本；

费用因素差异：报告期固定单位成本 × 报告期产量-基准期固定单位成本 × 基准期产量。

（3）各个工序能源成本占比

工序能源价值效率1=某工序报告期内产出价值/同期能源成本×100%

工序能源价值效率2=某工序报告期内能源成本/所有工序同期能源总成本×100%

对于选定基准期和报告期的工序能源总成本差异可以分三个影响因素：价格、消耗及规模。

工序成本差异价值效率=因素差异/工序同期能源成本×100%

其中，

价格因素差异=（报告期价格–基准期价格）×报告期能介单耗×报告期成本中心产量；

消耗因素差异=（报告期单耗–基准期单耗）×基准期价格×报告期成本中心产量；

规模因素差异=（基准期成本中心产量–报告期成本中心产量）×基准期价格×报告期能介单耗。

（4）设备故障与维护能源成本占比

$$设备故障与维护直接能源成本占比=\frac{设备故障与维护直接能源成本损失}{设备故障与维护能源总成本}×100\%$$

$$设备故障与维护间接能源成本占比=\frac{设备故障与维护间接能源成本损失}{设备故障与维护能源总成本}×100\%$$

其中，直接能源成本损失：设备故障造成的开停机能源成本、故障期间的辅机用能成本损失；间接能源成本损失：设备故障造成的能源介质放散成本和边际贡献的下降。余能回收设施、能源设施、电厂等设施故障均会有间接成本损失。

5. 能源技术效率

能源技术效率主要体现在生产技术、产品工艺以及设备的逐渐升级带来的能源效率提高，主要从节能项目技术更新改造的资金投入、从事的专业人员数、设备数量以及改造后的节能量来衡量（林君，2012）。计算公式如下

$$能源技术效率1=\frac{报告期节能项目技术更新改造的资金投入}{企业同期主营业务收入}×100\%$$

$$能源技术效率2=\frac{从事节能环保技术更新改造的专业人员数}{同项目工作人员总数}×100\%$$

$$能源技术效率3=\frac{报告期节能新技术资金投入 / 新产品增长数量}{上一期节能新技术资金投入 / 新产品数量}\times100\%$$

$$能源技术效率4=\frac{报告期节能项目技术更新改造的设备数量}{同期用能设备总量}\times100\%$$

$$能源技术效率5=\frac{报告期节能项目完成后的能源节约量}{报告期平均能源消耗量}\times100\%$$

6. 能源环境效率

能源环境效率主要从企业对内外环境的影响方面进行考量，由以下指标表示（吴波，2012；段金辉，2013；国家发展和改革委员会，2014）。

（1）年废弃物排放率

年废弃物排放率=年废弃物排放量/（产品产量/工业增加值）×100%

其中，废弃物主要指废气（碳氧化物、硫氧化物、氮氧化物）、废水、固体废弃物以及烟尘、化学需氧量（COD）的排放。

（2）年能源循环利用回收与发展效率

1）余热余能回收利用率。装备制造企业生产流程长，生产工序多，属于高温生产，且生产过程伴随着能源转换过程，因此具有丰富的余热余能资源。

$$余热余能回收利用率=\frac{报告期已经回收利用的余热余能}{同期余热余能总量}\times100\%$$

其中，余热余能包括煤气、高温余热、气体物理热、蒸汽、余压、冲渣和冷却水余热。

2）能源消耗发展速度。

能源消耗发展速度=报告期能源消耗增加量/（同期工业产量/同期工业增加值）×100%

（3）环境污染处理效率

环境污染处理效率=报告期废弃物和噪声处理量/（同期工业产量/同期工业增加值）×100%

（4）年污染物泄漏和意外事故频率

这一指标主要由年污染物泄漏和意外事故发生次数表示。

7. 能源管理效率

能源管理效率测度指标及标准见表14.6。

表 14.6　能源管理效率测度指标及标准

指标	标准
能源管理职责	企业能源管理的领导者确定人选，明确相关人员的管理责任、权限，制定并遵守企业能源方针，负责企业内部能源资源相关任务的执行、战略规划、实时监控和信息反馈等内容，任命部门经理，达到预期目标
节能因素规划目标	制定企业节能措施的规划目标，涵盖与企业生产相关的能源因素，分析出首要节能因素，将首要节能因素纳入重点测控范围，包括能源管理目标、界定清晰的责任、明确管理能源用途和成本控制的目标。企业的节能因素规划每年都要参与评估，以确保战略规划质量的可持续性提升，通过定期的更新来反馈不断变化的能源需求和能源因素优先度。年度评估修正还包括：每年对能源用途和成本控制设置目标，每年规定为降低能源成本和实现能源绩效目标所采取的行动，每年将能源使用、成本削减目标及行动与年度企业生产、成本目标进行整合，每年定义能源绩效测量和核查的政策、指南
组织与人力	企业的组织结构中，设置专门的节能管理部门，安排、匹配相应的人力、物力、财力，能够进行良好的运营管理。节能管理部门经理分配相关权力和责任，以达到提高节能效果的目标。能源绩效目标要与该部门经理和职员的绩效评估挂钩，使用重点绩效指标定期引导企业和设备的能源使用对标
节能规章、制度	根据我国节能相关法律法规，制定企业的节能规章、制度并贯彻实施，同时依据政策、形势变化加以调整。包含一份书面化、详细的节能章程，在企业中得到充分的宣传和沟通，员工能够处于认可和理解的状态去执行这项章程
节能培训与能力建设	基于能源目标制定企业能源管理方案，实施内容包含技术路线、资金投入、时限、项目进度等。根据企业不同时期的能源项目，组建、调整能源管理团队，确定主要成员名单，指派负责监督和实施能源效率项目的领导。团队负责设计、规划具体的能源管理方案，明确项目的目标，确定责任和义务，组织技能培训，建立具体可行的能源管理信息系统，依照企业方针完成并维护该系统
节能监控与纠正	企业追踪、标记，制定有效的操作维护准则，管理部门实时掌控能源的操作、运作情况，对操作人员出现的失误、纰漏等，及时做出调整。对于不符合能源效益的行为，采取纠正性和预防性的举措来解决。例如，回顾综述、分析根本原因、挖掘活动需要、确定并评价活动的影响力。收集、制定符合能源效益的报告资料，用以提供管理经验。同时，通过能源管理信息系统对收集到的各种必要的能源数据和信息进行比对分析。能源管理信息系统可以提供准确、可重复的数据，确定工厂的能源状况，找出重要的能源用途，测量项目节能的实际影响，以及评估在实现目标和指标方面的成效。对能源管理的检测，需要标准来衡量，将能源使用数据与生产、操作相关联，使用绩效指标来衡量、记录、评估实际能源消耗量和预期能源消耗量之间的差距
企业节能评审	企业管理者每年评审节能措施实施情况，对整年能源生产、管理的效果进行评估，目的在于实现节能行动的可持续性、适应性和科学性
能源管理方案实施	成立节能降耗工作小组，明确职责和能源管理控制流程

14.3.2　企业能效影响过程机理

　　复杂系统分析方法可以分为机理分析和数据分析两大类。使用数据分析法的前提是大量数据的收集，由于本书研究的装备制造企业能源效率影响因素类别广，参考文献少，数据贫乏且不全面，用数据分析法研究系统的内部结构可行性不高。

　　结合装备制造企业能源效率影响因素的复杂系统特征，本书以系统动力学提供的因果反馈关系分析为基本方法，探讨因素影响产生过程的机理。机理分析有助于更好地了解系统的内外部结构，为进一步构建指标体系提供理论基础。

1. 能源宏观效率

能源宏观效率影响机理如图 14.1 所示。

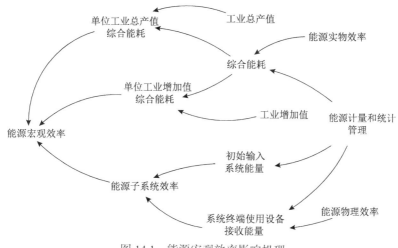

图 14.1　能源宏观效率影响机理

2. 能源实物效率

能源实物效率影响机理如图 14.2 所示。

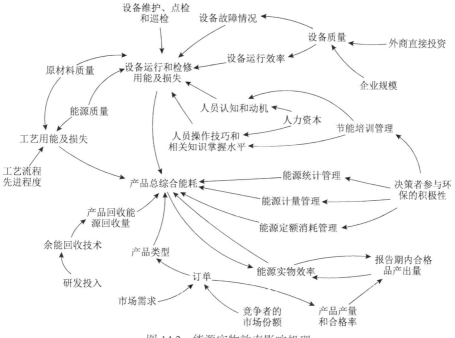

图 14.2　能源实物效率影响机理

3. 能源物理效率

能源物理效率影响机理如图 14.3 所示。

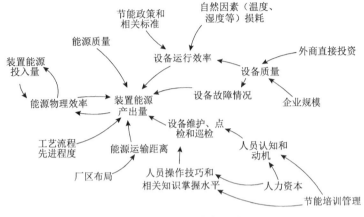

图 14.3   能源物理效率影响机理

4. 能源价值效率

能源价值效率影响机理如图 14.4 所示。

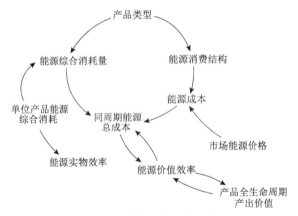

图 14.4   能源价值效率影响机理

5. 能源技术效率

能源技术效率影响机理如图 14.5 所示。

6. 能源环境效率

能源环境效率影响机理如图 14.6 所示。

7. 能源管理效率

能源管理效率影响机理如图 14.7 所示。

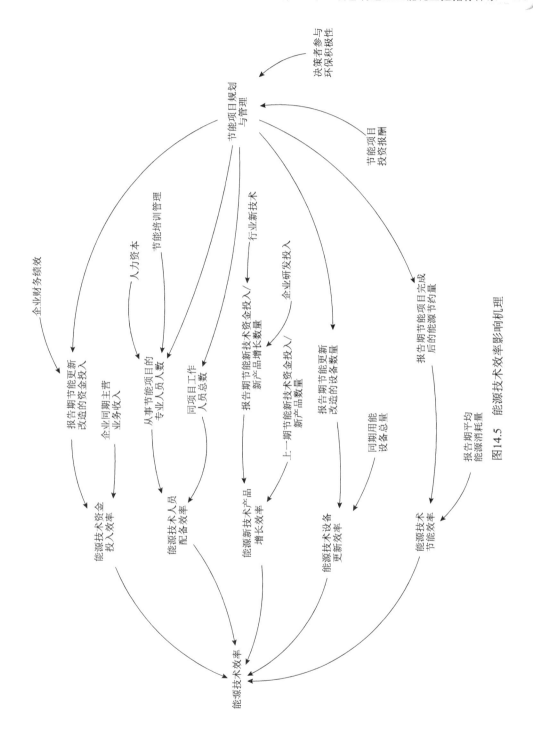

图14.5　能源技术效率影响机理

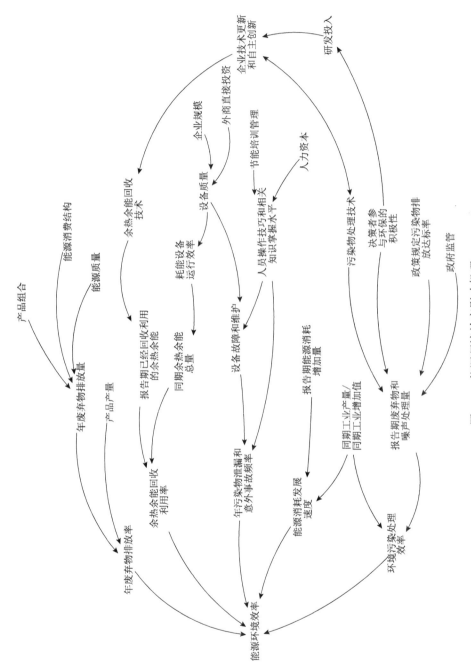

图14.6　能源环境效率影响机理

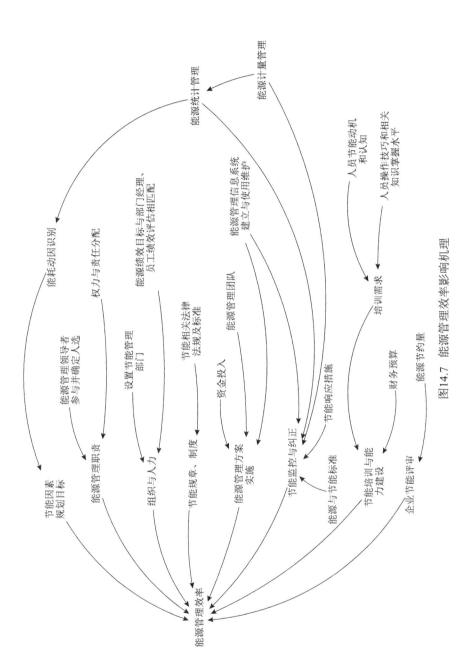

图14.7　能源管理效率影响机理

14.4   基于 DPSR 模型的能耗指标体系设计

14.4.1   DPSIR 模型

人类活动对环境和资源施加压力，改变了环境质量与资源数量；社会通过政策或措施响应这些变化以减缓压力，实现可持续发展，这是加拿大统计学家 David J. Rapport 和 Tony Friend 提出的 PSR 模型的基本思路。20 世纪八九十年代，PSR 模型被经济合作与发展组织（OECD）和联合国环境规划署共同发展起来并应用于环境问题框架体系的研究。

PSR 模型使用了"原因—状态—响应"表示指标之间的因果关系和相互协调控制关系，从产生机理上，在对"为什么发生、发生了什么、如何应对发生"的回答中构建出研究问题的指标体系。但是，它在分析社会问题时会有一些无法解决的情形出现。因此，联合国可持续发展委员会（UNCSD）在 PSR 模型的基础上提出了 DSR 模型。其中，驱动力指标表示造成社会发展问题的各种因素的总和，状态指标表示社会发展过程中系统的现实状态，响应指标表示为促进社会发展人类所采取的各种对策和措施。1993 年 UNCSD 进一步提出了由驱动力、压力、状态、影响和响应五个部分组成的 DPSIR 模型（OECD，1993），如图 14.8 所示。DPSIR 模型是在 PSR 模型的基础上添加了产生"压力"的"驱动力"和系统"状态"产生的"影响"因素，既没有改变原有因子的含义，又进一步拓展了该理论模型的应用领域。

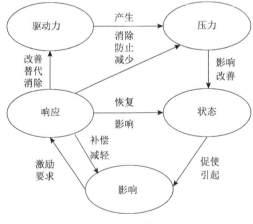

图 14.8   DPSIR 模型示意图

目前，国外对于 DPSIR 模型的应用比较多，如 Mangi 等（2007）、Svarstada 等（2008）、Maxim 等（2009）、Namaalwa 等（2013）、Dizdaroglu 和 Tan（2014）；

国内近几年开始有越来越多的学者将它应用到指标体系构建的研究中，如于伯华和吕昌河（2004）、邵超峰等（2008）、邵超峰和鞠美庭（2010）、迟国泰和闫达文（2012）、迟国泰和张楠（2011）、李玉照等（2012）。笔者通过对"中国学术期刊网络出版总库"（CAJD）收录的学术期刊论文进行综合检索发现，截止到 2014年 4 月 30 日，主题中包含有 DPSIR 和"指标体系"的核心期刊文献有 95 篇，应用范围如图 14.9 所示。

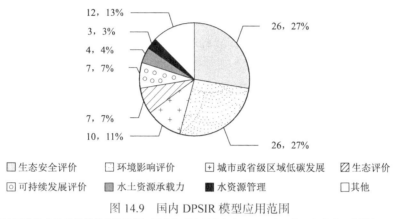

图 14.9　国内 DPSIR 模型应用范围

图中百分数之外的数据的单位是篇；图中各项比例之和为 99%，由四舍五入造成，实际为 100%

由统计结果可以看出，DPSIR 模型更偏向于宏观、中观层面的应用研究。本章前三节基于前文中系统的粗粒度分析和能源信息学的细粒度分析，对装备制造企业能效问题的复杂性特征及其因素影响的多层次性进行了分析，可以尝试利用DPSIR 模型的逻辑概念构建用于能源效率研究的指标体系，以实现该模型在微观层面应用的突破。

14.4.2　设计原则及思路

对于指标体系的构建，从不同的角度出发会得到不一样的结果。因此，任何指标体系的构建都需要遵循一定的设计原则与构建要求。装备制造企业有其特有的行业特征和工艺特性，我们从课题研究实践中总结出了构建其指标体系的重要原则。

1）指标体系必须充分反映决策者所关注的焦点内容。指标体系的构建是要为企业科学决策服务的，因此，指标体系必须充分反映研究目标所针对的核心问题，具备时效性和焦点性才能正确进行决策的制定。

2）指标体系的构建要具有情景性。要切实根据研究对象和目的，选择最关键的指标。要具体问题具体分析。本书构建的指标体系应充分反映装备制造企业能源效率的实际情况与特征，从而为企业能效管理和改善提供依据。

3）指标体系的构建要具有动态性。装备制造企业在不同的发展时期，其决策者所关注的焦点会发生变化，体系相关内容也会与时俱进地产生变化，因此，需要对指标体系做出相应的调整以适应变化发展。

除此之外，一些基本的指标选取原则也需要遵循。

1）科学性和全面性相结合原则。在设计装备制造企业能源效率指标体系时，需要保证内容的正确性、数学方法处理过程的逻辑严密性和参数分析的准确性等，这正是科学性的充分体现。同时，装备制造企业能源效率本身又受多种因素影响，因此在设计指标时还应兼顾全面性原则，以保证指标体系设计的完备性。

2）适用性和可行性原则。建立指标体系，要求指标的概念清晰易懂、相关资料便于收集，而且数量适中。指标太多，虽有助于提高精确性，但对其进行统计和计算处理时难度较大；指标过少，则有可能漏掉反映装备制造企业能效特征的关键因素，缺乏研究对象的主体适用性。因此，在选择指标时，为了使其尽量反映装备制造企业实际能耗，需结合适用性与可行性进行综合分析。

3）定量与定性相结合原则。定量指标以经量化的具体数值将结果清晰地描述出来。装备制造企业能效研究是一个多维的复杂系统，不是所有反映企业能源效率的因素都能够被量化，需要设计一些辅助性的定性指标予以弥补定量指标的不足。因此，指标的选择应兼具定量与定性要素。

4）系统性原则。装备制造企业能源效率是由主体（工业能源系统）、客体（生产系统）和环境各要素间的相互作用来体现的，企业能效指标的内在联系性体现了对能源与生产要素间协调关系的要求，同时其相互作用结果表现为系统的外在状态。

在设计指标体系和选取个体指标时，要坚持以上原则，充分考虑各指标对反映装备制造企业能源效率的重要程度、构成企业能效指标体系的合理性以及指标相互间的逻辑关系，既要突出重点，又要保持整体的和谐统一，进而实现装备制造企业能源效率指标体系的最优化。

指标体系构建的总体思路如图 14.10 所示。

14.4.3　基于 DPSR 模型的能效指标体系

如前所述，DPSIR 模型使用了"原因—状态—响应"的因果逻辑关系来表示指标之间相互影响、协调及反应的机理过程，清晰地表达了指标体系的目标或问题为什么会发生、具体发生了什么以及如何解决已经发生的问题。但由于 DPSIR 模型仅仅是一个概念框架，需要针对研究的实际问题具体分析。本书拟根据装备制造企业能源效率问题的研究重点建立包括"驱动力""压力""状态""响应"四个准则层的指标体系。将 DPSIR 模型框架进行变形的原因有以下几个：一是"影响"层面本身与"状态""响应"层面具有很强的内在关联性，区分的界限相对不是很明显。二是"状态"准则层的指标除了可以反映企业的能源效率现状以外，还可以清晰地呈现出存在的问题，并且能够为"响应"准则层很好地指明改进方向或途径。三是企业更加关注问题的解决，即"响应"层面。因此，本书在进行指标体系的构建时将 DPSIR 模型框架变为 DPSR 模型框架。

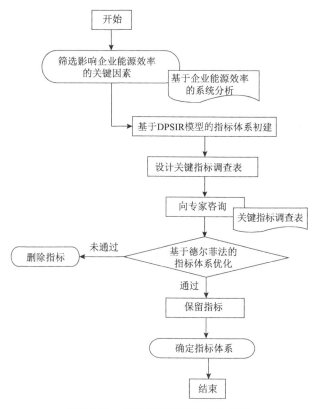

图 14.10　指标体系构建的总体思路

在指标体系初选模型中，我们更侧重对主体、客体及环境三者的属性（能效影响因素）进行描述。主客体属性主要作为企业内部因素考虑，且多是直接影响企业能源效率的因素，这些作为指标体系"压力"层面指标的部分来源；环境属性主要涉及的是外部环境因素，是可能导致企业能源效率变化的潜在动因，这些作为指标体系"驱动力"层面的指标参考。而主体、客体、环境要素相联系为利用系统动力学分析因素影响过程的作用机理做了铺垫。作用机理分析过程也是指标体系中指标的重要来源。基于此，本书构建了以装备制造企业能源效率测度指标为核心的指标体系（图 14.11）。

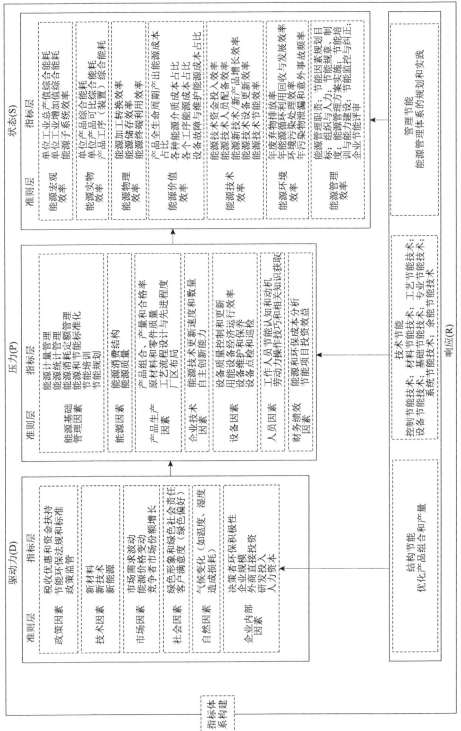

图14.11　基于DPSR的企业能源效率指标体系

第15章 装备制造企业能耗监控系统分析

本章重点研究了物联网环境下的能耗监控系统。监测装备制造企业的能耗，重点是监测用能设备，将物联网技术应用到能耗监控系统中，结合企业已有的传感器、智能仪表等设备对系统物联网总体结构进行设计，构建企业能耗监控系统。

15.1 能耗监控系统需求分析

能耗监控系统面向生产过程以及生产设备，以监控系统为核心，实时监测能耗数据，为能源供需提供建议。系统通过传感器、数据采集器等设备感知生产区域及其周边事物，将获得的相应数据进行处理，从而实现设备控制、生产进度调整以及能源管理等各项监测和控制工作。

15.1.1 现阶段能耗监控系统的不足

目前能耗监控系统应用的领域主要包括建筑、煤矿企业、钢铁企业、水电厂、家庭、校园和农业。

这些领域的监控系统对于能耗的监控并不全面，而且实时性比较差。低耗能企业对能耗的监控比较简单，实现的仅仅是提高照明系统和空调的利用效率。大型耗能企业节能减排的重点会放在能源的回收再利用，以及通过提高设备能源利用率来提高能源效率，企业的资金投入、技术支持会偏重这些方面，其监控也主要是对工序流程的监控，而对于能耗以及设备能耗方面的投入会少一些。但是能耗监控对于能源的节约也会起到很大的作用。根据数据分析实现电力系统监控后，及时调整和改善电力负荷运行方式，使之经常保持在安全、经济、合理的状态，实现不间断平衡供电，减少供电网络损失，并可节电0.75%。

目前应用物联网进行能耗监控比较成熟的是公共建筑行业，主要是照明、空调两方面的应用。利用传感器感知温度变化以控制空调开关的开启与关闭，利用传感器感知室内人员以控制照明系统，通过实时感知达到节能的效果。

部分企业有能耗监控系统，但是大部分企业是针对一级计量和二级计量的监控，而且有些企业不重视传感器的安装，导致传感器无法正常工作。有些企业仍然使用手动抄表，这样一方面影响数据的准确性，会因为人为或错误读表计数影响结果；另一方面无法做到实时监测。这样，针对设备的能耗数据收集就无法完成，对能耗数据的分析及其他工作也无法进行。

15.1.2　物联网环境下能耗监控系统需求

要完全充分地掌握生产现场的详细信息及能源在生产过程中的流通能耗数据等，这就要求系统对于不同能耗在每一个加工区入口都放置数据采集装置，每一个数据采集装置通过现场总线传递数据，而这些子系统与控制室之间也需要通过以太网进行反馈，以便让能耗信息及时有效地传送、存储。

如果将物联网理念应用于企业能耗监控系统中，就会达到能耗监控自动化和信息化的目的。

传统的数据采集与监控系统（SCADA）多为单主机控制系统或者分布式控制系统，物联网的发展为能耗监控系统从封闭系统转为网络式开放系统提供了平台。基于物联网的能耗监控系统能完成很多传统监控系统无法实现的功能。比如，操作人员能够使用多种方式对系统进行远程控制；监控系统采取浏览器/服务器（B/S）结构，管理者可远程对系统进行维护；系统兼容多种通信方式，可以通过物联网通信技术来实现各种网络的互联。

能耗监控系统针对设备实时收集能耗量，并对设备进行管理及时发现异常，同时为能耗分析提供数据支持。根据分析，能耗监控系统包含以下几个模块。

1. 能耗数据实时采集

数据采集终端传感器上传耗能设备的能耗数据，同时传感器也是可以进行设置的。根据能耗监控系统的需求，通过系统界面下发相应命令来设置传感器任务，满足数据采集需求。通过各分厂的电炉、天然气炉、电表上的传感器采集数据，再通过有线和无线传输设备实时上传数据。高能耗设备设有单台的能耗采集表。

2. 能耗设备监控

系统监控功能主要分为四个方面：流程监控、数据设定、历史数据和异常报警。通过这四个方面，可以全面监控耗能设备及耗能量。

3. 能耗数据分析

能耗数据分析包括信息查询、供需计划管理和能耗数据质量管理三个方面。系统对设备状态、设备参数、实时及历史数据和设备的操作进行存储，并可以进行分类查询信息输出操作。能源供需计划可实现能耗供需合理分配，并能监督计划的执行，保存执行情况记录，用以分析总结。

15.1.3　系统用例分析

用例图是由企业中与能源相关的系统和用户以及用例组成的。它描述能耗监控系统中参与者使用系统的行为。

能耗监控系统的主要参与者有企业管理人员（各分厂厂长）、能源信息部人员、能源使用人员（工人）、设备维修人员、系统管理人员。

企业管理人员：各分厂厂长决定各种能源的调度；

能源信息部人员：负责监控能耗、查询能耗信息、发觉异常；

能源使用人员：工人、设备的使用者，按照已定工序进行操作，当其自主行为或操作失误引起能源消耗量大或异常时，就会被告知进行更改；

设备维修人员：异常报警后，通知设备维修人员，设备维修人员维修后进行登记；

系统管理人员：设置系统进行基础信息操作。

能耗监控系统中涉及的用例有：历史数据查询、能耗数据分析、故障报警、实时数据查询、能源供需计划改变、系统维护，具体用例图如图 15.1 所示。

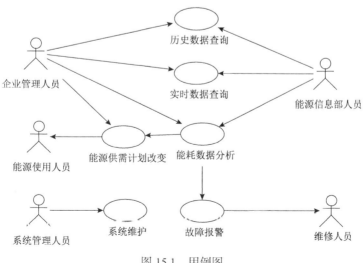

图 15.1　用例图

15.1.4　系统活动图

能源信息部人员通过能耗监控系统对实时能耗进行监控，同时可以查询历史能耗数据，并通过能耗监控系统对能耗进行分析，为企业管理人员调整能源供需计划提供依据。当发生异常时，能耗监控系统进行报警处理，采取措施，通知维修人员，事后进行存档。能源信息部人员登录系统总活动图如图 15.2 所示。

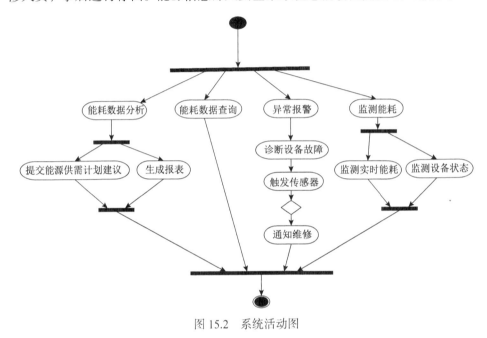

图 15.2　系统活动图

15.2　能耗监控系统结构

15.2.1　能耗监控系统体系结构

通过实时监控现场的生产能耗情况和机台运行状态，优化能源利用效率，降低能源成本，提高企业效益。在基于物联网技术的能耗监控系统中，设计内嵌式和外置式电子标签，通过电子标签追踪物料、人员、设备及产品参数，可以详细记录生产过程中的能源消耗数据。在生产机台终端设备中搭建人机交互界面，便于车间能耗信息提示和管理。通信网络设计采用 WLAN 无线网和双环以太网结合方式，保证数据及时有效地在计划层和车间层之间有效地实时传输。本书设计的基于物联网技术的能耗监控系统体系的逻辑结构如图 15.3 所示。

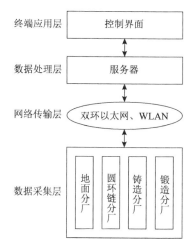

终端应用层　控制界面

数据处理层　服务器

网络传输层　双环以太网、WLAN

数据采集层　地面分厂　圆环链分厂　铸造分厂　锻造分厂

图 15.3　能耗监控系统体系逻辑结构图

1. 数据采集层

能耗监控系统的实现基础是各分厂如地面分厂、圆环链分厂、铸造分厂和锻造分厂等生产现场的数据采集子系统，譬如在实时监测设备运行状态时需要通过检测机台轮轴的转速、读取采集物料和员工的电子标签来采集其信息。

2. 网络传输层

采用双环型网络主干，网络建设必须充分考虑企业整体需求。应用需求是要考虑的因素，同时工业园区网建设过程中的资金投入不可能一步到位，面对今后出现新技术和新需求的实际情况，要做到升级维护简单易行，后期建设不浪费原有投资等也同样需要考虑。采用双环型网络主干，侧重考虑结构上的冗余，以最大限度地保证系统的稳定运行。采用双环型网络主干结构的一个好处是，当分厂逐步接入网络或临时数据中心搬迁时，核心配置不会做任何添加和修改，业务也不受任何影响。工业园区主干网建设采用万兆以太网，桌面系统采用千兆以太网。这样的设置可以确保网络长时间不被淘汰且易于扩展，未来如有更先进的技术与设备加入，也可以保证网络顺畅运行，而不用大规模再次施工。工业园区网是局域网，各分厂局域子网通过网络主干连接在一起，并通过接口实现与外网、企业网络互联。工业以太网成本低，传输速率高，实时性好，能够保证数据传输的安全。

3. 数据处理层

软件层向数据处理层发送读写请求后，数据处理层就会根据发送请求过渡到连接层。对每一个传输的请求都会进行独立的分析整理，并且其中的一部分请求还会被执行"响应"封装。连接层产生的这些"响应"数据又会传回数据处理层，通过软件调取与原始数据进行分析比较。

4. 终端应用层

生产过程中，生产企业的办公厂区、生产分厂、仓储库房都会消耗各种能源，例如工业用水、工业用电和工业用各种气体等。这些能源类型不同，就会具备不同的特性。能耗监控系统正是通过每种能源的特点，准确地采集运行参数，分析整理运行状况的相关数据，计量能源消耗的产出比。通过减少人为因素的干预，提高整个能耗监控系统及其组成设备的利用效率。

15.2.2　能耗监控系统网络结构

依据园区的建筑物理布局及功能划分，网络架构采用双环以太网络模型，整个网络按层次分为核心层和接入层两层结构。网络拓扑图如图 15.4 所示。

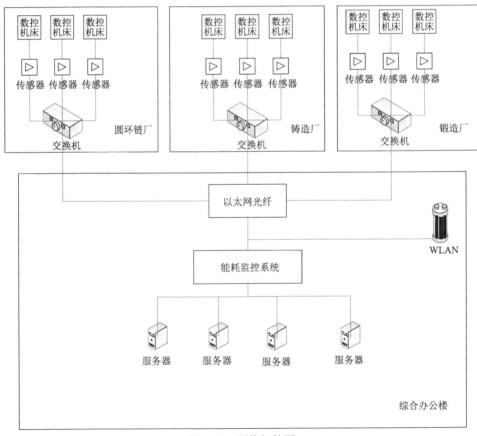

图 15.4　网络拓扑图

通过万兆光纤构成网络主干，通过千兆光纤构建接入层，实现所有联网设备的接入，包括综合办公楼、分厂内生活楼和各生产现场的网络接入。

接入交换机提供终端设备的网络接入，采用千兆到桌面的接入方式，对于现场生产设备采用百兆上连。

核心层：园区的建设还会继续，所以网络结构需要具有充分的易扩性。先在工业园区临时网络中心部署一个核心节点，待正式中心机房建立后，将临时机房内核心交换机移至中心机房并与新核心交换机组成双网络核心，实现负载均衡。核心节点采用高性能万兆路由交换机作为主干中心交换机，使其更易用和稳定。

接入层：在园区内的综合办公楼、各分厂的车间现场以及生活楼、餐厅等建筑内的弱电间部署接入交换机，接入交换机和核心交换机之间采用双链路连接；分厂内部采用单链路上连至分厂弱电间。

随着生产的扩容，能耗监控系统对网络带宽的要求也在逐步提高。所以在设计接入层时，就对系统节点提前进行了考虑，将组网用的交换机设计成支持千兆上联和快速以太网连接的高性能交换机。当某个单体建筑的体量不大时，它产生的数据就相对较少，信息点不多，那么就直接将能耗监控系统接入周边的核心交换机上。当大型建筑内的信息点种类多、设置密集时，组网就可采用多台交换机叠加，再通过千兆网络上联到核心交换机。在工业园区内的一些特殊功能房间（例如现场会议室）内，采用 WLAN 连接，可以实现园区网络的全覆盖，整个网络不留死角。

无线网络系统。接入点是无线网络的重要组成部分。作为有线局域网的补充，M 公司在综合办公楼、分厂生活楼、生产现场及部分仓库、站房、室外区域按需部署无线局域网。

无线网络接入方式。室内会议室等无线区域使用室内无线网络接入点来实现无线覆盖，无线网络接入点采用独立供电，接入就近的网络设备。室外无线网络接入点可安置在平台或广场的旗杆、路灯上，增加防护盒来应对恶劣环境，选配适当的天线类型以保证信号的质量和强度。

系统网络的组网建设不是简单的一次工程，而是要综合考虑各个方面。不仅要满足目前布网的实际需求，还要有发展的眼光，考虑未来园区的扩容与发展。不仅要考虑到企业或许需要经过几年才能最终具备充足的资金实力，还要在未来出现新的设备、技术和全新的需求时，能够顺利升级系统，使其简易可行，同时使先前投资的系统不被淘汰以免造成浪费。总的来看，需要遵循如下原则。

1. 先进性和成熟性原则

要做到具有先进的设计理念和比较超前的思路。设计系统时，首先要利用现有的成熟技术，选择市场占有率高、大批量标准化生产的软硬件设备成品，其次要根据网络技术的发展顺利过渡到未来新产品应用，从而保证网络通信设备，尤其是核心设备具备向后兼容性，使得网络不仅仅是单一阶段的产物。

2. 可扩充性原则

要建立一个完整统一的网络平台，且这个平台需要具备组网灵活多变、容易拓展的特点。应用成熟的层次性设计理念，使得组成后的网络具备良好的系统扩容能力，为将来网络的进一步建设与系统升级提供可操作性。由于信息技术更新迅速，系统中的软硬件不可避免地会随时更新，同时也有可能会对系统模块进行扩充，所以替换下来的设备需要能够被再次应用到非核心网络，或者直接用于分支网络的建设与维护当中，做到网络投资的效益最大化。

3. 开放性和标准化原则

系统网络从设计与建设之初，就应该采用完全开放的技术，不仅能顺利兼容不同的拓扑结构，而且能保证用通用的测量监管手段进行维护。为了能够实行网络的统一实时监测与管理，组网设备与系统设计都应该尽量最大化地应用国内外现有的通用技术标准，从而方便不同设备、不同厂家、不同系统软件操作系统的互联互通。这样企业就可以根据市场价格自主选择不同厂家的网络设备与操作系统。

4. 安全可靠性原则

一个网络的成功，易于操作仅仅是表面的要求，更为核心的要求是要做到安全性和稳定性。所以，在组网之初就应该考虑到关键设备、线路、监控设备、数据存储设备的冗余性，同时支持子系统节点的备份与保护。通过用户的身份识别系统、安全保护系统、非正常访问限制、网络防火墙等技术，实现一个全面可靠的网络安全体系，从而保证网络系统的可靠性。

5. 经济实用性原则

网络系统的远景设计应该兼顾经济效益，让网络建设具备比较好的实用性。由于信息技术更新速度很快，网络设备的版本升级也会在很短的时间内完成，所以在组网之初就应该考虑到设备的良好兼容性和较为方便的替换特性。既要考虑到现有设备的经济性，又要考虑未来版本升级。要避免比较特殊的设备和系统，防止设备更新时被淘汰，造成现有投资的损失和未来大量的投资。

6. 网络应用分区原则

网络规划设计应按照应用性质不同划分不同的网络分区及制定不同的安全策略，如财务、设计和外部网站等。

15.3　能耗监控系统数据采集

15.3.1　人员数据采集

每个工作人员的各种信息、当天任务、所要操作的机台等数据都要存放在数据库里。采集方法如下。

方法一，在工作人员的外衣上面固定一个外露式的电子标签，可以采用内置芯片方式、二维码方式和条形码方式等。当人员接近感应设备时，设备的自动现场采集功能就被开启，从而保证系统监控的开启。电子标签代表该人员的代码被传感器感应到后上传给采集器，进而进一步上传到协调器，然后协调器再继续向上一层传递信息。这样就可以采集到个人和各设备的用能效率等相关能耗数据。

方法二，当工作人员进入车间，在人员进口位置设置数个数据采集器。采集器在读取工作人员个人信息的同时，还会显示他的当日工作任务与工作机器编号等信息。这些信息也会存储到每个对应的电子标签内。当该人员接近对应的编号机器时，机器的采集器就会读取相应标签的信息。

15.3.2　产品数据和设备数据采集

当物料上架后，物料的电子标签被激活，物料的信息被传送至现场智能采集器，当该物料在机台加工完成后，该机台的生产信息就被写入电子标签，同时结合能耗的消耗数据得到针对生产产品的能耗量以及能耗利用效率。

设备数据包括设备参数、设备状态和设备的耗能量，譬如当前机器的运转速度、产品的质量曲线、设备温度控制以及物料的剩余量等。设备参数的采集是通过现有或新增的传感器实现的，设备状态数据的采集是通过接入设备的动作开关触点信号实现的。对于不同能源，能耗监控系统分三级计量进行能耗采集，具体分类如表 15.1 所示。

表 15.1　分类能源监控

能源	计量级别	监控项
电力	三级计量	一级计量包括总变电站电压、电流、有功功率、无功功率、峰值功率、谷值功率、平值功率、最大需量值、负荷
		二级计量包括各分厂变电站电压、电流、有功功率、无功功率、峰值功率、谷值功率、平值功率、负荷（一级、二级计量单独组网，实现系统的监测和控制，计量数据从总站上位机采集）
		三级计量为 50 千瓦以上重点耗能设备，采集电压、电流、用电量数据（生产现场动力配电箱采集，进入 M 公司局域网）

能源	计量级别	监控项
自来水	二级计量	一级在自来水总站，采集量包括水累计流量、瞬时流量、压力
		二级在各分厂、建筑单体入口处，采集量包括水累计流量、瞬时流量、压力
中水	二级计量	一级在 M 公司污水处理站，采集量包括总出口累计流量、瞬时流量、压力
		二级在各分厂、建筑单体入口处，采集量包括水累计流量、瞬时流量、压力
天然气	三级计量	一级在 M 公司总入口，以及生产、采暖分出口，采集量包括总进厂天然气累计流量、瞬时流量、压力
		二级在锻造分厂、铸造分厂生产入口、成品库、实验室采暖入口，采集量包括累计流量、瞬时流量、压力
		三级在铸造分厂 2 个点（3 台烤包气、1 台煤气窑）、锻造分厂 12 个点，采集量包括累计流量、瞬时流量、压力
氧气	三级计量	一级在 M 公司制氧站总出口，采集量包括累计流量、瞬时流量、压力
		二级在制氧站分出口（包括铸造、中部槽、结构件、传动分厂），采集量包括累计流量、瞬时流量、压力
		三级在铸造钢炉（五吨 2 台、三吨 2 台、两吨 1 台、30 吨中频 1 台）、传动的火焰淬火机床，采集量包括累计流量、瞬时流量、压力
压缩空气	二级计量	一级在 M 公司空压站总出口，采集量包括累计流量、瞬时流量、压力
		二级在空压站分出口及铸造、锻造、液力/地面设备、中部槽、总表、圆环链、喷漆车间入口，采集量包括累计流量、瞬时流量、压力
液化石油气	三级计量	一级在液化石油气站出口，采集量包括累计流量、瞬时流量、压力
		二级在铸造、中部槽、结构件、传动分厂入口，采集量包括累计流量、瞬时流量、压力
		三级在传动的火焰淬火机床，采集量包括累计流量、瞬时流量、压力

15.3.3 数据采集实例

在本书中，我们以实地研究的 M 公司的锻造分厂为例，进行监控传感器的详细介绍。锻造分厂对功率大于 50 千瓦的用水、用气及用电设备安装了监控设备。

M 公司各分厂设备及传感器监测信息如表 15.2 所示。用水、用气设备监控设备及监控参数如表 15.3 所示。孔板流量计和用气设备相连，接口类型为 RS232/485，采用 Modbus 标准协议采集数据，可采集温度、压力、瞬时流量和累计流量参数。用电功率大于 50 千瓦的设备监控设备及监控参数如表 15.4 所示。电能计量电表与用电功率大于 50 千瓦的设备相连，接口类型为 RS485/RJ45，采用 Modbus 标准协议采集数据，可采集线电压（Uab、Ubc、Uca）、相电流（Ia、Ib、Ic）、功率因数、有功功率、无功功率和正向总有功电流。

表 15.2　传感器监测信息表

厂区	采集传感设备	监测信息
地面分厂	加工中心	工作状态
	数控铣床	启停状态
	数控刨台卧式铣镗床	启停状态
	数控滑枕床身铣床	启停状态
	线切割机床	启停状态
	数控车床	启停状态
圆环链分厂	全自动液压闪光对焊机	电流、电压、压力、位移、时间、故障显示
	子母环焊机	电流、电压、压力、位移、时间、故障显示
	拉伸机	载荷、位移
	全自动液压校正机	载荷、位移
	沙浴炉	电流、电压、温度、时间
铸造分厂	混砂机	水玻璃加入量、砂流量
	台车式电阻炉	热处理温度
	电弧炉	温度
锻造分厂	带锯床	工作状态
	自由锻锤	击打能量、频次、设备油温、氮气压力、工作状态
	室式加热炉	工作状态、加热温度
	闭式压力机	工作状态
	起重机	上电状态

表 15.3　用水、用气设备传感器监测信息表

设备	采集点接口方式	通信协议	监控设备	监控参数
热水设备（东面偏北）	RS232/485	Modbus 标准协议	电磁流量计	压力、瞬时流量、累计流量
热水设备（东面中间位置）	RS232/485	Modbus 标准协议	电磁流量计	压力、瞬时流量、累计流量
自来水设备	RS232/485	Modbus 标准协议	电磁流量计	压力、瞬时流量、累计流量
天然气生产调压箱	RS232/485	Modbus 标准协议	涡轮流量计	温度、压力、瞬时流量、累计流量
天然气采暖调压箱	RS232/485	Modbus 标准协议	涡轮流量计	温度、压力、瞬时流量、累计流量

设备	采集点接口方式	通信协议	监控设备	监控参数
350 千焦自由锻燃气炉	RS232/485	Modbus 标准协议	孔板流量计	温度、压力、瞬时流量、累计流量
175 千焦自由锻燃气炉	RS232/485	Modbus 标准协议	孔板流量计	温度、压力、瞬时流量、累计流量
30 千焦自由锻炉	RS232/485	Modbus 标准协议	孔板流量计	温度、压力、瞬时流量、累计流量
400 千焦对击锤燃气炉	RS232/485	Modbus 标准协议	孔板流量计	温度、压力、瞬时流量、累计流量
125 千焦自由锻燃气炉	RS232/485	Modbus 标准协议	孔板流量计	温度、压力、瞬时流量、累计流量
80 千焦国产电炉	RS232/485	Modbus 标准协议	孔板流量计	温度、压力、瞬时流量、累计流量
80 千焦进口电炉	RS232/485	Modbus 标准协议	孔板流量计	温度、压力、瞬时流量、累计流量
25 千焦自由锻燃气炉	RS232/485	Modbus 标准协议	孔板流量计	温度、压力、瞬时流量、累计流量

表 15.4　用电设备传感器监测信息表

设备	采集点接口方式	通信协议	监控设备	监控参数
10 吨操作机	RS485/RJ45	Modbus 标准协议	电能计量电表	线电压（Uab、Ubc、Uca）、相电流（Ia、Ib、Ic）、功率因数、有功功率、无功功率、正向总有功电流
取料机	RS485/RJ45	Modbus 标准协议	电能计量电表	线电压（Uab、Ubc、Uca）、相电流（Ia、Ib、Ic）、功率因数、有功功率、无功功率、正向总有功电流
1 吨自由锻锤	RS485/RJ45	Modbus 标准协议	电能计量电表	线电压（Uab、Ubc、Uca）、相电流（Ia、Ib、Ic）、功率因数、有功功率、无功功率、正向总有功电流
扩孔机	RS485/RJ45	Modbus 标准协议	电能计量电表	线电压（Uab、Ubc、Uca）、相电流（Ia、Ib、Ic）、功率因数、有功功率、无功功率、正向总有功电流
400 千焦对击锤	RS485/RJ45	Modbus 标准协议	电能计量电表	线电压（Uab、Ubc、Uca）、相电流（Ia、Ib、Ic）、功率因数、有功功率、无功功率、正向总有功电流
1600 吨压力机	RS485/RJ45	Modbus 标准协议	电能计量电表	线电压（Uab、Ubc、Uca）、相电流（Ia、Ib、Ic）、功率因数、有功功率、无功功率、正向总有功电流

续表

设备	采集点接口方式	通信协议	监控设备	监控参数
1250 吨压力机	RS485/RJ45	Modbus 标准协议	电能计量电表	线电压（Uab、Ubc、Uca）、相电流（Ia、Ib、Ic）、功率因数、有功功率、无功功率、正向总有功电流
125 千焦电液模锻锤	RS485/RJ45	Modbus 标准协议	电能计量电表	线电压（Uab、Ubc、Uca）、相电流（Ia、Ib、Ic）、功率因数、有功功率、无功功率、正向总有功电流
80 千焦电液模锻锤	RS485/RJ45	Modbus 标准协议	电能计量电表	线电压（Uab、Ubc、Uca）、相电流（Ia、Ib、Ic）、功率因数、有功功率、无功功率、正向总有功电流
25 千焦电液锤	RS485/RJ45	Modbus 标准协议	电能计量电表	线电压（Uab、Ubc、Uca）、相电流（Ia、Ib、Ic）、功率因数、有功功率、无功功率、正向总有功电流
台车炉	RS485/RJ45	Modbus 标准协议	电能计量电表	线电压（Uab、Ubc、Uca）、相电流（Ia、Ib、Ic）、功率因数、有功功率、无功功率、正向总有功电流

第16章 装备制造企业能耗监控系统功能与实现

16.1 装备制造企业能耗监控系统总体功能设计

16.1.1 装备制造企业能耗监控系统设计目标

装备制造业具有关联度高、带动性强、资本密集和技术密集的特征。企业生产工序复杂，从物料的输入到各种产品的生产再到污染物的排放，各种物料和能源介质相互关联。

装备制造企业的生产流程是连续的生产过程，每个工序的生产变化均会对能源消耗的变化产生影响。结合实际情况，装备制造企业能耗监控系统的目标如下。

1）对装备制造企业能耗数据进行及时收集和处理。通过物联网实时采集数据，为能耗监控系统实时监控提供基础，包括采集所有车间用水、用气、用电量等能耗信息，以便了解企业能源使用状况及环境状况，完成企业能耗在线监测和动态分析。

2）经过对实时数据和相应参数阈值的对比分析，软件系统对异常状况做出智能反应，并自动发送信息提醒管理人员，以便做出相应节能减排的调整措施。

3）实时能耗数据和历史能耗数据都存在数据库中，管理人员能够借此得到能耗数据的发展趋势。

4）耗能设备的管理，通过系统监测的数据，及时发现能耗异常和设备故障，提高设备故障处理速度。

16.1.2　装备制造企业能耗监控系统总体功能

根据装备制造企业能耗监控系统的目的，其功能满足以下要求：与物联网关联应用，能源数据在线实时采集；具有故障分析能力，实时反应，监控设备；对企业用电、用水、用气进行监控，采集统计、生成报表。系统基本功能如图 16.1 所示。

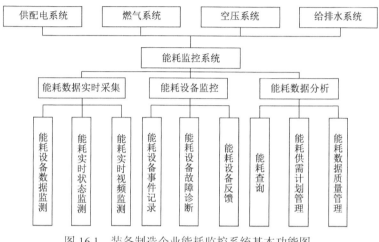

图 16.1　装备制造企业能耗监控系统基本功能图

16.2　装备制造企业能耗监控系统主要功能

16.2.1　数据采集功能

根据能耗监控系统的需要，可以发布指令让数据收集传感器收集各种能耗信息，如电能消耗涉及的电流、电压、功率等以及其他能源的数据。通过中心控制系统的操作，可以随时对终端设备进行设置，采集能耗监控系统所需数据信息。

通过各分厂的电炉、天然气炉、配电系统上的传感器采集数据，再通过有线和无线传输设备实时上传数据。高能耗设备没有单台能耗采集表。

1. 电力分系统

电力采用三级计量，通过多功能智能电表进行监测。一级计量包括总变电站电压、电流、有功功率、无功功率、峰值功率、谷值功率、平值功率、最大需量值、负荷，二级计量包括各分厂变电站电压、电流、有功功率、无功功率、峰值功率、谷值功率、平值功率、负荷。其中一级计量和二级计量单独组网，实现系统的监测和控制，计量数据从总站上位机采集。三级计量为 50 千瓦以上重点耗能设备，采集电压、电流、用电量。三级计量从生产现场动力配电箱采集，进入 M 公司局域网。系统应用平台得到这些数据后不仅能计算一段时间的用电量，还能对电能效率进行分析，通过改良设备或工作方法来降低企业的能耗值。

2. 天然气系统

天然气采用三级计量，通过涡街流量计进行监测。一级计量在 M 公司总入口，以及生产、采暖分出口，采集量包括总进厂天然气累计流量、瞬时流量、压力；二级计量在锻造分厂、铸造分厂生产入口、成品库、实验室采暖入口，采集量包括累计流量、瞬时流量、压力；三级计量在铸造分厂 2 个点（3 台烤包气、1 台煤气窑）、锻造分厂 12 个点，采集量包括累计流量、瞬时流量、压力。

天然气系统与天然气采暖系统集成。对各个天然气炉的天然气使用量进行采集、分类、分项统计，从而使上层应用可以进行对企业天然气消耗的监控与分析。

3. 空压监控系统

压缩空气采用二级计量。一级计量在 M 公司空压站总出口，采集量包括累计流量、瞬时流量、压力；二级计量在空压站分出口及铸造、锻造、液力/地面设备、中部槽、（结构件、采掘实验室、总装分厂）总表、圆环链、喷漆车间入口，采集量包括累计流量、瞬时流量、压力。

4. 给排水监控系统

自来水采用二级计量。一级计量在自来水总站，采集量包括水累计流量、瞬时流量、压力；二级计量在各分厂、建筑单体入口处，采集量包括水累计流量、瞬时流量、压力。

中水采用二级计量。一级计量在 M 公司污水处理站，采集量包括总出口累计流量、瞬时流量、压力；二级计量在各分厂、建筑单体入口处，采集量包括水累计流量、瞬时流量、压力。

16.2.2　系统监控及维护功能

系统监控功能主要分为四个方面：流程监控、数据设定、历史数据和异常报警。

1. 流程监控

流程监控包括工艺流程监控、设备状态监控和控制操作几个方面。对于锻造分厂，通过锻造分厂的各设备如带锯床、自由锻锤、室式加热炉等的传感器监测数据，通过系统反馈对设备的操作进行控制。

2. 数据设定

数据设定包括两方面内容，即能源计划和报警限制。能源计划是指企业根据自身运营情况和能耗指标对能源的投放量、各分厂的消耗量做出的计划；报警限制是根据能源计划以及设备异常值的设定做出的限制阈值。

3. 历史数据

历史数据包括实时趋势、历史曲线、统计报表几方面内容。通过对系统实时监控采集的数据进行分析，分析实时趋势。数据库中存储的历史数据可用来分析汇总出历史曲线，统计固定时间段数据报表。分类对数据进行汇总，方便分析查询。

4. 异常报警

异常报警包括参数故障、报警触发和历史记录几个方面。企业对各分厂、各设施的参数有规范的设定，实时接收的参数数据的异常会触发不同等级的报警，报警流程如图 16.2 所示。对正常范围内的数据会进行存储处理，对异常范围内的

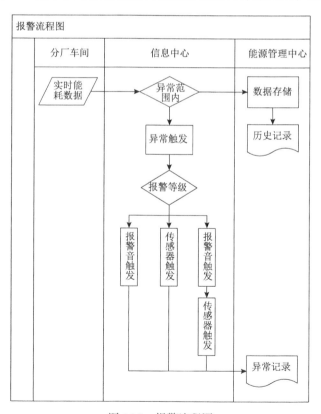

图 16.2　报警流程图

数据分类、分等级、分情况进行报警。显示异常，解决后还会进行记录，以备之后的分析调取之用，并能够将异常记录保存打印输出。

监控方案是系统监测部分的重要组成部分，具体系统监控方案功能如图 16.3 所示。对于不同的分厂其设置也是不同的，流程和数据设置需要分厂的领导或实施人员进行确定，各分厂的系统使用人员有权限查看该分厂的监测情况，厂区领导、能源信息部人员和系统的管理人员可查看各分厂的监测情况。

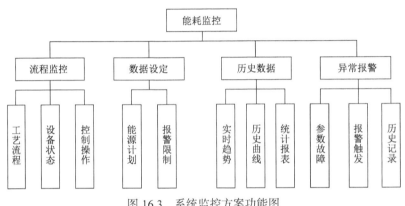

图 16.3　系统监控方案功能图

16.2.3　系统主要管理功能

1. 信息查询

系统对设备状态、设备参数、实时及历史数据以及设备的操作进行存储，可以分类查询信息输出操作。

系统可根据用户需求对信息进行分类查询，可分时段、分设备、分能源种类进行查询，对于历史记录可查询某时间段能耗最大值、最小值、平均值、累计值及准点值，查询结果还可以以报表形式输出。通过 Excel 报表模板文件定义报表的样式，通过 XML 配置文件，对 Excel 报表单元格进行测点信息的配置。可以对报表进行分组、分类，然后发布到 Web 上。

系统还具有提供趋势曲线图功能，包括能耗趋势图、能效趋势图、历史对比分析图、横向对比分析图。在固定时间段内通过曲线显示能耗变化，能够更直观地观察能耗变化情况，并为进一步分析提供依据。不同分系统的分类查询如图 16.4 所示。

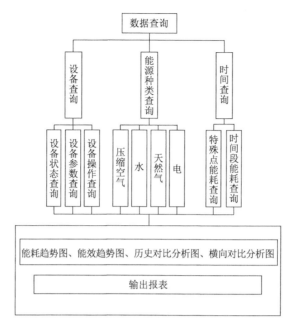

图 16.4　查询结构图

2. 能源供需计划管理

能源供需计划不但是企业生产计划的重要组成部分，也是系统监控的一个重要功能。能源供需计划、企业生产计划和系统监控功能这三者是相互依存的，企业生产计划决定能源供需计划，系统监控功能可以辅助企业做好能源供需计划，同时能源供需计划的执行依靠系统监控功能进行监督执行，从而实现能耗供需合理分配，并能监督计划的执行，保存执行情况记录，用以分析总结。

根据企业资源计划系统和企业能源购销计划以及各分厂的各设备的效能，对能源需求量制订能源需求计划，确定能源消耗的计划值，将系统监控到的实时能耗值与能源此时段的单价相比较，发现异常进行反馈，并根据反馈情况对能源供应推荐合理计划值，对生产计划、设备使用情况推荐使用方案。供需计划管理时序图如图 16.5 所示。

能源供需计划管理是根据实时数据并参照历史数据，全面显示能源的利用情况。根据企业生产计划、设备运行情况、能源消耗量总结出能源供需表，再综合各能源介质目前单价、产品供需情况对能源供需设备运行提出建议。

工业用电是分时段、分电压等级计价的，参考电价如表 16.1 所示。

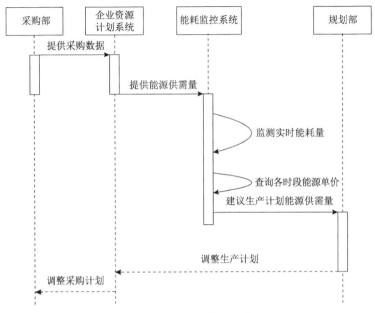

图 16.5 供需计划管理时序图

表 16.1 河北省工业用电电度电价 单位：元

电压等级	电度电价				
	平段	尖峰	高峰	低谷	双蓄
不满 1 千伏	0.7583	1.2329	1.1977	0.3432	0.3177
1～10 千伏	0.7433	1.2082	1.1737	0.3367	0.3117
20 千伏	0.7383	1.1999	1.1657	0.3346	0.3097
35 千伏及以上	0.7333	1.1917	1.1577	0.3324	0.3077

注：平段时段：7:00—8:00，11:00—15:00，22:00—23:00；尖峰时段：19:00—22:00；高峰时段：8:00—11:00，15:00—19:00；低谷时段：23:00 至次日 7:00；双蓄是指在用电低谷时段，使用蓄采暖或制冷方式

　　能源供需计划管理对数据的准确性要求很高，实时能耗量、设备运行状态和目前能源介质单价等数据都会影响到能源供需管理，因此连接设备的传感器是保证该功能实现的必要条件。

3. 能耗数据质量管理

　　能耗数据质量管理包括两部分，第一部分为能耗数据质量分析，第二部分为数据的归档、备份和恢复。

　　能耗数据质量分析包括两个方面：用能质量分析；能效对标分析。

（1）用能质量分析

电能是比较复杂的能源，因此分析的因素也会比较多，通过智能电表收集数据，分析电力应用过程中的电压合格率、三相不平衡率、谐波统计和设备负载率。

可统计需要查看相应参数的某车间、设备、时间周期和时间点的情况，将不合格电压显示出来，系统可根据采集的数据对电压合格率进行分析，提供功率因数统计图、三相不平衡率统计图，并对谐波数据做分析。

计算设备负载率。设备负载率是一定计量周期内设备的耗电量除以自然小时数得到的功率与设备额定功率的百分比，设备负载率在某个值时，设备以最经济的方式，即单位产品能耗最低的方式运行。该功能可查看某车间的设备，以及在一定时间周期和时间点的设备负载率，以调整设备负载率，使平均设备负载率曲线在最优线附近波动，这样可使设备以经济方式运行。

（2）能效对标分析

能效对标，主要是能够实现同类设备之间与工作班组之间单产耗能的对标。设备的单产耗能指的是，每一台设备在选定的一个监测时段内生产工业产品所需要消耗的能量，也可以用一个公式来表示

单产能源消耗=某个短暂时间内的能源消耗总量/本时段内的产品总量

能效对标主要可分班组能耗对标和同类设备对标。班组能耗对标功能，是对各个班组在相同时段内的单位产品能源消耗量进行比较。通过对比同一时段内各个班组生产过程中原材料、电、水、气等的消耗量，分析出可能产生班组间消耗差异的原因，从而总结出相对优化的操作方式与工作方式，进而可以推广到所有的生产班组。通过能耗相互间的比较，还能够从客观上调动生产班组内部的积极性，通过班组间的竞争促进相互间生产方式的改进，最终实现整个生产线效率的全面提高。

同类设备对标功能，是通过对至少两台相同类型的设备在相同时段内产生的能源消耗总量进行对比，通过对电量、水量、用气量等相关数据的统计与分析，从中找到设备能源消耗原因，可以发现数据中所隐含的设备运行的最佳参数与工作状态。通过这些数据总结，可以得到每种设备的最优操作方式，进而在生产过程中进行推广，实现生产节能目标。

数据质量管理包括数据的归档、备份和恢复。系统存储了大量历史数据和实时数据，而各功能也依靠数据的准确性来实现，因此数据质量管理也是很重要的一个方面。系统设计数据备份系统，就是为了防止出现由系统故障或者操作失误而导致数据的丢失、失真、混乱等灾难性的结果。数据备份系统能够将有用的数据部分或者整体数据存储于主机或者其他存储媒介当中。这种存储在刚刚出现的

时候，往往都采用内置或者外置的磁带机进行冷备份。这种存储方式存在缺陷，虽然能够防止人为操作失误等产生故障，但是数据恢复需要相当长的时间，而且效率低下。而随着技术的进步，逐步出现了更为先进的网络备份技术。这种技术通常会通过专业的数据管理软件并利用先进的存储设备来实现数据的实时存储与备份。

在实际操作过程中，数据存储安全存在各种各样的威胁，很难做到全面防范。而且一旦威胁成功，就会出现已经存储的数据丢失、改变或混乱问题，更有甚者会直接破坏数据维护的操作系统与网络。常见的数据威胁有数据管理系统的平台故障、设计之初就存在的系统漏洞、存储硬件损坏、人为操作因素的破坏、瞬时不可预见的破坏力等。

一般情况下，在数据库里存储的文件与数据都是比较重要的，如果一时大意造成数据丢失，有可能会造成难以预料的损失。所以，为了防止这类事情的发生，并保证系统正常运行，生产当中应该采取有效的措施，及时进行数据备份，做到防患于未然。

能耗监控系统采用了 Oracle 数据库，这种数据库本身就具备了数据备份与恢复功能，可以采用冷、热备份相结合的存储方式。冷备份的开启可以保证在数据库已经关闭的情形下，仍然可以提供一个完整可用的备份数据库，方便调取数据。冷备份可以实现将重要的文件与数据从一个地方完整拷贝到另一个地方，并且是一种最快和最为安全的方法。这种备份的优点包括操作简单、应用速度快、容易存储和数据恢复方便快捷，具有维护成本低、使用可靠性高的特点。

当然，冷备份的存储方式也有一些短板。比如，在单独应用的情况下，只能提供"特定时间点"的数据恢复。又如，在数据备份的过程中，原始数据库必须处于关闭状态，而数据库在打开状态下进行数据文件的系统备份将是无效和无法实现的。而且，数据传输速度相对较慢，并且不能按数据表或者用户需求有选择性地恢复。

当数据库处于打开状态时，数据备份将采用热备份的方式。热备份在原始数据库运行状态下，采用归档模式进行备份。当前一天完成的冷备份和当天完成的热备份文件同时存在发生冲突的时候，就可以利用这些已有的数据资料进行恢复操作，替换成完整的数据信息。热备份操作采用的是归档模式，并且需要占用大量的存储空间。当系统处于归档状态时，就可以开始做备份了。

16.2.4   能耗监控系统特点

M 企业能耗监控系统的监控针对一级、二级、三级计量，三级计量是对耗能设备的监控。

系统应用层的三个主要功能——能耗数据实时采集、能耗设备监控和能耗数据分析是在有物联网的基础上进行的,物联网的感知层是感知数据和控制的基础,而且大部分的数据是针对三级计量的,通过连接能耗设备的传感器收集能耗数据。

根据观察,生产企业的能源消耗主要发生在设备生产过程中,这些能耗的发生是与企业生产相伴而生的,所以只能通过实时监控设备来收集能耗数据。只有准确掌握了能耗量,才能根据这些数据找到耗能的主要节点,再进行分析,找到解决的方法并提出生产环节的节能方案,同时对消耗量的及时变化做出准确的反馈。所以,M 企业能耗监控系统设计针对对企业影响重要的能耗量进行数据收集,对生产过程中生产设备产生的各种能耗参数进行实时准确的统计,为企业管理决策层准确做出能耗改变方案提供准确的数据保证。M 企业能耗监控系统不仅实时统计了每个设备和系统的能耗量,还对数据做及时处理,并且以趋势图这种直观的方式向系统用户展示走向趋势,为用户提供了直观认识,为企业的决策者提供了可以依赖的综合数据支持。M 企业能耗监控系统与其他能耗监控系统对比如表 16.2 所示。

表 16.2 M 企业能耗监控系统与其他能耗监控系统对比

对比项	M 企业能耗监控系统	其他系统
监控级别	一级、二级、三级计量	一级、二级计量
监控目标	设备	流程（能源在利用）
实时性	数据准确实时	数据准确实时性较弱

16.3 装备制造企业能耗监控系统实施方案

16.3.1 系统物理实现结构

能耗监控系统除了物联网技术,还集成了诸如数据库技术、网络开发技术、传感器技术、嵌入式开发技术等先进技术,可以实现对企业能耗综合监控、产能数据优化、设备合理控制等功能。整个能耗监控系统就是一个分布式系统,虽然每一个监控区域作为一个相对独立的子系统,但是这些系统全部由一个统一的管理平台管理。管理平台采用 B/S 结构,并且融合了嵌入式的开发设计技术。数据库管理系统选用的是 Oracle 数据库。

基于物联网的能耗监控系统分为三层结构,包括感知层、网络层和应用层。

1. 感知层

要满足系统采集实时数据和监控设备的要求，感知层起着至关重要的作用。感知层包括设备上的各传感器，如智能电表、温湿度传感器、压力传感器，以及相关系统软硬件，针对二、三级计量的传感器更为关键。

2. 网络层

网络层的功能主要是实时采集各种动态的能耗数据。根据通信方式的不同，数据采集方式可以分为有线通信方式和无线通信方式。通过这两种方式得到的数据信息会根据已经设定好的数据协议内容加上特别的独立包头信息，被再次发送到传输队列中，读取后传输至服务器进行处理。

网关服务器作为一个中间的过渡层，介于本企业的能源消耗监控层与综合管理层这两个架构中间。由于它处于一个承上启下的位置，所以是整个系统的重要组成部分，它既要把设备信息感知层获取的数据向上传递，又要把上层信息处理结果与操作向下传递发送指令。在将下部的感知层与上部应用智能管理层有效融合的过程中，网关服务器起到中枢作用。服务器与上层管理系统的通信以 ICP/IP 协议为基础，架构了完整的协议栈，可以实现各种子系统网络与中枢网络相互间的网络通信。网络通信所采用的通信方式分为 RS485 有线通信方式和 RF 无线通信方式。

3. 应用层

应用层是系统的核心。能耗监控系统的应用层包括变配电系统、空压系统、热能系统、供水系统，其功能包括数据采集、系统监控和数据分析三大类。系统一方面从本系统传感器获取数据，另一方面与企业资源计划系统对接，获取能源供需数据、生产计划数据，为系统的功能提供可靠的数据依据，达到能耗监控的目的。

16.3.2　系统硬件结构

1. SCADA 服务器

SCADA 采用六台冗余服务器。四个分厂利用 SCADA 服务器组统计各自分厂的信息。SCADA 服务器组采集全厂区的办公楼以及各个分厂部门的电、水、天然气、压缩空气等能源计量数据。此服务器组放置在数据中心机房统一管理。

2. 实时及历史数据库服务器

实时数据库平台采用双机冗余方式，支持快速海量的数据存储和访问，与之相对应的接口部分软件采用数据库的 OPC、ODBC 标准接口以及相关成熟接口软件包，可以确保项目的顺利实施。该服务器放置在数据中心机房统一管理。

3. Web 服务器

将生产过程中采集的能耗数据、实时统计数据以及历史数据查询分析进行发布。该服务器放置在数据中心机房管理。

按厂区情况，M 企业能耗监控系统预设各服务器数量如表 16.3 所示。

表 16.3　服务器数量表　　　　　　　　　　　　单位：台

服务器名称	数量	备注
SCADA 服务器	6	数据采集
实时与历史数据库服务器	2	数据存储
Web 服务器	1	数据发布
总计	9	

16.3.3　系统软件结构

M 企业能耗监控系统结合了物联网和传统的信息系统，对企业各分厂各设备的能耗进行监测控制，对能耗进行实时监测和全方位管理，对能源供需计划的最优化提供支持；以最少的人力、最准确的数据，实时对能耗进行监控，同时反馈信息给设备，对设备进行控制。系统软件架构如图 16.6 所示。M 企业能耗监控系统应与企业资源计划系统实现全方位无缝连接，数据可以自由双向流动，提取生产计划、能源供需情况，通过系统的历史数据和实时收集的数据，进行分析处理，提供能耗供需建议给管理部门，以提高能源利用效率。

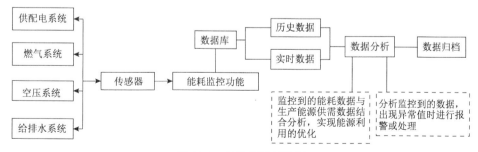

图 16.6　系统软件架构图

16.3.4　系统技术选型

1. 数据库选取

能耗监控系统以数据为基础，数据量大，安全性高，因此对数据库的性能有很高的要求。M 企业能耗监控系统要求实时性，虽然实时数据库更能满足实时性的要求，但实时数据库的成本相对高很多。国外实时数据库有 OSI soft 公司的 PI、ASPENTECH 公司的 IP21、Honeywell 公司的 PHD 和 InStep 公司的 eDNA。在国内，PI 广泛应用于电力行业，IP21 应用于中国石油天然气集团公司（简称中石油）内部，这两种实时数据库都比较昂贵；Honeywell 公司的 PHD 主要应用于化工领域，PHD 的内部使用的是 Oracle 数据库。国内的实时数据库也有几家，但这几家的产品都是从自己的组态软件开发而来的，软件架构和内核的算法还谈不上真正的实时数据库，数据量大了，就会出现反应慢、卡机等问题。

Oracle 数据库也可以满足这些要求，虽然会有一定的滞后性，但也能基本满足实时性的要求，因此本书选用 Oracle 数据库。Oracle 数据库在大型数据库的应用中一直保持领先地位，依靠的是领先于其他数据库的多重优势，如在安全性、开放性、处理速度与稳定性、配置与管理的方便性、辅助工具与系统开发方面的优势。

在大量数据处理方面，Oracle 数据库具有业界公认的高性能与高稳定性。Oracle 数据库从设计之初便是针对海量数据系统的，能解决数据量上升带来的各种问题。其优化的数据操作算法及对数据严格的保护机制保证了系统的高性能及安全稳定。提供了丰富的数据库管理系统（DBMS）配置管理功能，可根据应用水平、应用模式、硬件设备情况等进行配置与管理，使系统能适应不同环境，并可根据具体的情况自由调节。Oracle 数据库还具有良好的开放性。因此，Oracle 数据库完全适用于 M 企业能耗监控系统，使 M 企业能耗监控系统实现使用的目标。

2. 传感器种类

电能计量装置。电能计量装置主要用来采集企业各区域、各设备的用电量，并能对电能耗的各种参数进行采集，包括正向有功功率、负向有功功率、正向无功功率、负向无功功率、用电量、功率因数等。系统应用平台得到这些数据后不仅能计算一段时间的用电量，还能进行电能效率分析，从而通过改良设备来降低企业的能耗值。

远传式天然气流量计。流量计采用卡门涡街原理制造，其测量精度高，功耗低，安装方便，可测量天然气流量。M 企业能耗监控系统是基于实际项目设计的，所以涡轮流量计主要应用于企业天然气流量的统计，对各个企业生产机器的天然气使用量进行采集、分类、分项统计，从而使上层应用可以进行对企业天然气消耗的监控与分析。

远传式水表。远传式水表用来测量流经自来水管道的自来水总量并通过 485 总线传输数据，其采集用水量数据，存储数据并上传给中继器。远传式水表可以实时地将设备用水量记录并保存，当智能水表接收到指令后可实时将水表数据上传给监控系统。

远传式热力表。远传式热力表应用于以热水为传热媒介的热交换系统中，采集来自流量和温度传感器的信号，并能够计算出热量。

3. 服务器

网关服务器在 M 企业能耗监控系统中起到中枢作用，位于中间层，能够传递信息和发布控制命令，并能将系统的各层次连接为一个整体。网关服务器与应用层通信使用的通信协议是 TCP/IP 协议，与控制层和感知层通信采用有线通信或无线通信方式。

在设计 M 企业能耗监控系统时我们已经觉察到，如果采用有线通信方式来布置企业的能耗监控系统，不单需要消耗大量的精力和资金用来对监控厂区布置网线，更重要的是有线通信方式会改变企业内部原有的布局格式。由于很多企业在建设之初就已经完成了布局，并且当初在设计时就不考虑改变这种方式，所以在考虑到类似这样的实际问题后，我们在企业厂区进行网络安装，并且在设备设置初期就添加了采用无线信号进行联系的无线接收设备模块，实现了生产企业的无线网络监控。我们在需要监控的工厂厂区设置安装了大量的各种类型的无线信号接收器，然后把这些无线信号接收器通过网络连接到无线中转设备上，再通过设置好的网关无线信号接收模块汇总，最后形成一个无线信息监控网络系统。工厂的实时能耗数据被能耗数据采集系统收集以后，通过无线网络传输到网关服务器，最后再上传汇总到能耗监控系统的系统平台。

16.3.5　系统实现界面

为了维护系统安全，用户在使用装备制造企业能耗监控协同平台（以下简称协同平台）时需要进行登录以验证身份，确保用户的合法性。不同的用户拥有不同的权限，超级管理员用户拥有最高权限，可以进行角色定义以及角色分配。在用户正确地输入登录凭证后，会自动跳转到协同平台主界面。登录界面及主界面分别如图 16.7、图 16.8 所示。

图 16.7　协同平台登录界面

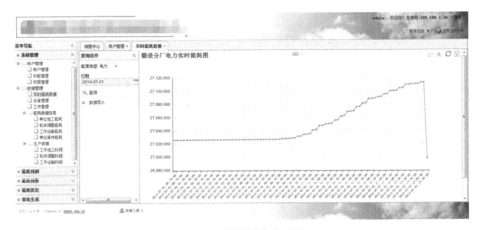

图 16.8　协同平台主界面

　　进入系统后，可以看出，整个协同平台分为系统管理、能耗预测、能耗预警、能耗优化和报表生成五大模块，每一个模块又分成若干个子功能项。

第五篇
装备制造企业能耗预测
与优化

在充分了解当前调研企业的能耗管理状况及存在的问题后，结合新兴 Hive 数据仓库技术，整合企业各类能耗相关数据，打破企业信息系统孤岛，并进一步深入分析挖掘，使企业能够对自身的能耗状况进行全面有效的了解、预测及优化等。本章构建了基于 Hive 的能耗数据仓库，为后续研究打下了基础。

第 17 章　基于 Hive 的能耗数据仓库设计

17.1　能耗数据仓库体系结构

基于 Hive 的能耗数据仓库主要由五层构成：数据源层、存储层、计算层、控制层和应用层（王德文等，2013），如图 17.1 所示。

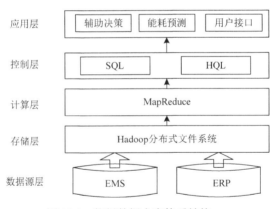

图 17.1　能耗数据仓库体系结构

各层的具体功能描述如下：

1）数据源层。能耗数据仓库的数据主要来源于能源管理系统中的能耗数据及企业资源计划系统中相关的生产等数据，也可能来自一些外部数据，比如磁盘文档、网页爬取数据等。这些数据经过 ETL 处理后进入数据存储层。

2）存储层。存储层保存着能耗数据仓库的所有数据，包括能耗数据、企业资源计划生产数据和元数据，保存历史数据、当前数据和综合数据，也保存相应的元数据。需要注意的是：①对于存在于数据库中的数据，需要采用 Sqoop 抽取并导入 HDFS，再由 HDFS 读取满足上层计算需求的数据；②在执行查询、计算和分析任务后，可以利用 Sqoop 将结果导出到外部能源管理系统数据库，供其他应用直接读取。

3）计算层。Hadoop 的底层提供了 MapReduce 工具，计算层正是利用 MapReduce 处理数据仓库的计算任务。能耗数据仓库需要满足的功能包括历史数据查询、多维数据分析、增量数据维护、元数据访问及报表生成等。

4）控制层。控制层包括由两种查询语言组成的引擎：HQL 和 SQL。其中，HQL 用于解析能耗数据仓库的查询分析语句，并生成 MapReduce Job，调用计算层执行；SQL 用于管理能耗数据仓库的元数据信息，选用 MySQL 作为能耗数据仓库的源数据库，通过 HQL 创建的 Hive 表定义、字段、分隔符信息都会存储在 MySQL 中。在对能耗数据仓库的数据进行操作前，需要通过 SQL 检测元数据是否存在。

5）应用层。应用层集成了辅助决策、能耗预测等功能，实现企业能耗数据的预测、预警、优化及辅助决策等功能。此外，应用层还提供了用户接口，使得用户可以更加方便、灵活地提交用户请求和管理能耗数据仓库等。

17.2　能耗数据仓库工作流程

能耗数据仓库工作流程如下：

1）通过 HQL 创建并加载节点中的数据，生成一系列表定义、列及分隔符，并将这些元数据信息存储在 MySQL 数据库中。

2）按照表的定义，通过 Sqoop 将数据导入 HDFS 中，经过 ETL 过程，将清洗后的最终数据导入 Hive 的 HDFS 中。

3）数据进入数据仓库后，数据仓库开始运行。

4）客户端发起能耗数据查询等分析，HQL 引擎解析客户端发起的查询分析语句，同时在 MySQL 数据库中，SQL 引擎检测相应的元数据信息，如果其存在，则进入 Hive 数据文件目录查询相应的表。同时，HQL 引擎将查询分析语句解析为 MapReduce 任务。MapReduce 将从 HDFS 中获取相应的数据，并完成命令中涉及的查询与分析、汇总等操作。

5）最后，将任务执行后生成的数据存储到 HDFS 上，并返回给客户端，或者按照客户端的要求，通过 Sqoop 导入关系数据库中，以供其他系统使用。

能耗数据仓库工作流程如图 17.2 所示。

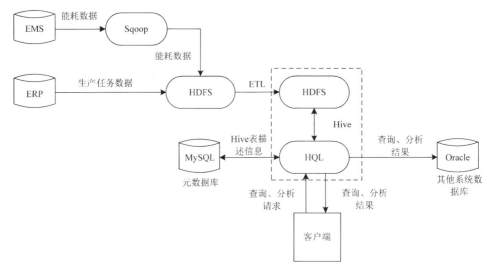

图 17.2　能耗数据仓库工作流程

17.3　数据模型设计

实地调研的 M 公司分厂众多，而锻造分厂是 M 公司中能源消耗量大、能耗种类多的分厂，具有典型的代表性。并且，M 公司各个分厂相对独立。因此，本书选取 M 公司作为研究对象，进行数据模型设计。

17.3.1　概念模型

概念模型是面向用户的真实事物的数据模型。它从业务角度来考虑问题，表示事物的概念化结构，使设计人员在初始设计阶段能够不受计算机领域和具体实现技术的束缚，而将主要精力集中于对数据和相互关系的分析上，其作用是提供统一的业务概念，方便业务人员和技术人员之间的沟通（康介鹏，2015）。

数据仓库概念模型的设计需要在充分理解需求的基础上将业务划分成若干个主题。通过研究文献，结合对 M 公司调研所得实际情况，确定 M 公司能耗数据仓库的几个主题，分别为能源消耗主题、能耗预测主题、能耗预警主题及能耗优化主题。各主题描述如下。

1）能源消耗主题。该主题主要用于管理 M 公司基础能耗数据，发掘企业的用能规律，如用能密集时间、消耗走势等。

2）能耗预测主题。该主题则是根据企业生产物料投入、用能及影响能耗因素，预测企业未来下一周期内能源的消耗。

3）能耗预警主题。该主题则是根据企业用能度量值来判断企业能耗指标是否异常等，用于企业自身预警。

4）能耗优化主题。该主题则是根据企业生产加工流程，结合能源消耗，整体优化企业生产加工流程，进而优化企业用能。

17.3.2　逻辑模型

逻辑模型中的主题分析就是对概念模型设计阶段中已经确定的主题进一步细化，并针对每一个主题建立主题分析的维度模型。构建逻辑模型的主要工作如下（秦云杰，2014）。

1）设计事实表。深入研究概念模型设计中已经划分好的主题，细化主题属性，设计与主题对应的事实表。

2）设计维度表。维度模型提供给用户一组全局数据视图，使用户能够从多个角度对业务主题进行分析。在数据仓库的维度模型设计中，应该从用户需求出发，对用户所关心的指标进行综合分析，抽象出不同的维度。

3）设计事实表和维度表的关系模型。在事实表和维度表的基础上明确两者之间的相互关系，通过事实表和维度表的共同配合，完整地描述一个主题。

1. 事实表

事实表是数据模型中的基本实体，也是查询分析时的数据来源，用来记录业务事实和统计相应指标。

通过对主题域的逐一细化分析，分别得到能耗数据仓库的四个事实表，如表 17.1～表 17.4 所示。

表 17.1　能源消耗事实表

字段	说明
能耗 id	事实指标
能耗量	事实指标、能源消耗量
时间_sk	维度外键
采集区域_sk	维度外键、采集能耗的区域
能源类型_sk	维度外键
计量表_sk	维度外键

表 17.2　能耗预测事实表

字段	说明
能耗量	事实指标、能源消耗量
生产产量	事实指标、产品产量
时间_sk	维度外键
原料及材质_sk	维度外键
设备运营时间_sk	维度外键
温度_sk	维度外键
能源类型_sk	维度外键
生产时间_sk	维度外键
中国煤炭指数_sk	维度外键
全国煤炭库存_sk	维度外键

表 17.3　能耗预警事实表

字段	说明
能耗量	事实指标
单位产量能耗	事实指标
单位产值能耗	事实指标
能源类型_sk	维度外键
时间_sk	维度外键
能耗指标_sk	维度外键
计量表_sk	维度外键
设备_sk	维度外键

表 17.4　能耗优化事实表

字段	说明
能耗量	事实指标
工件_sk	维度外键
工序_sk	维度外键
能源类型_sk	维度外键
加工时间_sk	维度外键
计量表_sk	维度外键
设备_sk	维度外键

2. 维度表

事实表是我们所关注的事物的内容，维度表则是我们观察该事物的角度。维度表中的字段反映的是事实记录的特性，有些特性只是简单的描述性信息，有些特性则提供了对事实记录进行综合分类的指标。

协同平台能耗数据仓库中的维度主要有时间、采集区域、能源类型、计量表、原料及材质、工件、工序、设备等，如：时间维度有 6 个层次，即年份、季度、月份、星期、日期、时间段；采集区域维度有 2 个层次，即加工中心、设备。各维度表详细设计如表 17.5～表 17.13 所示。

表 17.5　时间维度表

字段	说明
时间_sk	主键
年份	年（格式：yyyy）
季度	1、2、3、4（四个季度）
月份	1～12（每个月）
星期	1～7（周一到周日）
日期	日期（格式：yyyy-mm-dd）
时间段	0～95（从 0 点到 24 点，每 15 分钟为一个时间段）

表 17.6　采集区域维度表

字段	说明
采集区域_sk	主键
加工中心	自由锻、热处理、模锻等加工中心（分厂内部的各个加工中心）
设备	400 千焦加热炉、中频炉、天然气炉、400 千焦对击锤等

表 17.7　加工中心维度表

字段	说明
加工中心_sk	主键
加工中心名称	自由锻、热处理、模锻等加工中心等

表 17.8　能源类型维度表

字段	说明
能源类型_sk	主键
分类能源	电、天然气、液化石油气等（M 公司能源种类）
分项能源	电：动力用电、照明用电、特殊用电等（各类能源的具体用途）

表 17.9 计量表维度表

字段	说明
计量表_sk	主键
计量表名称	电力峰谷平计量表、工业燃气表、压缩空气流量计等（工业用计量表名称）
计量表类型	压力计量表、流量计量表、湿式气体流量计等
计量表精度	一级表、二级表、三级表等

表 17.10 原料及材质维度表

字段	说明
原料及材质	主键
原料编码	A、B、C、D、E 等
材质编码	A、B、C、D、E 等

表 17.11 工件维度表

字段	说明
工件 id	主键
工件名称	A、B、C、D、E 等
工件编号	工件编号，如 1、2、3 等
所属产品	该工件属于哪些产品

表 17.12 工序维度表

字段	说明
工序 id	主键
工序名称	A、B、C、D、E 等

表 17.13 设备维度表

字段	说明
设备 id	主键
设备名称	设备名称，如高频率、对击锤等
设备编码	设备编码，如 CQ6032F_1
设备型号	设备型号

3. 事实—维度关系模型

根据上述概念模型中划分的主题以及对事实表和维度表的讨论，采用星形模型，将事实表与维度表连接，构造出协同平台能耗数据仓库中事实—维度关系模型。各主题的关系模型如图 17.3～图 17.6 所示。

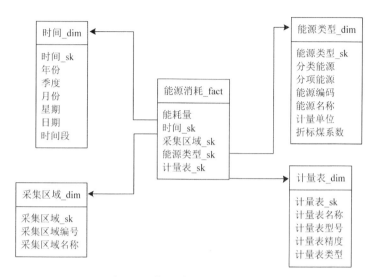

图 17.3　能源消耗主题关系模型

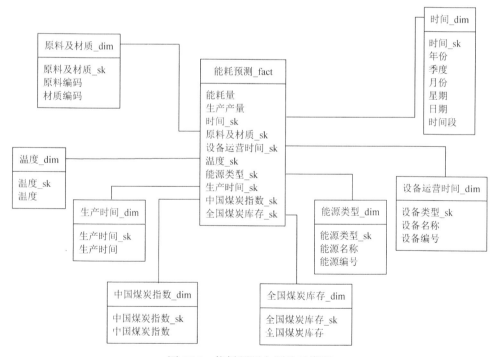

图 17.4　能耗预测主题关系模型

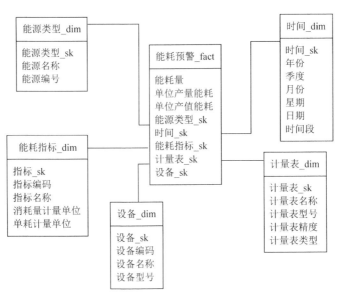

图 17.5　能耗预警主题关系模型

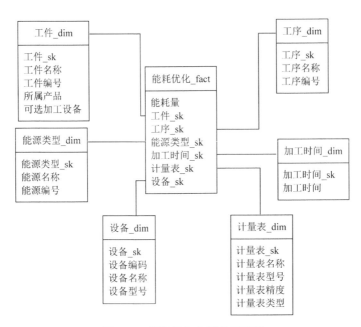

图 17.6　能耗优化主题关系模型

17.3.3　物理模型

物理模型描述了数据在存储介质上的物理表示和组织结构，它既与实际使用的数据库类型有关，也受到计算机硬件和操作系统的影响。构建物理模型，一般包括软硬件配置、数据存储结构、分层设计模式及存储位置确定等。每一种逻辑模型在具体实现时，都可以找到与之相对应的物理模型。实现物理模型时，大部分工作都是数据库系统自动完成的，开发人员只负责索引、视图、聚集、分区等特殊结构的设计。

协同平台能耗数据仓库是企业能耗历史数据及企业资源计划历史数据的集成，数据规模大，如何设计更好、更合理的物理存储结构对数据仓库性能影响巨大。可从以下角度考虑。

1）引入冗余，即对数据模型进行非范式化处理。通过提高相关数据的冗余度，减少重新计算或者关联查询的次数。在车辆监控系统数据仓库的设计中，这一点主要体现在：在进行事实—维度关系模型设计时，采用星型模型而避免雪花模型的目的就是通过非范式化处理，减少数据表之间的关联，提高查询速度。

2）增加派生数据。派生数据就是在已有数据的基础上进行聚集运算或者综合处理后，生成的更高粒度的数据，在需要使用这些数据时就可以直接从派生列或者派生表中查找。增加派生数据，能够节省再次查询时的计算时间，提高执行速度。

3）创建视图。当需要经常查询几个存在关联的数据表组成的集合时，可以考虑把这几个表合并为一个视图，避免每次查询时的关联操作，提高查询速度。

4）数据表分割。数据表的分割有两种形式：一种是水平分割；另一种是垂直分割。水平分割是将数据表中的记录按照某一字段进行分组或排序，提高查询效率；垂直分割是根据同一数据表中不同列的访问频率把数据表分成两个甚至多个新表，对于访问频率高的表使用更复杂的优化措施，能够更加有效地提高数据的访问速度。甚至可以采用类似的措施，把访问频率高的数据存放到高速设备中，把访问频率低的数据存储到普通存储设备中，也可以提高数据的访问速度。但是从另一方面来看，在同样记录数的条件下，垂直分割会使存储空间有少量增加，而且同时访问两个新表的数据时，需要进行关联操作，从而导致效率下降，这时就需要根据实际需求重新设计优化方案。

由于协同平台数据仓库数据量巨大，并且能耗数据需要源源不断地进入数据仓库中，因此，本书采用 Hive 技术搭建协同平台能耗数据仓库。

17.4　粒度选择

粒度级别表示数据仓库中数据的细化或者综合程度（李静，2007）。粒度级别的大小与细化程度的高低成反比，粒度选择在数据仓库建设中之所以重要，是因为它不仅决定整体数据量的大小，还影响查询分析的详细程度。粒度级别越大，数据量越小，需要的存储空间也就越小，但查询分析就不够详细；反之，粒度级别越小，查询分析会更加详细，但是数据量就越大，需要的存储空间也就越大。数据量的多少和查询的详细程度是不可兼得的，因此在选择粒度级别时，要根据实际需求在两者之间做出取舍。

根据本书各个主题所研究的内容的不同及需求的差异，上述主题各个维度下的粒度选择如下。

1）能源消耗主题。由于该主题涉及的是最基础的数据，需要对能耗进行直观展示，分析同比及环比能耗等，故此处时间维度选择时间段（15 分钟），采集区域维度选择设备，其余维度只有一个层次，无须进一步选择。

2）能耗预测主题。由于企业资源计划系统中原料投放粒度为日期，因此，此处选择时间维度粒度为日期。此时的能耗量即为日能耗量，生产产量为日生产产量。

3）能耗预警主题。时间维度选择日期。

17.5　数据 ETL 过程

数据的抽取（extraction）、转换（transformation）、加载（loading），简称 ETL，主要流程如下：首先，根据开始阶段初步确定的需求，从各种操作型数据库中提取出业务分析所需要的数据；其次，经过一系列的转换工作，去除不必要的信息，并将数据转化为统一的格式；最后，按照之前各层次数据模型的设计，将数据装载到数据仓库目标表中。

ETL 是数据仓库建设中工作最复杂、耗时最多的部分，大约占据整个开发过程 60%以上的工作量和时间（宋旭东等，2010）。ETL 也是继设计数据模型之后的又一关键环节。ETL 过程需要解决数据分散的问题，整合汇总分散的数据；需要解决数据不一致的问题，统一不同来源的数据格式；还需要解决数据不完整的问题，处理残缺数据，增加部分属性，以符合数据模型的定义。可以说，ETL 的质量直接决定数据的质量，而数据的质量则是数据仓库成功实现的关键。

17.5.1　数据抽取

数据抽取是根据业务需求从原始数据中提取有用数据的过程。并非所有原始数据都是业务分析所关心的，通过数据抽取可以清理掉不需要的字段和记录。

数据抽取分为两种：全量抽取和增量抽取。全量抽取就是对数据源中当前的所有数据进行提取，一般在数据仓库建设的开始阶段使用，实现也很简单，可以采用复制、导入等方法；增量抽取则是在上次数据抽取的基础上只对变化的记录进行抽取，在数据仓库初始化完成之后，只抽取新增或者更改的记录，可以减少工作量，提高抽取速度。

协同平台能耗数据仓库设计的初始阶段采用全量抽取方式，从企业资源计划系统、能源管理系统及数据文件中抽取感兴趣的数据。当数据仓库正常运行一段时间后，则会引入增量抽取。

17.5.2　数据转换

数据转换就是对抽取出的数据，按照目标表的字段进行类型匹配、格式变换、清洗过滤、综合聚集等操作，从而得到符合数据仓库要求的字段。

数据转换常用的手段如下：

1）类型匹配。对抽取数据进行计算和处理，使之符合目标表定义的字段类型。例如需要根据数据源中的能耗数据采集开始时间（时间类型）和结束时间（时间类型）以及采集的能耗数据（数值类型，双精度）计算某时间段的能耗值（双精度）等。

2）格式统一。扫描所有数据记录，将所有字段都变换为符合统一标准的格式。例如，日期格式的统一（yyyy-mm-dd hh:mm:ss）。

3）空值处理。有些字段在目标表中定义了不能为空值的约束条件，而从原始数据中抽取出的字段可能没有取值，此时应针对具体的业务需求设计不同的处理方法，或过滤掉该记录，或赋缺省值，或平滑处理等。

4）综合聚集。通过 SQL 语句和聚集函数等，对抽取出的数据进行规律而重复性大的分组、排序、计算和聚合等操作。SQL 中常用的聚集运算有求和、均值、最值、记录数量统计等。例如，能源预测主题是需要按日统计每天的能耗的，那么就应聚集每 15 分钟采集的能耗数据，使之成为日能耗。

17.5.3　数据加载

数据加载主要负责把转换后的数据按照元文件中定义的格式加载到数据仓库表中。数据加载有刷新加载和增量加载两种类型。

刷新加载对应于全量抽取。数据抽取程序提取出数据源中的全部记录加载到数据仓库之前，先清空目标数据表，再重新加载。

增量加载对应于增量抽取。针对不同的增量抽取方法，设计相应的增量加载方法。基本思路都是只抽取新增的或者发生改变的记录，然后添加或者更新到数据仓库中。

17.5.4 基于 Hive 的 ETL 流程

基于 Hadoop 平台的 Hive 数据仓库提供类似于 SQL 的语言——HQL，除了可以查询，还可以完成数据转换等操作。企业资源计划系统、能源管理系统中的历史数据存储在关系型数据库中，可以利用 Sqoop 工具将数据从关系型数据库导入 HDFS。然后按照相应 Hive 表的定义，加载 HDFS 中已经保存的数据。通过 MapReduce 抽取出有用字段，并清理掉无效数据。最后将符合要求的数据加载到 Hive 数据仓库中。Hive 对数据进行查询或者分析后，可以将产生的结果再次通过 Sqoop 导出到关系型数据库中，以供其他系统使用，从而避免用户每次发出请求时都花费大量时间等待 Hive 执行查询，进而加快系统响应和数据展现的速度。基于 Hive 的 ETL 流程如图 17.7 所示。

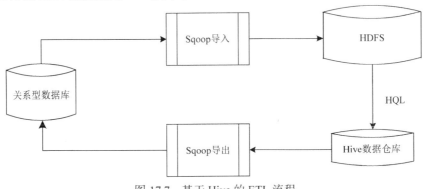

图 17.7 基于 Hive 的 ETL 流程

第18章　装备制造企业的能耗预测和预警

本章首先在研究能源消耗的影响因素的基础上，结合对 M 公司的实际调研，详细阐述了相关数据的获取方法及计算过程，之后对能耗影响因素数据进行了分析，分别确定了之后进行的能耗预测在对用电量、用气量的预测中所使用的输入变量，为之后的能耗预测奠定了基础。其次，本章提出了在大数据背景下进行企业能耗预测的全集数据的预测模型，并基于 M 公司的实际调研数据进行了模型验证，结果表明，本书的预测预警方法优于现有的其他方法。

18.1　基于 SVR 方法的能耗预测算法设计

支持向量回归（SVR）的实现思路是使用一种非线性映射把数据 x 映射到一个高维特征空间，再在高维特征空间中实现线性回归。其实现步骤如下：构建模型输入与输出，选择 SVR 模型参数，样本数据预处理，训练 SVR 模型，算法性能评价以及得到最终经修正与验证的 SVR 模型。本书基于此基本步骤，结合装备制造企业的能耗特点，设计了装备制造企业能耗预测模型框架图，如图 18.1 所示。

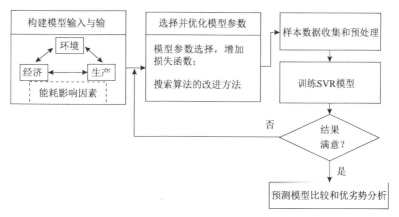

图 18.1　装备制造企业能耗预测研究框架图

1. 分析能源消耗影响因素，构建模型输入与输出

必要和可靠的数据输入是预测模型取得预期效果的基础。以往的能耗预测研究往往直接使用时间序列数据进行预测，此种方式易于获取数据，但是其无法真正反映能耗的变化机理，对于市场、经济或政策方面的波动也无法解释，而在模型中加入经济、市场方面的数据会使能耗的预测更加准确（Ardakani and Ardehali, 2014），因此本书在数据构建方面采用影响因素识别的方式，并采用装备制造企业的能耗影响因素数据构建模型输入与输出。但在预测中，要根据实际问题调整参数的值，这将在后文中具体说明。

2. 选择并优化模型参数

建立 SVR 模型需要确定几个自由参数，包括高斯径向基核函数、惩罚因子和精度参数等。目前，对这些自由参数的选择还没有一套严格的理论，一般是根据经验来选取。为了提高预测精度，本书拟选择正则化参数 C、核函数宽度 γ 和损失函数精度 ε 等，以改进的搜索算法优化 SVR 参数。

3. 样本数据收集和预处理

通过对装备制造企业的实际调研，我们对数据进行了收集。为了符合模型的应用要求，我们选择了 Z-Score 方法对数据进行标准化处理。

4. 训练 SVR 模型

通过分析和标准化数据处理，我们提取了部分数据训练 SVR 模型。按照 2∶1 的比例划分，我们将前 8 个月的数据划分为训练样本集，将后 4 个月的数据划分为检验样本集。

5. 能源消耗预测的实证研究

本书基于改进的 SVR 算法进行能耗预测，结合 M 公司实际情况，设计了其 SVR 模型并进行了应用，进而对电力和天然气消耗情况进行了预测。

6. 预测结果比较

最后我们对比分析了 SVR 模型和常用的几种预测方法及其预测的效果，看到了 SVR 模型用于能耗预测的优势，并且认为我们提出的模型适合装备制造企业的实际情况，是一个适合且有前景的能耗预测模型。

18.2　SVR 模型的参数选择及算法改进

在基于 SVR 方法的装备制造企业能耗预测模型中,模型参数直接影响预测的效率和精度,因此选择并优化模型参数是问题的关键点之一。本节主要针对模型参数的选择以及参数的搜索算法进行改进研究。

本预测模型选用常用的高斯径向基核函数作为模型的核函数,利用三步搜索法进行参数选取,该算法针对常规 SVR 分类模型的计算步骤如下:

1)选定需要确定的参数 C 与 γ 的范围 $[C_{\min}, C_{\max}]$ 与 $[\gamma_{\min}, \gamma_{\max}]$;

2)确定起点位置 P_{C_σ} 为 $[(C_{\min} + C_{\max})/2, (\gamma_{\min} + \gamma_{\max})/2]$;

3)确定初始迭代步长为 $C\_\text{Step} = (C_{\max} - C_{\min})/4$,$\gamma\_\text{Step} = (\gamma_{\max} - \gamma_{\min})/4$;

4)根据起点位置与初始迭代步长,寻找起点周围的 8 个点,如图 18.2 所示,起点位置为 A 点;

5)根据 8 个点中的参数组合进行模型训练与评估,找到均方误差最小的参数组合点,如图 18.2 所示,假设该点为 B 点;

6)将各参数迭代步长缩小一半,选取 B 点为中心点,找到周围的 8 个点,选取均方误差最小的参数组合点,此处为点 C;

7)重复 6),直到步长小于一个步长单位 $C_{\text{step\_unit}}$ 与 $\gamma_{\text{step\_unit}}$;

8)如果学习精度达到要求,则停止寻找,返回最终组合点,否则返回 1)。

针对本书使用的 ε-SVR 模型,由于加入了损失函数,故其可调节的参数由 2 个增至 3 个,分别为正则化参数 C、核函数宽度 γ 和损失函数精度 ε,因此修正上述参数选择算法,加入参数 ε 的搜索过程,由二维搜索变换至三维搜索,如图 18.3

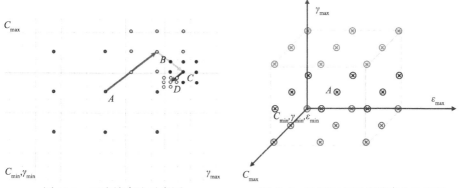

图 18.2　三步搜索法示意图　　　　　图 18.3　改进后的三步搜索法示意图

所示。搜索起点 A 为 $[(C_{min}+C_{max})/2,(\gamma_{min}+\gamma_{max})/2,(\varepsilon_{min}+\varepsilon_{max})/2]$，逐步搜索 A 周围的 26 个点，其余的迭代步骤和停止条件等与二维的搜索算法类似，在此不再赘述。

18.3　能耗预测算法及其应用

目前，煤炭价格不断下跌，煤炭行业行情走势持续下滑，直接导致相关的煤机产品市场紧缩。M 公司同样遭到了冲击，订单量不断减少。又由于市场的原因，煤炭价格、煤炭产量因素导致了生产任务量的变化，从而影响了能源的消耗情况。同时，国家节能减排的政策要求对 M 公司的能源消耗问题提出了极大挑战。因此，M 公司的能耗预测问题亟待解决。笔者在调查中发现，此类装备制造企业所消耗的能源中消耗量最多的是煤、天然气等燃料能源，占装备制造企业总能耗的 30%～80%，平均为 60%左右；消耗面最广的是电，装备制造企业各生产环节都要用电，一般占企业总能耗的 17%～47%，有的高达 60%以上。因此，本书能耗预测模型消耗的能源种类也选择电力和天然气。

18.3.1　能耗预测输入参数设计

前文对能耗影响因素的分析作为基于 SVR 方法进行能耗预测的重要输入参数。能耗影响因素中的一级参数，如生产参数、生产物料参数、天气参数和生产产出参数根据 M 公司的产品生产特点按照实际情况输入。关于原料材质变量信息，由于目标企业锻造分厂使用的原料材质较多，共有 27 种，如果将 27 种原材料全部投入，模型的输入变量则会产生过高的输入维数以及大量的冗余信息，这会影响到 SVR 的性能。因此，我们将此 27 种原材料的历史投入数据与历史天然气能耗数据、历史电力能耗数据进行相关性分析，找到与能耗最为相关的若干种原料材质投入作为模型的输入变量。对于影响因素中的市场因素分别选取相关行业中的煤炭历史产量、历史库存与当前煤炭价格指数进行计算。煤炭价格使用中国煤炭工业协会的两个价格指数来进行衡量，分别是中国煤炭价格指数（CCPI）与环渤海动力煤价格指数（BSPI）。最终的能耗预测模型输入变量信息如表 18.1 所示，其中 RM 代表某种原材料。

表 18.1　SVR 能耗预测模型输入变量

序号	公共输入变量	原材料投入输入变量	
		电力消耗预测模型	天然气消耗预测模型
1	运营时间	RM4 投入	RM2 投入
2	生产时间	RM7 投入	RM7 投入
3	原料投入量	RM8 投入	RM8 投入
4	平均高温	RM23 投入	RM15 投入
5	平均低温	RM25 投入	RM17 投入
6	平均风力		RM18 投入
7	生产产量		RM19 投入
8	全国煤炭产量		RM20 投入
9	全国煤炭库存		RM22 投入
10	中国煤炭价格指数（CCPI）		RM27 投入
11	环渤海动力煤价格指数（BSPI）		

18.3.2　数据来源及预处理

根据上文所述企业能耗预测输入参数设计，选择目标企业锻造分厂 2013 年 7 月至 2014 年 6 月的统计数据作为样本，生产参数中运营时间通过计算得出，其余通过企业资源计划系统获取，环境因素数据获取自互联网站中国天气网提供的历史天气数据信息，经济因素中市场因素数据获取自国家煤炭工业网公布的数据。

为了消除量纲的影响或者突出某些属性的作用，常常将数据做标准化处理，常见的标准化方法有最小—最大标准化和 Z-Score 标准化，为避免孤立点带来的影响，我们选择了后一种方法。Z-Score 标准化的公式为

$$\overline{x}_i = \frac{1}{n}\sum_{j=1}^{n} x_i^j \ , \quad \sigma_i^2 = \frac{1}{n-1}\sum_{j=1}^{n}(x_i^j - \overline{x}_i)^2 \ , \quad \overline{x}_i^j = \frac{x_i^j - \overline{x}_i}{\sigma_i}$$

其中，$\overline{x}_i$ 和 σ_i 分别是属性的平均值和标准差，x_i^j 和 $\overline{x}_i^j$ 分别是属性的原始数据和标准化之后的数据，$j = 1,\cdots,n$，n 是维数。

18.3.3　模型结果与分析

将前 8 个月的数据划分为训练样本集，将后 4 个月的数据划分为检验样本集，

划分比例为 2:1。根据前文叙述的修正后的三步搜索法确定参数，得到电力消耗预测模型与天然气消耗预测模型，详细参数如表 18.2 所示。其学习预测结果如表 18.3 与表 18.4 所示，对比曲线图分别如图 18.4、图 18.5 所示。

表 18.2　电力消耗预测模型与天然气消耗预测模型参数

模型	正则化参数 C 值	核函数宽度 γ 值	损失函数精度 ε 值
电力消耗预测模型	116.62	1.97	1.17×10^{-4}
天然气消耗预测模型	134.94	0.05	1.51×10^{-4}

表 18.3　电力消耗真实值与预测结果

数据集合	日期	真实值/万千瓦时	预测值/万千瓦时	绝对误差/万千瓦时	相对误差/%
训练样本集	2013-07	47.02	47.03	0.01	0.02
	2013-08	52.51	52.48	0.03	0.06
	2013-09	56.93	56.77	0.16	0.27
	2013-10	48.93	48.93	0.00	0.00
	2013-11	45.66	45.59	0.07	0.15
	2013-12	63.14	63.34	0.20	0.32
	2014-01	71.97	71.97	0.00	0.00
	2014-02	65.28	65.32	0.04	0.06
检验样本集	2014-03	96.10	92.31	3.79	3.94
	2014-04	97.74	96.72	1.02	1.04
	2014-05	85.83	91.84	6.01	7.00
	2014-06	95.56	91.84	3.72	3.89

表 18.4　天然气消耗真实值与预测结果

数据集合	日期	真实值/立方米	预测值/立方米	绝对误差/立方米	相对误差/%
训练样本集	2013-07	45 187	45 187.21	0.21	0.00
	2013-08	42 506	42 366.59	139.41	0.33
	2013-09	66 115	66 268.06	153.06	0.23
	2013-10	47 091	47 091.33	0.33	0.00
	2013-11	47 650	47 510.59	139.41	0.29
	2013-12	73 024	73 010.14	13.86	0.02
	2014-01	105 000	105 153.06	153.06	0.15
	2014-02	81 960	81 946.03	13.97	0.02

续表

数据集合	日期	真实值/立方米	预测值/立方米	绝对误差/立方米	相对误差/%
	2014-03	70 164	72 664.94	2 500.94	3.56
检验样本集	2014-04	75 116	68 594.12	6 521.88	8.68
	2014-05	58 177	66 835.17	8 658.17	14.88
	2014-06	60 569	60 990.36	421.36	0.70

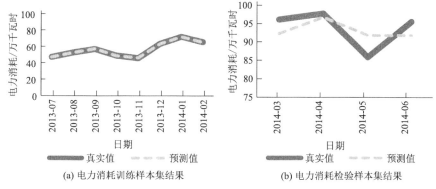

图 18.4　电力消耗真实值与预测值对比图

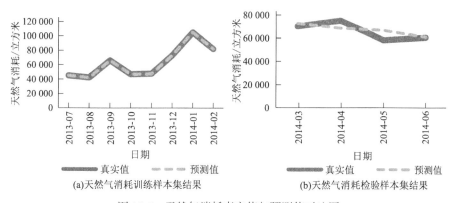

图 18.5　天然气消耗真实值与预测值对比图

18.4　能耗预测模型效果评估

本节将对比分析几种不同的预测情形, 目的是了解本书提出的基于 SVR 的装备制造企业能耗预测模型的性能和预测的效果。

18.4.1　SVR 模型的预测效果与其他方法的对比分析

　　为了更好地了解基于 SVR 的能源消耗预测算法的性能,本书将之与应用较多的 BP 神经网络预测方法和多元线性回归方法进行对比,使用相同的训练集合与样本集合,不同方法的实际预测对比如图 18.6 所示,指标对比效果如表 18.5 所示。

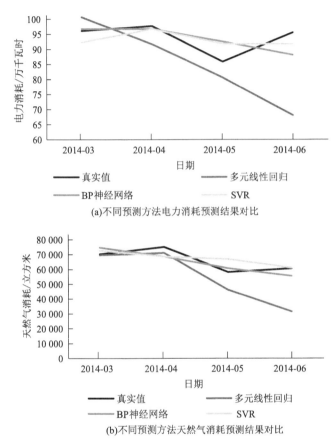

(a)不同预测方法电力消耗预测结果对比

(b)不同预测方法天然气消耗预测结果对比

图 18.6　不同预测方法的预测效果对比

表 18.5　不同预测方法的效果对比

项目	预测方法	平均绝对误差	平均相对误差/%
电力消耗预测	多元线性回归	10.85	11.47
	BP 神经网络	3.95	4.32
	SVR	3.63	3.97
天然气消耗预测	多元线性回归	11 456.61	18.76

续表

项目	预测方法	平均绝对误差	平均相对误差/%
天然气消耗预测	BP 神经网络	4 651.71	6.95
	SVR	4 525.59	6.96

注：表中对于"平均绝对误差"，电力消耗预测的单位是"万千瓦时"，天然气消耗预测的单位是"立方米"

通过以上实验结果对比可以看出，在各项指标的对比中，SVR 方法的预测效果最好。对比上述结果，我们发现，基于机器学习的 SVR 方法明显优于多元线性回归方法。相对于多元线性回归方法与 BP 神经网络方法，SVR 预测也拥有更高的精度与更小的误差，比如表 18.5 中的电力消耗预测中，就平均绝对误差来说，SVR 方法相对于多元线性回归精确度提高了约 2 倍；对于小样本数据的学习，SVR 有着明显的优势，BP 神经网络方法相当于一个"黑匣子"，优化目标基于经验风险最小化原则，易陷入局部最优，训练结果不太稳定，一般适用于大样本的情形，而 SVR 方法有严格的理论和数学基础，基于结构风险最小化原则，泛化能力优于前者，算法具有全局最优性，是针对小样本统计的理论。

18.4.2　不同参数选择方法下预测结果的对比分析

与其他统计学习模型算法一样，对于 SVR 而言，模型参数的选取对于其整体性能有着至关重要的作用（Friedrichs and Igel，2005；陆钟武等，2000），为了验证本书使用的参数选择算法效果良好，此处将其与常用的参数选择方法进行对比，常见的 SVR 参数选择方法主要有网格搜索法、遗传算法、粒子群算法等，使用相同的训练集合与样本集合，实际预测对比如图 18.7 与图 18.8 所示，对比效果如表 18.6 所示。

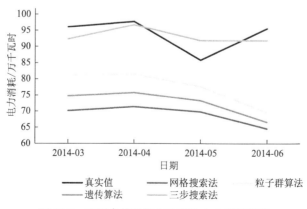

图 18.7　不同参数选择方法下的电力消耗预测

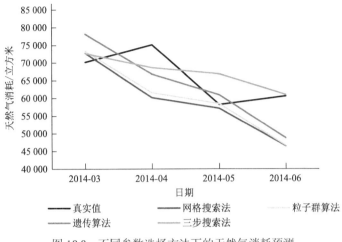

图 18.8　不同参数选择方法下的天然气消耗预测

表 18.6　不同参数选择方法的效果对比

预测类别	参数选择算法	消耗时间/秒	平均绝对误差	平均相对误差/%
	网格搜索法	1.00	24.86	26.29
电力消耗预测	遗传算法	4.59	21.22	22.42
	粒子群算法	4.59	16.36	17.25
	三步搜索法	0.49	3.63	4.00
	网格搜索法	1.01	8183.90	12.19
天然气消耗预测	遗传算法	4.66	7722.20	11.49
	粒子群算法	4.11	7720.90	11.68
	三步搜索法	0.84	4525.59	6.96

注：对于"平均绝对误差"，电力消耗预测的单位是"万千瓦时"，天然气消耗预测的单位是"立方米"

　　在上述结果中，以电力消耗预测为例，三步搜索法的运算时间明显优于其他三种参数选择算法：相对于网格搜索法，运算时间缩短了 50% 左右；相对于遗传算法与粒子群算法，时间效率提高了近 90%，并且最终预测结果的绝对误差也明显优于其他三种算法。同时，从表 18.6 中我们还得出了以下结论：①SVR 对于小样本非线性模型有其独特的优势；②在有关非线性较强的数据集中，SVR 方法和BP 神经网络方法都明显优于多元线性回归方法；③实验结果中，遗传算法与粒子群算法等参数选择方法的结果呈现出较大的波动性，具有较高的不稳定性，其效果未必好于简单易行的选择算法，且时效性较差；④网格搜索法不一定可以找到令人满意的可行解。

基于上述分析，我们认为本书提出的 SVR 模型应用于装备制造企业能耗预测是可行的，明显能够达到预期效果，预测精度也是完全可以接受的。

18.4.3　算法的优越性

本书在模型参数中加入了损失函数精度 ε，使 SVR 模型可以忽略真实值在某个范围内的误差，确保了对偶变量的稀疏性、全局最小解的存在和可靠泛化界的优化，并将二步搜索法改进为三步搜索法，使得本 SVR 模型逻辑简单，易于实现，时间复杂度低，能够迅速将最优解所在区域压缩，稳定性提高，且在原来基础上将二维变为三维，进一步扩展了最优参数的寻找空间。三步搜索法结合了 SVR 既有线性复杂度的参数寻优方法，又有 SVR 的非线性拟合优势。因此，本 SVR 模型不仅提高了搜索效率，也提高了预测精度。

通过对装备制造企业能耗预测方法的比较，我们发现，基于 SVR 模型的能耗预测不但精度高、性能好，而且具有适合小样本的优势，在装备制造企业能耗预测中更加实用，因为该方法的应用可以不受目前中国企业能耗数据匮乏和收集手段局限等的影响和限制。

18.5　能耗预测模块

18.5.1　能耗预测流程

能耗预测要利用海量的历史能耗数据，这些数据全都存在于能耗数据仓库中，而能耗数据仓库正是基于 Hive 建立的。因此，采用 Mahout 机器学习库对能耗进行预测，既能充分利用 HDFS 的特性，又能利用其提供的机器学习算法进行计算。本书将采用 Apache Spark 提供的机器学习库中的 SVM 算法来对能耗进行预测。由于 Spark 本身是一个纯内存计算框架，采用的是拉动获取数据方式，本书将采用 Kafka 作为消息队列，结合 Spark 的 MLib 进行计算，最终计算出能耗预测值。能耗预测整体流程如图 18.9 所示。

1）数据准备。从数据仓库能耗预测主题中提取出能耗量、生产产量、原料及材质、运营时间等所有的能耗预测数据，仍将这些数据存放在 HDFS 中。

2）kafka 消息队列从 HDFS 中读取这些数据，并将这些数据保存在消息队列中，随时等待消费者前来消费。

图 18.9　能耗预测整体流程

3）Spark 计算框架从 kafka 中读取出能耗预测所需的数据，然后通过调用 MLib 提供的 SVM 算法，对模型进行训练后再用于预测。

4）Spark 计算后本身不会保存结果，需要将预测结果存入协同平台自身的数据库中，用于前台展示等。

18.5.2　能耗预测结果

在模型输入选择调研期间从能源管理系统数据库及企业资源计划系统数据库中导出并经过 ETL 转换过的数据，即能耗数据仓库中的数据。采用笔者在 M 公司调研期间收集的从 2013 年 1 月 1 日至 2015 年 7 月 31 日共计两年半（31 个月）的数据进行能耗预测，部分数据如表 18.7 所示。其中，input1～input4 分别代表运营时间、生产产量、中国煤炭价格指数和生产时间，input5～input9 代表不同材质的原材料投入量；output 则代表每天的能耗量。

表 18.7　电力消耗预测模型输入输出数据集样例

输入									输出
input1	input2	input3	input4	input5	input6	input7	input8	input9	output
207	18.67	162.2	1	99.29	290.20	748.54	397.31	0.57	339.62
208	20.49	162	2	107.69	260.17	797.65	432.94	0.60	309.01
209	22.18	161.7	3	114.78	303.52	756.81	397.19	0.79	341.98
210	22.78	161.3	4	88.41	322.05	741.36	396.58	0.82	342.86
211	19.64	161.1	5	88.20	260.56	727.72	442.31	0.70	344.16
212	17.45	161	6	113.65	275.36	798.26	363.81	0.88	345.01
213	16.56	160.9	7	96.21	288.45	721.41	405.86	0.74	345.38
214	16.03	160.9	8	97.79	284.15	762.66	386.96	0.85	346.79

续表

输入									输出
input1	input2	input3	input4	input5	input6	input7	input8	input9	output
215	22.20	160.7	9	97.83	324.99	782.54	362.13	0.88	348.11
216	19.68	160.6	10	109.55	288.94	765.03	447.21	0.98	178.38
217	19.32	160.6	11	117.00	273.34	787.72	432.33	0.85	350.55
218	17.89	160.5	12	93.78	281.92	741.97	371.77	0.77	341.27
219	18.94	160.5	13	113.68	284.00	732.64	386.62	0.58	353.38
220	16.11	160.4	14	86.34	263.74	725.26	367.55	0.81	353.88
221	21.86	160.3	15	116.13	311.23	761.04	448.60	0.76	355.28
222	20.95	160.1	16	99.59	318.21	770.76	372.83	0.99	356.33
223	18.41	159.9	17	111.24	291.50	719.58	381.53	0.61	357.56
224	17.47	159.7	18	112.94	320.38	783.98	421.69	0.78	354.71
225	20.94	159.5	19	122.19	281.18	799.42	383.34	0.86	359.13
226	19.13	159.5	20	102.08	306.13	755.50	435.06	0.95	359.17
227	22.08	159.5	21	93.52	266.13	723.98	400.32	0.88	353.09
228	17.71	159.4	22	125.54	273.86	789.90	411.72	0.92	409.77
229	16.67	159.4	23	122.59	316.56	744.15	431.10	0.87	385.77
230	21.77	159.4	24	88.89	296.74	750.40	392.58	0.56	102.81
231	22.93	159.3	25	120.31	315.13	792.87	416.35	0.78	103.03
232	20.52	159.3	26	121.23	324.72	775.22	392.97	0.95	103.24
233	21.58	159.2	27	89.89	296.96	797.87	397.81	0.55	103.30
234	19.36	159.2	28	82.47	309.99	790.06	418.11	0.74	91.52
235	18.40	159.1	29	97.44	292.02	703.61	426.37	0.79	102.50
236	19.81	159.1	30	114.54	262.55	765.18	448.97	0.94	103.73
237	22.20	159.1	31	103.36	288.87	797.29	431.93	0.88	103.88

注：表中数据非企业真实数据，是在企业真实数据的基础上经过处理的数据

　　准备好上述能耗预测所需要的数据后，系统将会对这些数据执行归一化等预处理，然后进行模型训练，最后根据训练好的模型预测结果。能耗预测结果如表18.8 所示。

表 18.8　能耗预测结果表

日期	预测能耗量/千焦	实际能耗量/千焦	绝对误差/千焦	相对误差/%
2014 年 7 月 28 日	240.32	258.64	18.32	7.08
2014 年 7 月 29 日	392.69	359.7	32.99	9.17
2014 年 7 月 30 日	230.32	189.13	41.19	21.78
2014 年 7 月 31 日	330.26	290.62	39.64	13.64

18.6　能耗预警标准

18.6.1　装备制造企业主要工艺及其能源消耗

根据行业标准，本书整理了装备制造企业主要工艺及其能源消耗情况，如表 18.9 所示。

表 18.9　装备制造企业主要工艺及其能源消耗情况

序号	主要工艺	主要能耗种类	主要能耗设备
1	铸造	主要是焦炭、煤、电，其次是压缩空气、水等	熔炼炉（如平炉、电弧炉、精炼炉）、干燥炉（砂型烘炉、砂芯烘炉）、热处理炉（如台车式热处理炉）
2	锻造	主要是燃料能源（煤、天然气、煤气、油），其次是电、蒸汽、压缩空气、水等	锻造加热炉（如室式加热炉、开隙式加热炉）、锻造设备等
3	热处理	主要是电能及燃料（煤、煤气、天然气、液化石油气），其次是水、蒸汽、压缩空气、乙炔、氧气等	各类热处理炉，如室式热处理炉、台车式热处理炉、推杆式热处理炉等
4	焊接	主要是电，其次是乙炔、蒸汽、压缩空气、水、天然气、氧气等	各电焊机，如氩弧焊、埋弧焊等
5	电镀	主要是电，其次是蒸汽、水、压缩空气	处理槽、清洗机、清洗槽、渡槽、整流器、过滤设备、抛光设备、烘干设备、起重运输设备等
6	涂装	电、蒸汽、压缩空气、水	表面处理槽、清洗机、电泳槽、清洗槽、喷漆室、烘干室、起重运输设备等
7	冲压	主要是电，其次是压缩空气、蒸汽、水等	各种冲压设备
8	机械加工	主要是电，其次是压缩空气、水、蒸汽、柴油、煤油、汽油	各种金属切削机床
9	装配	电、柴油、煤油、汽油、乙炔、压缩空气、蒸汽、水等	装配用设备

18.6.2　电镀工序综合能耗分等

电镀工序按每平方米合格产品镀层的综合能耗分为一等、二等、三等。综合能耗达不到三等的属于等外。电镀工序的综合能耗分等指标见表 18.10。

表 18.10　电镀工序综合能耗分等指标

类别	等级及指标/（千克标准煤/米²）		
	一等	二等	三等
一般电镀工厂、车间或工段	≤95 （≤86）	>9.5～14.7 （>8.6～13.5）	>14.7～18.6 （>13.5～17.2）
硬铬产量大于 50%的工厂、车间或工段	≤20.6 （≤19.6）	>20.6～32 （>19.6～30.4）	>32～39.9 （>30.4～38）
装饰铬产量大于 50%的工厂、车间或工段	≤17.3 （≤16.3）	>17.3～26.2 （>16.3～24.7）	>26.2～34.3 （>24.7～32.3）

注：括号内的数据为非采暖地区指标

单位产量综合能耗计算公式如下

$$b = \frac{0.129Q + 0.404D + 0.257S}{F}$$

其中，b——单位合格产品产量综合能耗，千克标准煤/米²；

Q——统计期内用气量，千克；

D——统计期内用电量，千瓦时；

S——统计期内用水量，吨；

0.129、0.404、0.257 分别为 1 千克蒸汽、1 千瓦时电和 1 吨水折算标准煤的千克数；

F——统计期内各种合格产品镀层面积，平方米。

电镀面积包括钢件磷化、氧化，铜件钝化，以及除镀硬铬以外的镀层面积，均以合格产品的受镀面积计算。

镀硬铬的镀层面积，应根据合格产品技术条件要求的镀层厚度和镀件的受镀面积计算，计算公式如下

$$F = F_s \times \frac{\delta}{10}$$

其中，F——镀硬铬镀层面积，平方米；

F_s——镀硬铬件的受镀面积，平方米；

δ——镀硬铬合格镀件技术条件（以用户要求、镀件的工艺要求或有关技术规定为准）要求的镀层厚度，微米。

按重量计算产量的滚镀锌、铜件钝化、钢件氧化和磷化产品，可按 100 米²/吨折算镀层面积 F。

电镀工序中蒸汽、电、水的耗量应以计量为准。

18.6.3　铸造的能耗指标和环保参考标准

1. 能耗指标

铸造生产的一个重要特点是：各类铸件品种繁多，不同类型的铸造企业的条件差别很大。因此，目前很难就生产每吨铸件的平均能耗作具体的规定，建议只考核合金熔炼过程中的消耗。相关指标见表 18.11～表 18.16。

表 18.11　冲天炉熔炼铸铁的能耗指标

冲天炉的熔化能力	每吨金属炉料能耗指标/千克标准煤
≤3	<140
>3～<10	<135
10～20（水冷炉）	<145

表 18.12　无芯感应电炉熔炼铸铁的能耗指标

无芯感应电炉容量/吨	每吨金属液能耗指标/千瓦时
>0.8	<600
1.5	<580
2	<570
3	<560
5	<550

表 18.13　电弧炉炼钢的能耗指标（最大值）

电弧炉容量/吨	1.5	3	5	10	20
每吨金属液能耗指标/千瓦时	830	800	780	760	740

表 18.14　感应电炉熔炼合金的能耗指标（最大值）

感应电炉容量/吨	0.15	0.3	0.5	1	2	3	5
每吨金属液能耗指标/千瓦时	830	800	740	720	695	685	680

表 18.15　感应电炉熔炼铝的能耗指标（最大值）

感应电炉容量/吨	0.15	0.3	0.5	1	2	3
每吨金属液能耗指标/千瓦时	830	820	800	790	760	740

表 18.16　燃料炉熔炼铝合金的能耗指标（最大值）

燃料炉类型	坩埚炉	反射炉	竖炉
每吨金属炉料能耗指标/千克标准煤	480	350	260

2. 合金熔炼设备排放的废气中烟（粉尘）含量的限值

根据《工业炉窑大气污染物排放标准》（GB9078—1996）的要求，铸铁熔炼炉、炼钢炉和有色合金熔炼炉排放的废气中烟（粉）尘含量限值见表 18.17。

表 18.17　各种排放废气中烟（粉）尘含量限值　单位：毫克/米³

熔炼炉类别	一类地区	二类地区	三类地区
炼钢炉	禁排	150	200
铸铁熔炼炉（冲天炉和感应电炉）	禁排	100	200
有色金属熔炉	禁排	100	200

3. 职业健康安全方面的要求

铸造企业中工作场所噪声的卫生限值参见《工业企业设计卫生标准》（GBZ1—2010）和《工作场所有害因素职业接触限值》（GBZ2—2007）。

18.6.4　锻造加热炉能耗分等

1. 能耗分等

锻造加热炉按吨合格锻件的可比单位能耗分为特等、一等、二等、三等。可比单位能耗达不到三等指标的属于等外，具体见表 18.18。

表 18.18　锻造加热炉能耗分等　单位：千克标准煤/吨

锻件类型	可比单位能耗指标			
	特等	一等	二等	三等
自由锻件	≤120	>120~250	>250~450	>450~750
模锻件	≤100	>100~200	>200~370	>370~650
水压机锻件	≤200	>200~350	>350~500	>500~700

2. 锻件可比单位能耗计算

在统计期间经燃料系数、炉型系数修正以合格锻件折合重量计算的单位能耗，称为可比单位能耗，计算公式如下

$$b_k = \frac{Q_{DW}^y B}{29\,308 G_z} \cdot \alpha\beta$$

其中，b_k ——可比单位能耗，千克标准煤/吨；

Q_{DW}^y ——燃料低位发热值，千焦/千克（千焦/标准立方米）；

B ——单台加热炉或炉群在统计期内燃料消耗量，千克（标准立方米）；

α ——燃料系数，见表 18.19；

β ——炉型系数，见表 18.20；

G_z ——单台加热炉或炉群在统计期内所加热的锻件折合重量，吨。

表 18.19　锻造加热炉燃料系数

燃料种类	煤	油	气体燃料	
			$Q_{DW}^y \leqslant 6071$ 千焦/标准立方米	$Q_{DW}^y > 6071$ 千焦/标准立方米
燃料系数 α	0.75	0.90	0.85	1.00

表 18.20　锻造加热炉炉型系数

炉型	室式炉	开隙式炉	台车式炉	贯通式炉	半连续炉	环形炉
炉型系数 β	1.00	1.10	1.10	1.15	1.15	1.40

3. 锻件折合重量

考虑锻件复杂程度、材质及加热工件重量等诸因素后经折算的锻件合格重量，成为锻件折合重量。

锻件折合重量计算公式如下

$$G_z = \sum G_i(K_{1i} + K_{2i})$$

其中，G_z ——锻件折合重量，吨；

G_i ——单台加热炉或炉群在统计期内某类锻件重量，吨；

K_{1i} ——某类锻件对应的锻件复杂系数，见表 18.21～表 18.23，锻件复杂程度技术等级见相关标准；

K_{2i} ——某类锻件对应的材质系数，见表 18.24。

表 18.21　水压机锻件复杂系数

技术等级	I	II	III	IV
复杂系数 K_1	3.85	2.10	1.33	1.00

注：当水压机锻件钢锭≥65 吨时，锻件复杂系数按其形状定类后，提高一级选用，原属 I 类者，锻件复杂系数值按 5.5 计

表 18.22　自由锻件复杂系数

技术等级	I	II	III	IV
复杂系数 K_1	3.36	1.65	1.29	1.00

注：当自由锻件≤3 千克时，锻件复杂系数按其形状定类后，提高一级选用，原属 I 类者，锻件复杂系数值按 5.5 计

表 18.23　模锻件复杂系数

锻件成型火次	二火或二火以上	一火	一火（辊锻机锻件）
复杂系数 K_1	1.30	1.00	0.95

注：①模锻件包括半锻机；②模锻件以成型火次选取锻件复杂系数

表 18.24　锻件材质系数

材料分类	I	II	III	IV
材质系数 K_2	0.00	0.29	0.82	1.83
材料种类	普通碳素钢 优质碳素钢 碳素结构钢	碳素工具钢 弹簧钢 合金结构钢	滚动轴承钢 合金工具钢 不锈钢	耐热钢 部分合金工具钢

4. 锻造加热炉等级评定条件

1）凡是等级提升的锻造加热炉和炉群须配置燃料计量和温度显示装置。

2）二等炉和三等炉允许以锻造加热炉炉群进行考核，其可比单位能耗指标与表 18.18 中相应等级炉的可比单位能耗指标相同（本条不适于以万元净产值和单位产品综合能耗考核的企业）。

3）一等炉必须单台考核，除可比单位能耗指标达到表 18.18 所规定的一等炉指标外，还必须符合表 18.25 空气系数和表 18.26 炉体外表面温度标准的要求。

4）特等炉必须单台考核，除可比单位能耗指标达到表 18.18 所规定的特等炉指标外，还必须符合表 18.25 空气系数标准、表 18.26 炉体外表面温度标准和表18.27 烟气余热回收率标准的要求。此外，特等炉还应装备流量、温度、压力等测量记录仪表和自动控制装置。

表 18.25　锻造炉空气系数标准

燃料种类	燃烧方式	空气系数
煤	机械化加煤	1.2～1.4
	人工加煤	1.3～1.5

续表

燃料种类	燃烧方式	空气系数
粉煤	人工调节	1.2～1.3
重油	自动调节	1.15～1.2
	人工调节	1.2～1.3
气体燃料	自动调节	1.05～1.2
	人工调节	1.15～1.25
	喷射式调节	1.05～1.15

表 18.26　锻造炉炉体外表面温度标准

炉内温度/℃	炉体外表面温度/℃	
	侧墙	炉顶
700	≤75	≤90
900	≤90	≤105
1100	≤105	≤125
1300	≤120	≤140
1500	≤135	≤160

表 18.27　锻造炉烟气余热回收率标准

烟气出炉温度/℃	使用低位发热量燃料时			使用高位发热量燃料时		
	余热回收率标准/%	排气温度/℃	预热空气温度/℃	余热回收率标准/%	排气温度/℃	预热空气温度/℃
500	20	350	170	22	340	150
600	23	400	220	27	380	200
700	24	460	260	27	440	230
800	24	530	300	26	510	250
900	26	580	350	28	560	300
1000	23	670	350	25	650	300
>1000	26～48	710～470	450～750	30～55	670～400	400～700

18.6.5　能源消耗限额指标和监测途径

1. 能源消耗限额指标

本书能源消耗限额相关指标主要遵循以下两个标准：

1)《单位产品能源消耗限额编制通则》(GB/T12723—2013);

2)《热处理节能技术导则》(GB/Z18718—2002)。

2. 能源消耗监测途径

对于电能的消耗监测，各车间及大功率设备都配备相应电表进行监测，由安全设备部具体监测。

水能的消耗由 M 公司总的水表进行监测，由安全设备部具体监测。煤、气、油的监测由供应部进行统计及控制。

第19章 装备制造企业能耗管理优化

本章以车间的能耗优化为目标，首先，对锻造车间能源分布、工艺能耗情况进行分析，总结出车间每道工序可以在不同的机器上进行加工且消耗不同的能量，以及现行车间作业调度过程中为了节约时间而采用高耗能的设备，调度目标中并没有将能耗考虑在内等问题，直接导致车间能源消耗与制造过程的脱节，进而导致能耗量的增加，影响车间效益，本章基于这些问题提出基于车间调度的能耗优化方案；其次，对能源信息学视角下车间能耗优化调度建模基础进行研究，分析自动数据采集方法如何获取更加细粒度的数据，规范车间能耗度量单位，建立车间能耗统计模型，进而根据柔性作业车间调度问题（flexible job shop scheduling problem，FJSP）以及模型的输入和输出进行描述，建立柔性作业车间能耗优化调度问题的数学模型；最后，对调度目标模型的优化目标能源消耗和拖期时间进行研究，并分析复合目标优化问题的求解方法，为车间调度过程的能耗优化提供系统的理论研究框架和数学模型。

19.1 锻造车间能耗管理优化分析

19.1.1 车间能源分布情况

这里以分析锻造车间生产工艺的特点和能源使用情况为例，用以论证车间层能耗优化调度方法的可行性。

锻造车间是锻件的专业生产单位。2014年M公司主要产品产量为160 871吨，总综合能耗为41 677吨标准煤。其中，锻造车间生产锻件9687吨，能耗为22 000吨标准煤，约占总能耗的53%，是M公司的能耗大户。锻造车间总占地面积28 322平方米，南北布置五区，分别是下料区、自由锻造区、辅存区、模锻区和成品区；拥有五条采用中频感应加热的模锻生产线、三条自由锻生产线和下料及热处理设备。锻造车间生产过程主要包括锻压过程和热处理过程。车间的生产过程是输入原材料和辅助物料，经由下料、加热、锻造、热处理、修磨、检验六大工序步骤，并在各工序中消耗能源，生产出合格的锻件，加工过程产生热、振动、噪声、废气、废液等，除噪声之外，其他废弃物均回收利用。锻造车间工艺过程能源消耗模型如图 19.1 所示。

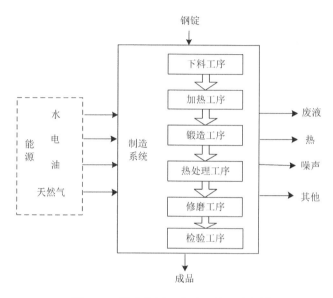

图 19.1　锻造车间工艺过程能源消耗模型

锻造车间进行能源管理和优化的困难表现在：供能系统多，大功率机器设备多，并存在多种能源工质相互影响的问题。近几年，锻造车间认真落实企业关于节能减排工作的号召，在更新节能设备和采用清洁、高效能源方面做出了巨大改进。比如，将车间能源介质由煤、蒸汽等全部改为电力、天然气、液化石油气等清洁能源。以 2 吨自由锻锤为例，若以蒸汽为介质，每小时消耗饱和蒸汽 12 吨，每吨蒸汽单价 87 元，每天工作 6 小时，一个月按 20 个工作日计算，所耗的动能费用为 12.528 万元（王玉山和李跃军，2013）；若以电力为能源介质，电液模锻锤使用 2 台 45 千瓦电动机，工业用电按 0.80 元/千瓦时计，每月用电费用为 8640元。按每千克蒸汽折合标准煤 0.129 千克，每千瓦时电折合标准煤 14.5 千克，折合标准煤之后，蒸汽锤与电液锤的热能消耗比值为 3.55，通过更新能源介质可节能约 75%。

锻造车间主要供能系统、能源分布情况、用能设备与生产工艺流程之间形成了庞大的能源供需网络，如图 19.2 所示。

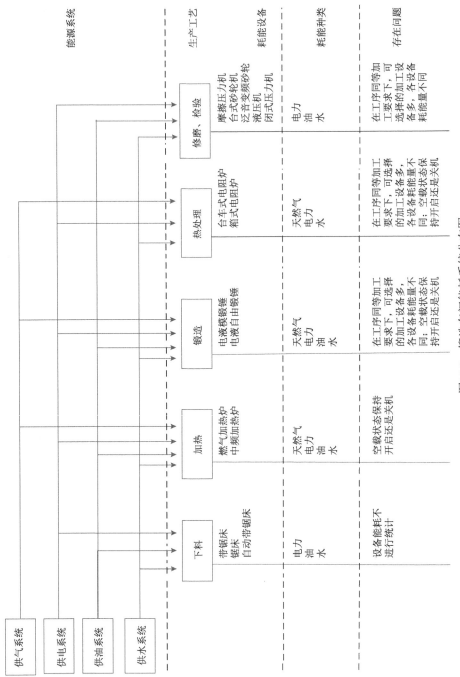

图19.2 锻造车间能耗系统分布图

车间使用的能源主要有电、水（自来水、循环水）、气（氧气、氮气、天然气、液化石油气）、油（汽油、柴油、润滑油和重油）等，不同的能源介质由 M 公司统一供应。下面将对锻造车间各能源介质产生的途径和作用进行简单介绍。

1. 气体能源

由于天然气有毒物质排放少，属于清洁能源，更新节能设备后大多以天然气为动力介质，车间普遍采用天然气作为原煤的替代能源。其他气体能源还包括氧气、氮气、液化石油气等。气体能源统一由企业外购。由于气体燃料有利于管道远距离运输，并且气体燃料的着火点相对较低，因此火焰传播速度更快，更容易实现自动化控制。

2. 电力

电能消耗贯穿于车间各工艺生产过程中。车间大功率用电设备较多，功率在50 千瓦以上的设备如锻造车间 400 千焦对击锤、80 千焦燃气炉、400 千瓦中频炉，对电力需求很大，且电力资源全部来自外购。因此，尽量避免同一时间开停大功率机器，这样有助于减缓由此产生的高次谐波和冲击性负荷，也在很大程度上确保了生产设备和供电系统的稳定性。

3. 水

锻造车间用水主要来自自来水供水公司，或者是循环水。在生产过程中，水的使用遍布整个车间。水主要用于产品或设备的加热、冷却或洗涤。

4. 油类能源

车间常常将汽油、柴油、润滑油和重油等液体燃料作为其辅助能源或润滑介质。油类能源也全部来自企业整体外购，与传统的固体燃料（如原煤等）相比，在具有同量热能的情况下约轻 30%，所占空间也约少 50%，可储存在离设备较远的地方，方便保存。

综上所述，能源供应系统由供电系统、供油系统、供水系统和供气系统组成。能源需求系统由不同工序的多台能耗设备组成，能源供应与需求之间存在着错综复杂的供需关系，一起构成了锻造车间的能耗系统，多能源介质通过能耗系统作用于每道工序，设备的能源消耗又与不同工序相互关联，增加了车间能耗优化问题的复杂性。

19.1.2　锻造车间各工艺能耗及优化分析

锻造车间生产资源消耗分为物料的消耗和能源的消耗两大类，两者均不可或缺，它们都作为锻造生产的输入，尤其在原材料消耗过程中同时伴随着能源的消耗。物料的消耗即不同材质的钢锭，能源的消耗种类包括水、天然气、电力等，主要能耗与工艺特点、设备参数以及管理手段等密切相关，表现在锻锤、压力机、锻造前加热及锻造后热处理的过程中。以锻造的加热环节为例，据统计，生产同等重量、形状复杂程度相当的锻件，平均每生产 1 吨锻件，消耗油 401 元、煤 215 元、天然气 145 元或电 123 元（Tribble，2003）。以下将通过介绍锻造生产的各个工艺能耗，分析工艺能耗过程存在的问题以及可以优化的切入点。

1. 下料

下料指按照加工要求对钢锭进行切削，是锻造生产前的准备环节。根据原材料下料要求的不同，M 公司锻造车间主要用到的耗能设备是锯床，共 13 台。锯床类设备由于功率较低，不进行单独计量，耗能在 10%～20%。

存在的问题：M 公司锻造车间的主要耗能设备是锯床，由于锯床数量多，车间对此不进行单独能耗计量，因此导致无法对这一段工序的能耗进行分析管理。

2. 加热

加热指对钢锭进行加热，也是锻造工艺不可或缺的一个工序，由燃气炉和中频感应加热炉完成。加热在改变钢锭的机械性能和物理性质的同时，由于伴随着氧化皮的形成、表面脱碳、过热和过烧等，会消耗大量的电能和天然气。

存在的问题：加热炉由本次工件加热完成到下一工件加热开始，设备保持开启状态时，空载能耗量很大；若将设备关闭，则会使加热炉冷却，待下一工件加工时重新启动机器。

3. 锻造

锻造工序是指通过锻锤（模锻锤和自由锻锤）击打工件使其产生塑性变形，由锻锤的动能转化为锻件的塑性变形能、设备的弹性变形能以及热能。锻造设备在工作中作用力很大，因此其各个工作部件需要相当大的能量作支撑。

存在的问题：锻造工艺过程是需要很大能源消耗的。车间可完成该工艺的设备多，设备参数各不相同，对于该工艺的能耗优化切入点是在同等加工条件下选择耗能最小的设备完成加工。

4. 热处理

热处理工序属于一种金属热加工工艺，是指为获得预期性能对锻件采取加热、保温和冷却的手段，包括正火、退火、回火处理等。设备利用：正火和退火主要使用台车式热处理炉，其中 9 台用于生产，1 台用于维修。

存在的问题：车间可以完成热处理工艺的设备中，95%的设备是企业 50 千瓦以上高能耗设备监测对象，热处理工艺和锻造工艺的能耗是整个车间能耗的主要部分。

5. 修磨与检验

当检验过程中发现锻件尺寸不符合要求时，需要修磨锻件表面，这是对锻件进行修正的过程。

存在的问题：在同等工序要求下，可选用的加工设备多，相同加工条件下设备的能耗量不同。

总之，锻造车间包括下料、加热、锻造、热处理、修磨与检验等工艺过程，其中最主要的过程是锻造过程和热处理过程，也是能耗量较高的工艺过程。通过对工艺能耗的分析可知，在车间加工过程中，每个工件的生产工艺是确定的，但完成相同工艺的机器设备有多台，且加工时间与能耗量不同，这为车间能耗优化调度提供了可能。

19.1.3　柔性作业车间调度方法问题分析

本书研究对象——锻造车间代表着一类柔性作业车间调度问题。锻造车间的加工任务是由 M 公司统一下发的，车间不单独对外接收订单。企业的加工任务分配流程如图 19.3 所示。

一般情况下，M 公司在接到产品订单后，由信息部对订单进行分类，构建产品物料清单，技术员判断子工件是自制还是外购或外协，除外购和外协之外，其他需要自制的零部件转化为生产任务，由信息部核实库存情况并生成生产计划，然后将施工任务下发设计部门进行工艺设计，最后交由锻造车间加工。

锻造车间内部的调度计划包括两部分，如图 19.4 所示。由锻造车间调度员每两周制订一次车间总的调度计划，再根据总调度计划和实际生产情况制订车间的生产周计划；总调度计划分为锻造和热处理两部分，车间的生产周计划包括下料工段、自由锻工段（自由锻工段主要分为 30 千焦自由锻生产线、175 千焦自由锻生产线和 350 千焦自由锻生产线）、模锻工段（模锻生产线主要分为 25 千焦生产线、80 千焦生产线、125 千焦生产线和 400 千焦生产线）、热处理工段（热处理组分为正火组、转运组和修磨组）的生产周计划。总调度计划由计划开始日期提前 3 天制订，生产周计划由计划开始日期提前 2 天制订，提前 1 天下发车间，由早班工长为生产任务分配加工机器，加工后的零部件进行装配后形成产品交货出厂。

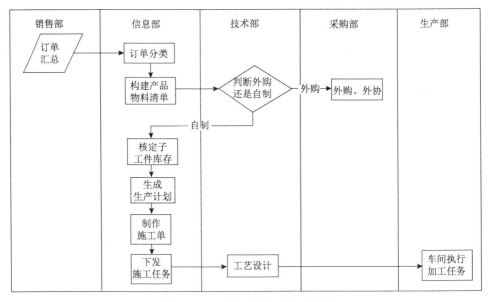

图 19.3　企业加工任务分配流程图

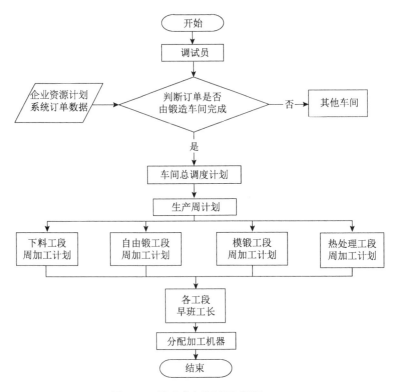

图 19.4　锻造车间调度流程图

由于近几年煤炭价格一路下滑，煤炭设备制造企业也一度低迷，逐渐出现了订单少、要求急、周期短的特点，这使得企业为了争取客源而尽可能地加快生产速度，加班加点进行生产，车间调度过程中以客户满意度为目标导向；有时车间为了缩短生产周期会采用大功率、高能耗的设备，造成了极大的能源浪费。M 公司会安排专门的人员每天对所有安装能耗计量表的设备进行抄表，并将抄表数据报给车间调度员，调度员再将数据上报给车间的节能统计员，由节能统计员按月进行汇总后将整个锻造车间的能耗量上报给能源中心。能源统计工作仍然采用将能源消耗均摊到产品成本内的方式，或者利用能源消耗倒推法来大致估计单位产品能耗成本，车间能耗并没有包含在调度过程中，也没有依据制造过程中机器的能源消耗来安排生产作业任务。

综上所述，锻造车间在调度过程中并没有将其能源使用考虑在内。事实上，对于制造企业而言，生产系统的能源消耗是车间总能源消耗的重要组成部分，也是车间能源优化可调控性最强的一部分。加工过程的各个工序中能源和物料的消耗、利用、回收形成错综复杂的流网络，必然有机器存在空转状态。若机器空闲时间段内所消耗的能量少于机器开机准备所耗能量，则应该让它处于等待状态；对于在同一台机器上加工的两道工序，当后一工序的开始时间与前一工序的完工时间有间隔时，机器的空闲待机状态就会消耗更多的能量，此时关掉机器更利于节能。因此，通过工序清晰描述能源转换系统的能耗状况及有效调节控制机器在空闲时的开关状态，对实现车间能耗系统的整体控制具有重要作用。基于此，能耗优化调度就是如何选择工件的加工设备及在设备上加工的先后顺序，从而使系统总能耗最低。

19.2　柔性作业车间能耗优化调度模型

19.2.1　柔性作业车间调度问题描述

柔性作业车间调度问题是经典作业车间调度问题的延伸。在经典作业车间调度问题中，n 个不同的工件，m 道生产工序，每道工序只能在一台确定的机器上加工，工序与机器一一对应。柔性作业车间调度问题使得每道工序在制造系统中可以选择多台加工机器，且在不同的机器上所需要的时间和能量不同，相对于经典作业车间调度问题更加复杂，从而使作业车间调度问题更加符合实际生产环境，也更具有现实意义（Mati et al.，2001）。一个柔性作业车间调度问题中包含 3 个工件，每个工件有多道工序。在 5 台机器上进行加工的柔性作业车间调度问题如表 19.1 所示，第一列表示等待加工的 3 个工件，第二列表示每个工件所要加工的工序，$M_1 \sim M_5$ 表示 5 台加工机器。

表 19.1　柔性作业车间调度模型输入信息　　　单位：小时

工件	工序	加工时间					交货期
		M_1	M_2	M_3	M_4	M_5	
	O_{11}	3	—	5	4	6	
Job$_1$	O_{12}	—	3	2	9	—	20
	O_{13}	2	—	4	2	3	
	O_{21}	2	3	4	3		
Job$_2$	O_{22}	—	5	6	4	4	20
	O_{23}	—	5	3	—	3	
	O_{31}	—	—	3	6	—	
Job$_3$	O_{32}	—	2	5	—	4	20
	O_{33}	—	4	5	2	4	

　　建立柔性作业车间调度模型的关键是确定模型的输入和输出信息。模型的输入信息主要包括工件信息和设备信息。工件信息包含了工件的需求时间、数量以及工件的每道工序及其先后关系，工件各工序所需的加工设备、加工时间等信息；设备信息包含了设备的功率参数和加工能力等信息，见表 19.1。

　　模型的输出是指在模型中输入各项参数后，经由调度算法求解模型，得出车间任务的加工方案——甘特图。甘特图可以直观地表示出各工件在可选机器上的加工顺序、开始加工时间和完成加工时间，有效地呈现了作业调度的结果，是车间调度人员安排生产任务的工具。图 19.5 所示即为柔性作业车间调度问题的一个排产方案，即柔性作业车间调度模型输出图，其中，1-1 表示工件 1 的第 1 道工序，其他同理。

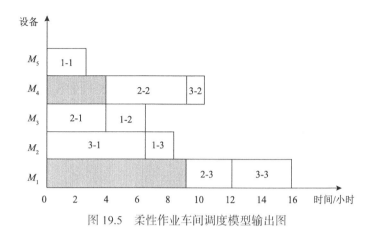

图 19.5　柔性作业车间调度模型输出图

19.2.2　柔性作业车间能耗优化调度问题描述

锻造车间工序复杂，加工设备种类多，调度方案的变更比较频繁，其所代表的调度形式是一类不完全的柔性作业车间调度问题。例如车间加工一批齿轮类锻件，有三种备选方案，第一种可以选用 400 千焦电液模锻锤，第二种可以选用 125 千焦电液模锻锤，第三种可以选用 80 千焦电液模锻锤。加工结果为，方案一需要加工 2 小时，方案二需要加工 3.5 小时，方案三需要加工 4 小时。调度过程中，如果只考虑最短加工时间，第一种方案最优。考虑到不同机器的能耗量不同，若方案一单位时间能耗为 6 千瓦时，总能耗为 12 千瓦时；第二种方案单位时间能耗为 2 千瓦，总能耗 7 千瓦时；第三种方案单位时间能耗为 1.5 千瓦时，总能耗为 6 千瓦时，可知第三种方案最优。因此，如果在制订调度方案时考虑车间能源消耗，就应该同时考虑目标函数应该如何设置（丁小祥，2012），目标函数是什么形式，以及约束条件中如何体现设备的能源约束等等。基于此，本书对柔性作业车间能耗优化调度问题描述如下。

制造系统中有 m 台机器（ $M_k, k \in \{1,2,\cdots,m\}$ ），每台机器有关机—开机、运行、等待三种状态，在相同的状态下，不同机器能耗成本不同，在不同状态下同一机器的能耗成本也不同；n 个待加工的相对独立的工件（ $J_j, j \in \{1,2,\cdots,n\}$ ）；每个工件由 n_j 个工序组成（ $n_j, j \in \{1,2,\cdots,n\}$ ），并对应一个交货期 D_j ；若工件在交货期未能完成加工则会为系统带来一定的惩罚，由工件拖期而支付的成本称作拖期惩罚成本。因此，柔性作业车间能耗优化调度问题可以描述为：如何在制造系统中为每道工序选择合适的加工机器以及确定每台机器上各工件的加工顺序，使得系统调度的总成本达到最低。

综上可知，能耗优化调度是通过对制造系统能源消耗的数学建模，将车间能耗优化问题引入柔性作业车间调度过程中，即将能耗量或能耗成本作为调度的目标函数，或在生产约束中考虑能源与设备相关的约束，明确各工序和设备的能耗状况，在总能源消耗成本较低的情况下，应如何安排加工任务，使得车间能够按时完成生产任务，避免拖期，以实现控制制造系统中的能源消耗，使得制造过程中的能源消耗可以和加工任务一样实现合理的调度。

19.2.3 变量定义

1. 标号类参数

m：表示车间制造系统机器的数量；

n：表示工件的数量；

J_j：表示第 j 个工件；

n_j：表示第 j 个工件的工序数；

i：表示工序号；

j：表示工件号；

k：表示机器号；

M_{ij}：表示第 j 个工件的第 i 道工序在制造系统中可以选择的机器集合。

2. 时间类参数

T_{ijk}：表示第 j 个工件的第 i 道工序在机器 k 上的加工时间；

ST_{ij}：表示第 j 个工件的第 i 道工序在制造系统中的开始加工时间；

ST_{ijk}：表示第 j 个工件的第 i 道工序在机器 k 上的开始加工时间；

FT_{ijk}：表示第 j 个工件的第 i 道工序在机器 k 上的完工时间；

FT_j：表示第 j 个工件的完工时间；

CT_{ijk}：表示第 j 个工件的第 i 道工序在机器 k 上的开始准备时间；

DT_{ijk}：表示第 j 个工件的第 i 道工序在机器 k 上的结束准备时间；

D_j：表示第 j 个工件的交货时间。

3. 成本类参数

α_j：表示第 j 个工件单位时间的拖期惩罚成本；

P_k：表示工件在机器 k 上准备时单位时间的能耗成本；

W_k：表示工件在机器 k 上等待时单位时间的能耗成本；

M_{ijk}：表示第 j 个工件的第 i 道工序在机器 k 上加工时单位时间能耗成本；

A：表示工件在加工过程中车间予以辅助的单位时间能耗成本。

4. 决策变量

$$X_{ijk} = \begin{cases} 1, & \text{第} j \text{个工件的第} i \text{道工序被分配到机器} k \text{上进行加工} \\ 0, & \text{其他} \end{cases}$$

$$\eta_{jk} = \begin{cases} 1, & \text{工件} j \text{被分配到机器} k \text{上加工} \\ 0, & \text{其他} \end{cases}$$

19.2.4　调度目标和约束条件

车间能耗优化调度目标是在现有制造系统中合理安排 n 个工件的加工任务，即为每道工序选择合适的机器，并确定每台机器上各工件的加工顺序和各工件的开工时间，同时使得该系统中的能耗成本和拖期惩罚成本最小。

1）能耗优化调度模型满足以下假设（吴秀丽等，2007）：①所有机器在 $t=0$ 时都可用；②所有工件在 $t=0$ 时都可被加工；③工件的工艺要求是固定的，同一工件的工序之间有先后顺序约束，不同工件的工序之间没有先后顺序约束；④每道工序在不同加工机器上的加工时间和加工能耗成本是不同的；⑤每道工序的加工过程不允许中断；⑥不同工件之间开始加工的优先级相同；⑦不同机器的等待时间和单位时间等待能耗成本是不同的；⑧不同机器的准备时间和单位时间准备能耗成本是不同的；⑨每个工件单位时间的辅助能耗成本是相同的；⑩在每个加工阶段，机器不同状态的功率消耗和能量消耗是可以被测量和计算的；⑪不考虑作业在不同设备之间的转移时间，也不考虑设备故障情况。

2）能耗优化调度模型满足以下约束条件：

$$\sum_{k=1}^{m} X_{ijk} = 1, \quad X_{ijk} = 1 \text{或} 0 \quad k \in M_{ij} \tag{19.1}$$

$$\sum_{k=1}^{m} \text{ST}_{ijk} \cdot X_{ijk} \geqslant \sum_{k=1}^{m} (\text{ST}_{(i-1)jk} + T_{(i-1)jk}) \cdot X_{ijk} \tag{19.2}$$

$$\text{FT}_{ijk} - \text{FT}_{(i-1)jk} \geqslant T_{ijk} + \text{DT}_{ijk} - \text{CT}_{ijk} \tag{19.3}$$

$$(\text{DT}_{ijk} - \text{CT}_{ijk}) \cdot X_{ijk} \cdot \eta_{jk} \geqslant \text{DT}_{ijk} \tag{19.4}$$

$$\text{ST}_{ijk} = \text{DT}_{ijk} \tag{19.5}$$

$$T_{ijk} > 0 \text{且} T_{0jk} = 0 \qquad\qquad (19.6)$$

$$\text{ST}_{ijk} > 0 \text{且} \text{ST}_{0jk} = 0 \qquad\qquad (19.7)$$

$$1 \leqslant j \leqslant n, \quad 1 \leqslant i \leqslant n_j, \quad 1 \leqslant k \leqslant m \qquad\qquad (19.8)$$

其中，式（19.1）表示工件 j 的第 i 道工序只能选择在可选机器集合中的一台机器上加工；式（19.2）表示工件的工序先后顺序约束，工件 j 的第 i 道工序只能在前一道工序完成加工后才能开始加工；式（19.3）表示工件 j 的第 i 道工序在制造系统中的等待时间大于或等于零；式（19.4）表示允许机器提前准备，使得同一工件的上一工序完成后可立即进入下一工序的加工，缩短机器空闲时间可节约能耗量；式（19.5）表示工件 j 的第 i 道工序在机器 k 上完成准备工作后即可进行加工；式（19.6）表示工件 j 的第 i 道工序加工时间大于零且在初始时刻可以被加工；式（19.7）表示工件 j 的第 i 道工序的开始加工时间大于零且在制造系统中开始加工时间等于零；式（19.8）表示系统中有 m 台设备，n 个待加工工件，每个加工工件有 n_j 道工序。

19.2.5　多目标优化问题

通过能耗优化模型降低车间能源消耗，一方面，可以降低生产成本，提高企业生产利润；另一方面，能耗优化调度使得能源利用效率提高，既减轻了环境压力，又降低了环境维护费用，提升了企业的社会形象。所以，建立车间能耗优化调度模型需要将制造系统的能源消耗作为模型的调度目标，最小化车间能耗成本。但是，车间调度作为生产制造企业的中心，需要顾及各方利益，应该尽量满足缩短生产周期、准时交货、降低成本和提高生产效率等要求（左乐，2015），并且，在一般的车间调度优化问题中，模型的目标函数通常会被设定为最小化加工时间、机器最大负荷、最小总拖期等，因此，在考虑能源消耗成本最小这一调度目标的同时，考虑"按时交货，提高客户满意度"的拖期惩罚成本最小作为另一调度目标，以评价车间的交货能力。如前文所述，本书构建的柔性作业车间能耗优化调度模型，从成本的角度考虑两个调度优化目标，分别为拖期惩罚成本和能源消耗成本。所以柔性作业车间能耗优化调度问题是具有两个调度优化目标的。

1. 能源消耗目标

根据前面的分析可知，加工过程中工件的能源消耗种类为机器的准备能耗、等待能耗、加工能耗和车间层的辅助能耗。所以在一定加工任务情况下，通过生产任务中给出的相关时间参数和由能耗统计模型所得工件的各部分能耗，可以计算出某工件的准备能耗成本、等待能耗成本、加工能耗成本和辅助能耗成本，进而求得工件在车间完成加工所需的总能耗成本。因此，车间层总能耗成本即计算所有工件的准备能耗成本、等待能耗成本、加工能耗成本、辅助能耗成本四部分之和。车间总能耗计算步骤如下。

第一，计算加工之前机器用于所有工件准备工作所需的能耗成本 C_P：

$$C_P = \sum_{j=1}^{n} \sum_{i=1}^{n_j} (\mathrm{DT}_{ijk} - \mathrm{CT}_{ijk}) \cdot X_{ijk} \cdot P_k \quad (k=1,2,\cdots,m) \qquad (19.9)$$

其中，C_P 等于 n 个工件 n_j 道工序在机器 k 上的准备时间与机器 k 单位时间准备能耗成本的乘积。

第二，计算在所有工件加工期间机器总的等待能耗成本 C_W：

$$C_W = \sum_{k=1}^{m} \sum_{j=1}^{n} (\mathrm{ST}_{ijk} - \mathrm{FT}_{i(j-1)k}) \cdot X_{ijk} \cdot W_k (i=1,2,\cdots,n_j) \qquad (19.10)$$

其中，$\mathrm{ST}_{ijk} - \mathrm{FT}_{i(j-1)k}$ 表示机器从第（$j-1$）个工件到第 j 个工件的等待时间。

第三，计算所有工件在加工时机器总的加工能耗成本 C_M：

$$C_M = \sum_{k=1}^{m} \sum_{j=1}^{n} \sum_{i=1}^{n_j} T_{ijk} \cdot X_{ijk} \cdot M_{ijk} (k=1,2,\cdots,m) \qquad (19.11)$$

其中，加工能耗成本 C_M 等于 n 个工件 n_j 道工序的加工时间与 m 台机器单位时间加工能耗成本的乘积。

第四，计算所有工件在加工期间车间的辅助能耗成本 C_A：

$$C_A = A \cdot \max \mathrm{FT}_j \quad (j=1,2,\cdots,n) \qquad (19.12)$$

其中，C_A 等于工件的最大完工时间与单位时间内车间的辅助能耗成本的乘积。

第五，将四部分能耗成本求和即可得车间层总的能耗成本 C_E：

$$C_E = C_P + C_W + C_M + C_A \qquad (19.13)$$

按照上述能源消耗模型可以计算车间层总能耗成本，并将其作为能耗优化调度模型的目标函数，实现计算和控制各工序在制造系统中所消耗的能源，是柔性作业车间能耗优化调度的核心。

2. 拖期惩罚目标

面对激烈的竞争环境和消费者对产品日益复杂的个性化需求，企业需要降低生产成本，提高效率，按时完成生产任务以保证企业的信誉。所以，企业应尽可能提前完成订单的加工，避免拖期。为了保证客户对交货期的满意度，本书提出将拖期惩罚成本作为调度目标，对车间没有按交货期完成加工的工件处以一定的惩罚。拖期惩罚成本计算公式如下

$$C_T = \sum_{j=1}^{n} \alpha_j \cdot \max(0, \mathrm{FT}_j - D_j) \qquad （19.14）$$

其中，C_T 的含义是 n 个工件在车间加工时，工件加工时间超过约定的交货期，车间需要为此支付的拖期惩罚费用。FT_j 表示第 j 个工件的完工时间，D_j 表示第 j 个工件的交货期。若工件的完工时间大于工件约定的交货期，则表示工件没有按订单时间要求完成加工，车间应对此付出相应的拖期惩罚费用；若完工时间小于交货期，则不用支付拖期惩罚费用。工件的完工时间由该工件的开始加工时间和在机器上的加工时间所确定，交货期由生产计划确定。

　　综上可得，本书的柔性作业能耗优化调度模型的调度目标为 $F(x) = (C_E, C_T)$，优化目标为 $\min(C_E, C_T)$。

3. 优化目标确定

　　通过上述分析可知，本书基于数学规划方法建立的柔性作业车间能耗优化调度模型如式（19.15）所示，调度目标函数中包含了拖期惩罚成本和能源消耗成本，是复合目标的调度问题。

$$\min F(x) = C_T + C_E \qquad （19.15）$$

其中，C_T 的含义是一定数量的工件在车间加工时拖期惩罚成本，此调度目标说明企业关注于按时交货，可能会因遵循按时交货原则而牺牲能耗成本，采用一些高能耗、大功率的设备；C_E 表示车间总能耗成本，表明企业关注节能减排，降低能耗成本。

19.3　能耗优化调度的混合遗传算法设计

19.3.1　混合遗传算法概述

　　对于求解调度问题而言，遗传算法是一种高效、通用的方法。标准的遗传算法容易产生早熟现象以及局部寻优能力较差等问题，所以在许多调度情况下不能

产生预期的结果（吉根林，2004）。而有关文献（唐万和，2014）提出用基于启发式规则的遗传算法进行求解，将基于该规则的遗传算法与普通遗传算法进行对比，结果证明了混合遗传算法相较于普通遗传算法的优越性，弥补了单一优化方法的某些不足之处。基于上述学者观点，本书提出将最小加工能耗成本的启发式规则的机制引入标准遗传算法编码方案中，并集成精英保留策略，组成混合遗传算法。进化过程中为了尽量提高算法的搜索速度并使个体的初始位置与最优解的位置尽量靠近，初始种群个体尽量分布于解空间，可以采用启发式规则产生部分初始解，有效避免算法陷入局部搜索，而精英保留策略保证算法的收敛性，将两者引入遗传算法弥补了标准遗传算法过早收敛和效率低下的不足。混合遗传算法流程图如图 19.6 所示，算法过程如下。

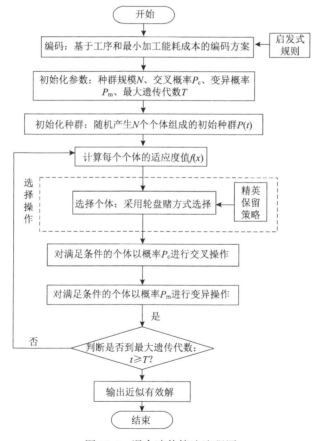

图 19.6　混合遗传算法流程图

1）编码，基于工序和最小加工能耗成本的编码方案；

2）初始化参数，设置算法相关参数种群规模、最大遗传代数、交叉概率、变异概率；

　　3）初始化种群，随机生成初始种群，包含 N 个个体；

　　4）计算每个个体的适应度值 $f(x)$；

　　5）采用轮盘赌方式选择个体和精英保留策略；

　　6）从子种群中按交叉概率 P_c 选取个体数两两交叉进行，产生新个体；

　　7）对于交叉之后的个体，以设定的变异概率 P_m 进行变异操作；

　　8）判断是否到最大遗传代数，是则算法结束输出近似有效解，否则，转步骤 4 进行下一轮判断。

19.3.2　编码与解码设计

　　编码是利用遗传算法实施优化的首要和关键步骤。对于传统的作业车间调度问题，一般采用基于工序的编码方式，由本章车间层能耗优化调度模型的特点可知，多目标柔性作业车间调度问题所要解决的问题是：在可选机器中，为待加工工件选择能耗成本最低的机器；确定每台机器上工件加工的先后顺序；在满足上述两个条件的情况下使得拖期成本和能耗成本最小。表 19.2 表示工序可选择的加工机器汇总，具体编码方法：O_{ij} 表示工件 i 的第 j 道工序，M_i 为机器集，每个染色体基因包含机器号、工件号、工序号。

表 19.2　工序可选择的加工机器汇总

工序	O_{11}	O_{12}	O_{13}	O_{21}	O_{22}	O_{23}	O_{31}	O_{32}	O_{33}
可选 机器	M_1	M_2	M_1	M_1	M_2	M_2	M_3	M_2	M_2
	M_3	M_3	M_3	M_2	M_3	M_3	M_4	M_3	M_3
	M_4	M_4	M_4	M_3	M_4	M_5		M_5	M_4
	M_5		M_5	M_4	M_5				M_5

　　综合分析各种编码方式，为了使在染色体编码时也体现这几方面的要求，本书采用双层编码方案，编码方案如表 19.3 所示。染色体长度 $L = \sum_{j=1}^{n_j} P_j$，其中 P_j 为工件 j 的工序数。第一层编码表示工序所选择的加工机器，在可加工该工序的设备集中选取，选取规则由最小加工能耗成本规则决定，即首先计算该工序在设备集中的平均加工能耗成本，然后按递增排序，得到机器加工队列 Q，在可加工的机器中选择加工能耗成本最小的机器。第二层编码表示工序加工的优先权值，在[1，L]中随机产生。对于第二层编码，由于随机选择出的每道工序优先权值可

能不符合加工工艺要求，所以需要对方案进行调整：将同一工件每道工序随机得到的优先权值按从小到大的顺序排列，再依次分配给此工件的每道工序。

表 19.3　编码方案表

工序	O_{11}	O_{12}	O_{13}	O_{21}	O_{22}	O_{23}	O_{31}	O_{32}	O_{33}
第一层编码	M_1	M_3	M_4	M_2	M_5	M_2	M_3	M_2	M_5
第二层编码	7	4	2	8	6	9	1	3	5
调整后顺序	2	4	7	6	8	9	1	3	5

由表 19.3 可知，染色体第一层编码解决了在最小加工能耗成本原则下工件工序机器的选择问题，第二层编码完成了工件加工排序问题，给出了编码方案。

将调整后的优先权值按从小到大的顺序排列，可以看出该染色体对应的工序加工队列为 O_{31}、O_{11}、O_{32}、O_{12}、O_{33}、O_{21}、O_{13}、O_{22}、O_{23}。由此可得各机器上工件的加工顺序，如表 19.4 所示。

表 19.4　机器上工件加工顺序表

机器	工件加工顺序
M_1	O_{11}
M_2	O_{32}、O_{21}、O_{23}
M_3	O_{31}、O_{12}
M_4	O_{13}
M_5	O_{33}、O_{22}

19.3.3　遗传算法参数及种群初始化

遗传算法的重要参数有种群规模、交叉概率、变异概率和最大遗传代数。下面讨论这些参数对遗传算法的影响机理及其一般取值范围，以及初始化种群方法。

1. 种群规模

种群规模指种群中个体的数量。种群规模较小时，算法运算速度快，但规模小使得个体多样性低，这有可能会引起遗传算法的早熟现象；种群规模较大时，算法运算速度慢，导致收敛时间变长。所以种群规模是影响算法性能和运算速度的因素之一，在进行算法仿真时应选择较大的种群规模，合理选择范围是 20～200。

2. 交叉概率

交叉操作是指通过交换配对染色体的部分基因产生新个体，而交叉概率则是通过概率的形式控制基因交换的规模。若交叉概率取值较大，则种群中个体更新速度快，导致先前优秀的个体被破坏；若交叉概率取值较小，则导致搜索减缓。一般建议取值在 0.4～0.99。

3. 变异概率

变异概率和交叉概率一样，可以增大染色体种群的多样性。变异概率较大则导致优秀个体流失，变异概率较小则容易使算法早熟。一般取值范围在 0.005～0.1。

4. 最大遗传代数

遗传算法是一种复杂的非线性随机智能优化计算模型。在实际应用时，需要设计终止算法进程的收敛规则。本书通过设定最大遗传代数来终止算法进程。

5. 初始化种群

初始化种群有人工生成初始化种群和随机生成初始化种群两种。人工生成初始化种群使得个体初始位置与最优解位置相差不多，而随机生成初始化种群会使算法搜索速度变慢，个体初始解与最优解不一定分布于解空间。

19.3.4 适应度函数

传统的作业车间调度问题，大多以最短完工时间为优化目标，这样的调度目标可能会致使企业采用一些功率较大的设备用于节约加工时间。但同时这些设备的能耗量也相对较高，结果导致了企业能耗的增加，这种生产方式不符合车间节能减排工作的要求。因此，本书从成本的角度提出了一种以能耗和最短完工时间为调度目标的数学模型。遗传算法中的适应度函数体现的是优化模型的目标函数，本书中柔性作业车间能耗优化调度模型的优化目标是 $F(x)$ 最小，是最小化问题。而遗传算法则要求可知适应度函数必须非负，并且优化过程中目标函数的变化方向应与群体进化过程中适应度函数变化方向一致（邢文训和谢金星，1999），因此，本书通过指数变换法对本书的目标函数 $F(x)$ 进行转换。适应度函数 $f(x)$ 如下

$$f(x) = \sigma \cdot e^{-\lambda F(x)} \tag{19.16}$$

其中，$F(x)$ 为柔性车间能耗优化调度方案的目标函数，包含了车间的能耗成本和拖期惩罚成本；σ、λ 表示尺度变换因子，是大于零的常数，σ、λ 越大，原来适应度较高的个体，加入尺度变换因子之后，新适应度值还会很高，即增大了选择该个体的强制性。为了后续计算方便，本书均将其取值为 1。

19.3.5 遗传算子操作

1. 选择方法

在进行遗传操作之前，定义每一代种群中适应度值最大的个体为精英个体，引入精英保留策略，使得优秀个体不参与后续遗传操作，避免个体更新导致最优个体丢失。

选择操作是基于适应度函数值，在解空间中以一定概率选出优良个体，并传递给下一代。本书采用轮盘赌的选择方式对个体进行选择操作，假设个体为 i，其适应度函数为 $f(i)$，种群大小为 n，则其被选择的概率由式（19.17）确定。可以看出，适应度越高的个体被选择的概率越大。

$$P_i = \frac{f(i)}{\sum_{i=1}^{n} f(i)} \tag{19.17}$$

2. 交叉方法

区别于基于工序的编码方式，由于本书染色体编码采用双层编码的特殊性，所以交叉操作应该分为加工顺序基因串的交叉和设备匹配基因串的交叉两层，并分别对每一层编码进行交叉操作。

交叉操作：

第一层编码的交叉操作

父代 1：（$M_1 M_3 | M_4 M_2 M_5 M_2 M_3 M_4 | M_2 M_5$）

父代 2：（$M_3 M_2 | M_4 M_1 M_5 M_3 M_4 M_2 | M_5 M_2$）

交叉后生成：

子代 1：（$M_1 M_3 | M_4 M_1 M_5 M_3 M_4 M_2 | M_2 M_5$）

子代 2：（$M_3 M_2 | M_4 M_2 M_5 M_2 M_3 M_4 | M_5 M_2$）

第二层编码的交叉操作

父代 1：24 | 73681 | 59

父代 2：13 | 74692 | 58

将父代 1 和父代 2 的交配区域加到对方的非交配区域，然后将各自非交配区与交配区相同的数值删除，得到新的子代：

　　子代 1：74692 | 24 | 73681 | 59

　　子代 2：73681 | 13 | 74692 | 58

　　子代 1：74692 | 3815

　　子代 2：73681 | 4925

　　按工艺约束调整后最终两个子代为：

　　子代 1：467239158

　　子代 2：367148259

3. 变异方法

变异操作：第一层编码的变异（表 19.5），随机选择染色体串中的某一点，然后从该工序的可选加工机器中选择其他设备。例如，随机选择变异的是染色体串中第三位基因，则从其可选择的加工机器中随机选择其他加工机器，例如选择 M_4。

表 19.5　第一层编码变异方式

项目	具体内容								
第一层编码	M_1	M_3	M_4	M_2	M_5	M_2	M_3	M_2	M_5

由于第二层编码是工件的加工序列，因此通过随机选取单个基因位进行交换，如下所示：

　　第二层编码：467239158

　　交换后：461239758

　　调整后：146239578

19.4　能耗优化系统实现

能耗优化是通过建立柔性车间能耗优化调度模型，在完成加工任务的同时实现对制造过程中能耗的优化和控制。

国内外学者对车间层能耗优化领域进行了不少探索。在国外，Mouzon 等（2007）将车间能源消耗最小化和任务完成时间最短作为调度模型的目标函数，提供了一种优化加工设备能源消耗模型；Fang 等（2011）提出了一个新的混合整数线性规划模型，用于求解经典流水车间调度问题，结合了峰值功率消耗和相关完工时间的碳足迹；Bruzzone 等（2012）基于混合整数规划公式提出了一个考虑能耗的调度算法，用于解决需要保留原有固定任务分配和顺序的混合流水车间问题。在国内，王伟（2011）通过建立车间能源消耗模型对流水车间、混合流水车间、经典作业车间能耗优化问题进行了研究，以完工时间和车间能耗量作为车间调度的目标函数；唐万和（2014）针对轮胎硫化车间能耗优化问题，研究了非同等并行机以成本最小化为目标的调度模型，并设计不同智能优化算法求解性能。

协同平台能耗优化模块的设计则是基于柔性作业车间调度问题，并根据企业自身状况，将车间层能耗分为准备能耗、等待能耗、加工能耗及辅助能耗四部分，以完工时间和车间能耗量作为车间调度的目标函数，并通过遗传算法对问题进行求解。

工件每道工序的可选机器集及加工时间如表 19.6 和表 19.7 所示。

表 19.6　工序的可选机器集

J-m	O_{11}	O_{12}	O_{13}	O_{14}	O_{15}	O_{16}
Job_1	5	6	4	[2, 9]	[3, 7]	5
Job_2	4	[2, 9]	8	[6, 7]	5	[1, 10]
Job_3	3	[6, 8]	7	[2, 1]	[4, 10]	5
Job_4	5	2	[4, 7]	10	[2, 5]	[3, 6]
Job_5	[4, 5]	5	[9, 10]	6	2	[3, 8]
Job_6	[2, 6]	4	[6, 9]	7	8	[3, 9]

表 19.7　工序在不同机器上的加工时间　　　　　单位：分钟

T_{ijk}	O_{11}	O_{12}	O_{13}	O_{14}	O_{15}	O_{16}
Job_1	3	10	9	[5, 4]	[3, 3]	10
Job_2	6	[8, 6]	4	[2, 6]	3	[3, 3]
Job_3	4	[5, 7]	7	[5, 5]	[9, 11]	1
Job_4	7	3	[4, 6]	3	[1, 7]	[3, 6]
Job_5	[6, 4]	10	[7, 9]	8	5	[4, 7]
Job_6	[3, 7]	10	[8, 7]	9	4	[9, 4]

　　能耗优化结果如图 19.7 所示。

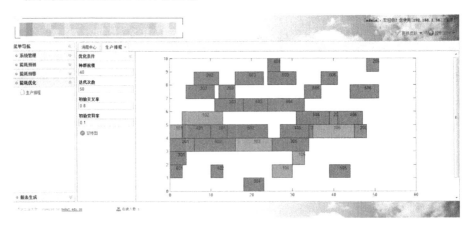

图 19.7　能耗优化甘特图

第六篇
能效提升的智能化协同服务平台

本篇首先详细阐述了大数据的核心概念与内涵，在此基础上论述了大数据时代的基本数据分析框架，之后从大数据分析的基础云计算开始，详细介绍了分布式文件系统、分布式数据库、大数据可视化等大数据处理系统所涉及的相关技术。其次，介绍了目前大数据处理最常用的工具Hadoop软件框架。再次，详细分析了当前装备制造企业的大数据背景。最后，基于大数据思想，对智能化协同服务平台进行了系统的分析和设计。

第 20 章　装备制造企业的大数据背景

20.1　生产过程的大数据环境

　　装备制造企业历史悠久，大型的装备制造企业已经积聚了大量数据，包括生产制造数据、能源消耗数据、产品销售数据等。近年来，随着经济的不断发展，我国的制造企业也在不断发展壮大，其产生的数据量也将呈现持续增长态势，加上 IT 系统、物联网及制造物联等技术与理念在制造企业中的不断普及与发展，大数据已经深入制造企业产品生命周期中的各个环节，包括产品研发、供应链管理、产品生产过程、市场销售以及售后服务等，未来制造企业所产生的数据增量及其速度将大幅提升（Manyika et al.，2011），届时数据将变得无处不在且更加容易获取，这为大数据应用打下了坚实的基础。在这种情况下，为了变得更有竞争力，如何使用正确的方式与工具将这些迅速增长的数据尽早、尽快地转换成有用的、可操作的信息将成为装备制造企业最为迫切的需求。

　　对于装备制造企业来说，其大数据均源于自身日常产品与业务过程，装备制造企业的日常生产任务一般来自外部订单，将各种原材料通过不同的车间、工序最后组合成为产成品进而交付客户使用（张华和刘飞，2000）。该过程的本质即为物料的物理化学转换。

　　产品的生产制造，需要按照不同的工艺流程路线逐步推进，当前的装备制造企业生产部门内部往往进行着工作中心划分，各工作中心对应不同的工序。自原材料开始，按照不同的工艺线路推荐至各个相应的工作中心，各工作中心完成各自的生产任务后，通过最后的组装工序完成产成品，整个过程如图 20.1 与图 20.2 所示。

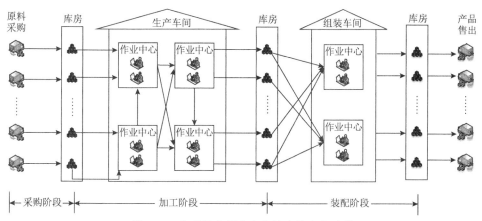

图 20.1　典型装备制造企业的产品生产过程

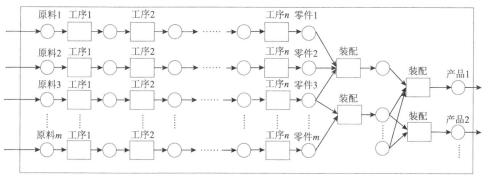

图 20.2　生产物料转换过程

装备制造企业产品制造过程始于原材料进入各个车间，终于从装配车间或其他车间转出进入成品仓库。其中，原材料可能同时进入多个车间，整个过程可能包括一个或多个车间生产过程，每个车间子过程生产若干个用于最终产品的零件。在车间，原材料可能经过一道或多道工序，每道工序中可能使用到一台或多台设备。在此过程中，存在能源的消耗。

原材料经过不同的工序或不同的设备时，数据也在源源不断地产生，例如某台机械设备的瞬时电压、电流与功率，某个零件的生产物料信息，某条生产线的产出量等等，这些数据通过传感器与其他电气设备源源不断地进行采集，进而进行存储与积聚。

在传感器技术尚未普及时，生产过程数据的获取依然需要依赖人工的方式进行，该种方式采集周期较长，采集数据的种类较为单一，数据的增速极其缓慢，同时此项工作的成本较高，数据的分析统计工作严重滞后于数据的产生，数据的价值无法体现。随着技术的不断发展，硬件制造成本不断降低，传感器等技术不断地在工业企业中普及使用，这使得数据采集的速度与成本方面的问题得到了较大程度的改善，但是数据采集的种类依然较为单一且固定，采集数据的粒度较粗，数据统计分析仍然较大幅度滞后于数据的产生，数据中的信息价值一般。而在大数据环境下，随着技术的进一步发展与制造商对数据分析重要性意识的不断增强，数据采集的粒度进一步细化，数据的采样周期进一步缩短，同一生产事件的采集数据项不断增加。而对于整个生产过程而言，每个采集点产生的数据总量与数据的增长速度相比以往将大幅增长，需要分析和处理的数据规模从 GB 级迈向 TB 级甚至 PB 级，而且数据分析结果的产生时间可以更加接近数据的产生时间，有利于数据价值的快速转化。这种情况已经符合国际数据公司 IDC 发布的大数据技术与服务报告中关于大数据技术与服务标准的部分描述（Liu et al.，2002），如图 20.3 所示。

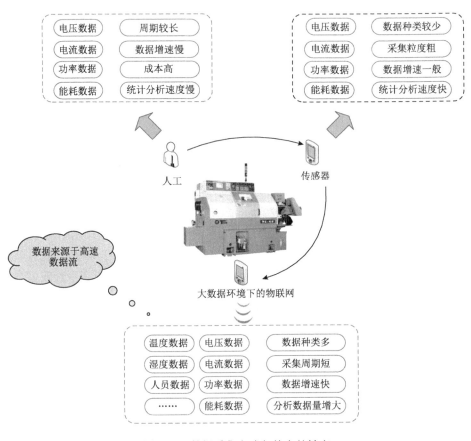

图 20.3　数据采集方式与特点的转变

20.2　生产过程的大数据分析架构

大数据时代，对于装备制造企业的生产过程来说，单单处理企业制造车间的生产数据是远远不够的。大数据环境要求我们分析更多的数据，包括同种类数据的所有数据，以及其他不同种类的所有数据。例如，除了本书所关心的能源消耗数据之外，还有企业的财务数据、人力资源数据、订单计划数据，生产物料流转数据、产品销售数据等，除以上所述企业常规经营数据之外，其他一些企业正常运营过程中产生的数据同样可以参与分析，如企业员工的考勤数据，外部环境的温度数据、湿度数据与天气数据，企业运输车辆的 GPS 数据以及车辆运转参数数据等，即参与分析的数据对象为全集数据，如图 20.4 所示。在大数据时代，这些数据信息全部通过相应的信息技术手段获取，储存在计算机中，这使得全集数据

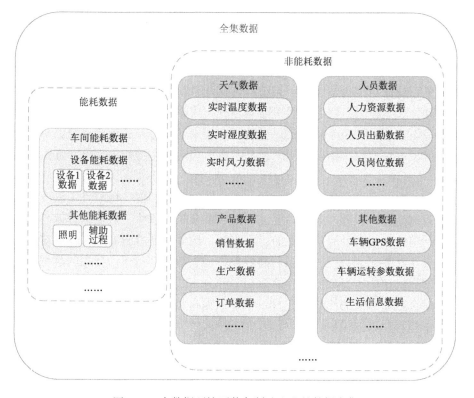

图 20.4　大数据环境下装备制造企业的数据全集

变成可能。全集数据能为数据分析带来更高的精确性，也能让我们看到一些以前无法发现的隐性细节。大数据分析能让我们更清楚地看到以往优先的常规数据样本所无法揭示的细节信息，这些信息对于企业生产率的提高以及其他决策可能具有不可估量的意义。

根据国际数据公司 IDC 的大数据技术与服务标准，大数据环境下的数据集合必须部署于可动态适应的基础设施当中。传统的数据分析计算架构结构单一固定，动态适应能力与可拓展性较差，已经不能适应这种海量数据处理和快速、深度挖掘的需求，因此大数据环境下的装备制造企业迫切需要引入大规模并行处理技术和分布式架构，构建基于云计算的数据分析引擎架构，以应对当前互联网大数据时代的挑战。

装备制造企业用于大数据分析的全集数据来源于不同的数据源，各类数据的采集汇总过程相互独立，而在大数据环境下我们要同时处理所有这些不同种类的海量数据，数据的存储问题必须解决。分布式存储技术作为目前大数据分析过程中的优秀高效的数据存储方案，其架构可扩展或伸缩，利用不同的数据服务器分解了整体的数据压力，提高了系统整体的稳定性与灵活性。

为了实现大数据环境下的全集数据分析，实现数据存储的动态适应与可拓展性，装备制造企业的全集数据需要存储在分布式存储系统中，然而对于存在于分布式存储系统中的数据，准确、高效地实现大量的数据搬移工作已经不现实，常规的业务系统面对这种情况已经无法实现其业务功能。在这样的架构中，数据将不再移动，数据在写入之后分散地存储在分布式系统的各个存储节点中。针对大数据环境下数据的快速大幅增长，只需要合理地增加分布式存储系统的节点，即可以较低成本快速解决拓展性问题，且不会对当前正在应用的其他业务系统产生影响。

分布式存储系统解决了大数据的动态存储问题，然而，由于其无法实现高效的大量数据搬移，因此在业务系统进行大数据分析过程中，数据的提取与使用将会受到严重的影响，计算机系统的计算将会持续等待提取分布式存储系统中的数据，造成 I/O 瓶颈，以及无法顺利高效地完成大数据环境下所要求的数据分析。因此在这样的架构中，数据在存储至相应的分布式存储系统的节点之后，计算节点同时融合数据旁边的 CPU，这样一来，数据将越来越贴近计算，计算将推向数据，而不是移动数据用以计算，即形成一种云计算的架构模式。装备制造企业的分布式存储系统与云计算架构大致分为三层（图 20.5），即分布式基础设施层、平台层与软件层。

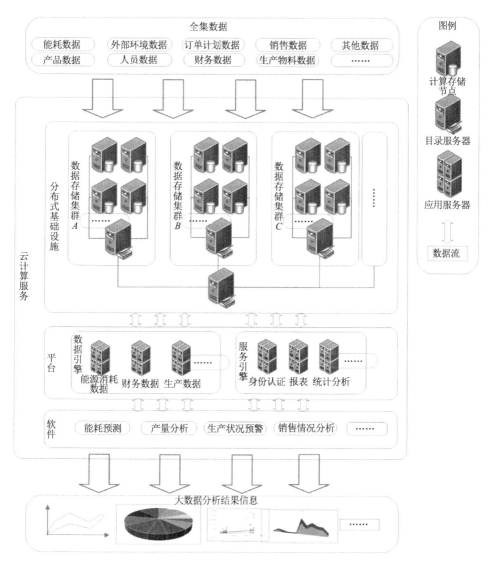

图 20.5　装备制造企业的分布式存储系统与云计算架构

1. 分布式基础设施层

分布式基础设施层包括基础的分布式计算存储节点。基本的计算存储节点位于分布式基础设施中，计算存储节点之间可以分组，每组的节点集群中有一个特殊的节点，即目录服务器节点，其负责该组节点服务器的统一任务分配与计算结果汇总以及各节点的文件数据索引。各组计算存储节点集群外有一个总目录服务器节点，负责分布式基础设施全局的任务分配与计算汇总以及各组节点集群目录服务器的文件数据索引，当架构的计算能力不足或存储到达极限时，只需要向节点集群中直接添加必要的计算存储节点，所需要做的操作仅仅是修改相应目录服务器的索引，操作十分简便，不会影响整个集群的运转。

2. 平台层

平台层主要包括各类通用的数据引擎与服务引擎，例如数据引擎包括能源消耗数据引擎、财务数据引擎、生产数据引擎等，服务引擎包括身份认证引擎、报表引擎、统计分析引擎等。以上所述引擎主要提供方向单一、功能点全面的服务，主要作为软件层的基础部分，为软件层提供所需的数据及其他通用的各项功能。例如，能源消耗数据引擎可以为各种需要能源消耗数据进行分析应用的业务系统提供所需的所有数据，而不单单只针对能源相关的业务系统；统计分析引擎与报表引擎同样针对所有的业务系统，为所有需要统计分析与报表输出的环节提供服务，而不单单针对某一业务系统。平台层的各项引擎服务具备通用性高与适应性强的特点，可以完整地适配不同的业务逻辑。为了适应大数据环境下的数据分析工作，该部分目前主要采用 Google 公司提出的 MapReduce 数据分析处理框架。

3. 软件层

软件层主要包含直接进行大数据综合分析的业务系统，其目标为获得最终的"知识"，并将其以合理的方式展示给企业的高层与其他用户。该层中的各业务系统的目标依赖于通过平台层的各项数据引擎获取大数据分析所需的所有数据以及相应的数据挖掘方法来实现，数据挖掘方法作为该部分的核心，具有举足轻重的作用，算法的选择与设计直接影响到分析结果的精确性与可用性。

数据挖掘就是从大量的、不完全的、有杂质的、模糊的、随机的实际应用数据中，提取隐含在其中的、未被发现的，但又是潜在有用的信息和知识的过程。数据挖掘是一个多学科交叉的领域，涉及数据库技术、人工智能、机器学习、统计学、高性能计算技术、可视化等领域。常见的数据挖掘算法按功能分主要有分类、估计、预测、相关性分组、聚类分析以及文本、图像等复杂类型数据挖掘算法。目前已经有许多经典的算法用以进行不同类别的数据挖掘，如 SVM 算法可用于分类、模式识别与回归预测等领域，K-means 算法用于聚类分析，Apriori 算法用于挖掘关联规则频繁项集等。

在大数据环境下，由于数据量的增加以及数据种类的多样性，常规数据挖掘算法的性能均有不同程度的下降或无法使用，因此，需要对常规的数据挖掘算法进行改进，以适应新的大数据背景，使数据挖掘算法升级为大数据挖掘算法。目前有关大数据挖掘的研究中，重新设计算法的情况较为少见，多数为在经典数据挖掘算法基础上植入"大数据基因"，常见的手段有结合 MapReduce 数据分析框架，使数据挖掘算法可以针对分布式数据进行（邓波等，2013；陈光鹏等，2012）；结合当前最为流行的分布式系统基础架构 Hadoop（陈湘涛等，2013；陈曦等，2013），在此基础上修改算法以适应大数据的分析环境。

　　相对于数据的处理过程，广大用户更加重视依据数据分析结果该做出何种解释。所以，增加解释部分有利于增强数据流程分析的完整性。数据用户会因为不合适的分析结果而产生困惑，做出错误的决策。与传统方式下采用文本形式进行输出不同，大容量、高度复杂性是数据分析的趋势，也是用户需求的结果，因此，用"数据可视化技术"作为最有利的工具，进而提高数据的解释、展示能力。用户可以通过这种可视化的分析结果，加深对结果的理解。目前流行的海量数据的可视化展示模式如图 20.6 所示。

　　在大数据时代，从数据当中获取的重要信息与隐性知识具有十分重要的作用。如何将这些信息迅速传递到用户手中是大数据环境下分析架构的重要内容，数据分析结束之后，需要展示或汇报的信息必须以最快的速度传播到目标用户。随着无线通信在近几年来的强劲发展，无线终端的占比逐步提高，人们对于移动信息的获取诉求不断加大，移动互联网在这个浪潮当中逐步兴起，目前全国乃至世界已经进入移动互联网时代（Morgan Stanley，2009）。在大数据时代，数据的分析结果不仅需要展现在终端用户的个人计算机中，同时应该顺应移动互联网的发展趋势，将数据的分析结果迅速展现在终端用户的手机等移动设备中，其中包括短信、彩信、邮件以及专用的移动端应用程序等方式。大数据分析架构的信息传送方式示意图如图 20.7 所示。

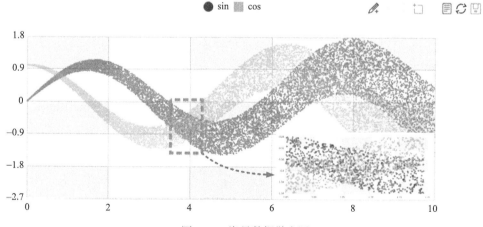

图 20.6　海量数据散点图

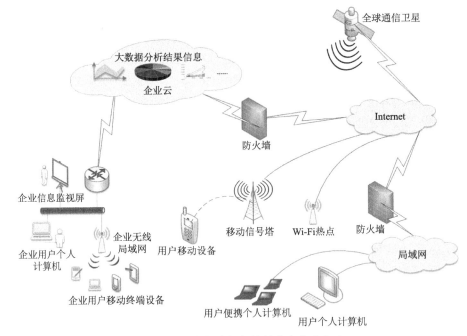

图 20.7　大数据分析架构的信息传送方式

20.3　生产过程的能源大数据流

对于装备制造企业能源消耗问题来说，与之相关的非能源数据类型众多，结构复杂，生产车间制造过程的能耗或许与当时的天气情况、车间的操作人员、产品的销售情况、企业资源计划系统中的运营数据等诸多信息有关联。将生产车间的直接能耗数据与其余与之相关的非能耗方面数据共同分析，相比以往直接对能耗数据进行统计分析，能够得到更高的结果精度与准确度，且有可能发现大量数据中的隐性知识。

根据前文描述的装备制造企业生产过程以及实际调研情况，企业所需关心的生产过程能源消耗主体主要有企业生产车间、工作中心与生产设备等，如图 20.8 所示。

图 20.8　装备制造企业的能源消耗主体

　　在整个企业能源消耗数据分析生命周期中，所有数据均来源于实际生产车间中原始生产数据的采集，企业生产过程中的能耗来源于企业产品的生产、生产设备及其附属物的操作。在传统数据分析方式下，从生产设备的生产开始，直到数据分析结果的展示，其中的能源消耗数据构成了能源数据流，如图 20.9 所示。

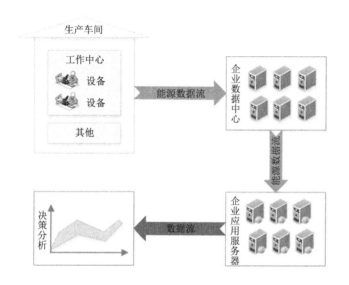

图 20.9　传统数据分析方式下装备制造企业能源数据流示意图

　　企业生产车间在产品制造的过程中使用生产设备及其辅助物品产生能源消耗，能源消耗的原始数据由此处产生，经过一定的传输介质到达企业数据中心，之后，企业应用服务器随时使用数据中心中的数据进行进一步数据处理，产生可以用于决策参考的数据信息并传递给企业的决策者。在大数据背景下，单单分析产品的能耗数据已无法满足时代需求，如上文所述，大数据背景下的数据分析是全集数据分析，在拥有能耗数据的基础上应集合企业 IT 系统以及非 IT 系统当中的所有其他数据一并进行分析，以获取更加精确的分析结果与可能发现的大量隐性知识。大数据背景下的装备制造企业能源数据流示意图如图 20.10 所示。

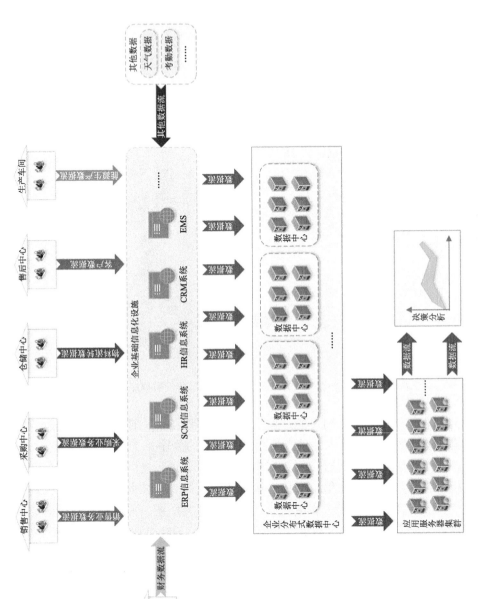

图20.10　大数据背景下的装备制造企业能源数据流示意图

第21章 能效提升的智能化协同
服务平台需求分析

　　能源信息学侧重于信息系统的分析、设计和实施，为了提高能源供应系统的效率，专注于如何利用信息系统以减少能源消耗，有专家学者提出了把能源供应系统和能源需求系统各要素整合起来的集成方案，通过系统收集和数据分析，来支持能源分配和消耗网络的优化（Watson and Boudreau，2009）。本章在分析装备制造企业智能化协同服务平台需求的基础上，提出装备制造企业应选择的能源管理模式，以能源信息学理论和框架为主线，构建装备制造企业智能化协同服务平台模型。

21.1　智能化协同服务平台要求

1. 实现企业用能的平衡供应

　　能源信息管理的核心功能是平衡能源供应及企业需求。装备制造企业的生成过程始终伴随着能源产生、消耗和转化的动态过程。因此，智能化协同服务平台必须通过监控所有的能源输入与输出状态，来确保在生产过程中，优化、平衡能源供需。

2. 实现企业层面的能源管理

　　为了实现能源的科学高效管理，智能化协同服务平台必须能够针对装备制造企业各种能源消耗的特点和转换关系，对能源数据进行采集、监控及自动归档处理，实时监控并调配能源的使用。在此基础上，企业能够对能源的消耗趋势进行预测分析，实现能源流、物料流、信息流的三流合一，并从战略层面对能源实施系统管理。

3. 实现企业能源的经济运行

装备制造企业的副产能源多，存在着相互转化的过程，因此，智能化协同服务平台需要获取企业生产制造、设备检修等计划，优化制造流程，平衡能源供需，用科学的企业用能方案，促进能源梯级利用的效率和经济效益最大化。

4. 智能化协同服务平台与其他信息系统无缝集成

装备制造企业智能化协同服务平台与生产工艺、设备维修等因素密切相关（刘向，2008），需与企业其他信息系统协同工作、无缝集成，同时考虑生产和维修计划的影响，提高能源效率。此外，规划先进的能源监控与数据采集（Supervisory Control and Data Acquisition，SCADA）系统。根据能源特点和具体情况，对照工艺监控的实际要求，强化能源管理；设计集中统一的能源输配及平衡控制的信息管理系统；利用信息技术再现工艺过程的实时映像，根据可靠的过程信息制定运行管理及调整决策。

5. 建立系统化的能源控制中心

根据经济效益最大化的基本原则，配置能源管理的基本要素，运用智能化协同服务平台，通过规划、性能分析、质量管理、能源预测等基础评估模块，全面管理能源的动态流动过程。

21.2　智能化协同服务平台特点

根据能源信息学理论，智能化协同服务平台不但具有数据采集、报表生成和需求预测等传统功能，而且更加强调信息的作用（信息数据的细粒度、流网络的实时在线监测与控制），优化耗能设备及生产工艺，节约能源，提高效率。因此，能源信息学视角下的智能化协同服务平台具有如下特点。

1. 信息数据的细粒度

能源信息学精细化管理设备、优化耗能设备，实现节能目标。精细化管理的前提条件是提高对监测设备和服务的要求，数据采集要求达到一定的细粒度（如实时采集的设备需求和状态信息），以便优化控制设备的运行管理。

2. 能源的实时在线监测

传统智能化协同服务平台的能源在线监控，主要记录能源的工作状态并进行检测、统计和计量。能源信息学更加强调信息的作用，对能源监控的内容和实时性要求更加严格，通过传感体、流网络使用异常检测监控方法和装置监控工艺参数获得全面信息，来提高设备管理的精细化程度，优化管理方案。

3. 生产过程的智能优化

铸造、锻造、焊接和装配是装备制造企业主要高耗能生产工艺，其生产设备的能源消耗占整个生产过程能耗的 70% 以上。能源信息学中的信息系统不仅着眼于生产过程中的计量、分析和考核，更关心物质流、能源流和信息流之间的关系，以及优化流网络采集的细粒度信息。根据每种设备的优化算法和智能分析数据获得最佳能源管理方案以管理设备，达到智能优化及提高能源效率的目的。

4. 信息系统的集成化

充分发挥信息系统的核心作用是能源信息学理论的重点。要想提高能源效率并使其获得可持续发展，我们就必须协调能源系统内部的供需，保证两者的平衡。将感应体和传感网采集处理后的数据传输到信息系统中，通过信息系统进行存储、共享、处理和发布，进而对流网络进行优化和调度控制。这样的集成系统网络覆盖范围更广，容量更大，可靠性更高。

21.3　智能化协同服务平台框架

利用实时信息并充分协调需求和供应系统之间的平衡关系是能源信息学的核心思想。一方面，传感网对感应体和流网络进行实时监测，将采集到的实时信息回传到数据中心，并由管理信息系统进行数据分析和参数设定等，然后通过传感网优化控制流网络，同时将传感网和感应体的状态量再次传递到信息系统中，这样生成的高度集成化的智能化协同服务平台，支持供应商和消费者之间的信息互动，降低了能源消耗。

装备制造企业智能化协同服务平台需要技术及设备装置的支持，如计数装置、仪表、感应体设备和低功耗无线通信技术等，而在企业运营的过程中，还有各种不同的信息管理系统，如企业资源计划（ERP）系统、制造执行系统（MES）和过程控制系统（PCS）等，企业将通过这些技术、装置、信道来获取信息。装备制造企业智能化协同服务平台连接了这些企业内部的信息系统，通过信息耦合，减少系统之间的摩擦，进行统一协调。

另一方面，流网络、传感网和感应体是信息传递的关键渠道。来自传感网的数据通过信息系统提供给流网络优化算法，根据计算结果将数据回传到流网络中的自动控制装置，动态调节流网络状态，在数据异常时，及时将报警信息传送到设备维修部门。

根据上文分析，本书提出了装备制造企业能源管理信息系统模型，如图 21.1 所示。

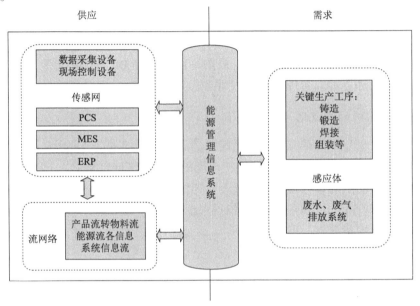

图 21.1　装备制造企业能源管理信息系统模型

能源信息学认为，智能化协同服务平台应该存在三个组成部分：流网络、感应体和传感网。这些组成部分由一个信息系统集成到一个整体系统中。

21.3.1　装备制造企业能源流网络

流网络是一组传输组件，这些组件相互连接支撑连续物质（如水、电、空气）或离散物体（如设备、人）的移动，是能源分配和消费系统的核心。流网络是经济活动的中心，提高其利用效率可以促进企业可持续发展。流网络应包括控制器，以支持动态优化，实现对流状态的改变。

装备制造企业能源系统包括变配电系统、动力系统、供水系统、暖通系统及二次能源输配系统等，在制造过程中存在着各种形态的流网络，而在此过程中所需的主要能源——电力、天然气、水、蒸汽等依托各种能源的运载网络，存在于流网络中。在机械设备的生产制造过程中，需要监控的流网络主要包括：以物质为载体的物料流、能源流和以信息为载体的信息流（Liu and Xu，1993）。

物料流是制造过程中被加工的主体，是主要物质产品的加工实现过程，各种物料沿产品生命周期的轨迹流动。

能源流是制造生产过程的驱动力，是化学反应介质、热介质的扮演者。以蒸汽系统为例，蒸汽系统流网络是企业生产工序的重要支持系统，优化企业蒸汽流网络以实现动态平衡对机械制造生产、节能具有较高的研究价值。对于装备制造企业而言，开展科学、合理的蒸汽生产分析和使用分析，对于指导蒸汽调度、减少放散、节省能源具有实际意义。按需生产蒸汽既可避免蒸汽生产过多而造成能源浪费，又可避免蒸汽大量放散而造成污染。

刘飞等（1997）对制造过程中的物料和能源流动情况进行综合考虑，从制造系统的主要运行环节和物料流动情况两个方面分析制造系统中物能资源消耗状态的影响因素（图 21.2），指出提高制造系统资源利用率的战略途径——以资源利用率最高或废弃物产生最少为目标，充分考虑优化影响产品生命周期中资源消耗的环节，特别包括产品寿命终结后的处理，从而优化物能资源流动过程，有效利用资源，减少废弃物的产生。

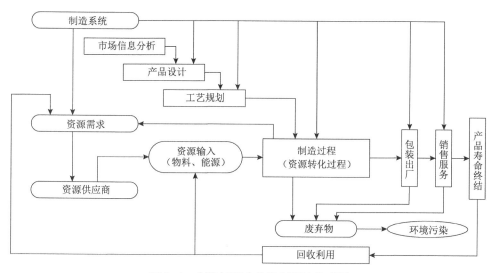

图 21.2　制造过程中物能资源流模型图

信息流则是物料流行为、能源流行为和外界环境信息的反映以及人为调控信息的总和，如市场需求、客户要求、商品价格及某一产品的研究开发情况等。

在装备制造的动态运行过程中，物料流、能源流、信息流相伴而行，相互影响，如图 21.3 所示。鉴于此，对流网络的在线监测和优化就显得尤为重要，进而实现对能源的合理利用，达到降低能源消耗的目的。

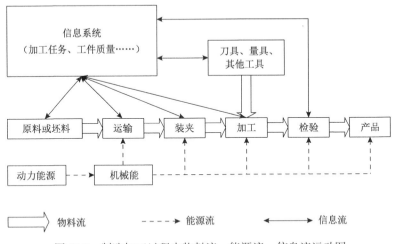

图 21.3　制造加工过程中物料流、能源流、信息流运动图

21.3.2　装备制造企业能源感应体

感应体是可以被远程控制的能够感知并报告数据的物体。感应体在能源需求管理中必不可少，它们可以提供能源消耗信息，更直观地了解能耗使用成本及其对环境产生的影响。实际上，为了更好地进行能源需求管理，往往需要远程控制感应体。

企业各类信息系统可采集物料流、信息流的情况数据，并通过企业局域网和光纤以太网传输到数据中心；各种电表、压力仪、数据采集监控仪表、安全控制设施等构成了装备制造企业能源感应体。如此，在企业运行过程中，物料流、信息流以及能源消耗情况等都可以被感应体感知，专业技术人员或智能信息系统分析经过数据处理后形成的报表信息，识别设备状态，判断可疑故障部位及故障性质等问题，并进行参数控制，制订详细的设备定修计划，使设备最大限度地得到适时维修，实现节能控制和优化管理，产生最佳经济效益，并保证安全生产。

21.3.3　装备制造企业能源传感网

传感网由分散在不同地点的设备组成，可以报告物体的状态或环境条件，如温度、空气成分、移动物体的位置和速度等信息。信息系统通过分析传感网提供的数据，确定流网络的优化方案。

在装备制造企业中，通过光纤将企业资源计划系统、MES、PCS 等企业基础信息系统连接起来，形成传感网，对流网络和感应体进行实时监测。传感网对数据进行获取、存储和分析，由数据中心分析处理回传的采集数据，以确保能源的使用总是保持在高效状态。据调查，燃料能源是装备制造企业消耗的主要能源，平均占到能源使用的 60% 以上，通过传感网将其使用数据回传到数据中心，结合其他信息系统数据加以分析，根据情况及时调整供应策略，并对其进行远程控制，这样既能提高操控性能，又能带来可观的节能效益。传感网分别对水管、电线、天然气管道等流网络执行分地段的实时监测，分析传回数据，判断管道是否出现泄漏现象，并将定期维修改为实时监控，以及时发现并纠正问题。这样，既提高了能源利用率，又达到了能源信息学的生态目标，同时优化了装备制造企业能源的分配利用。

21.4　智能化协同服务平台系统架构分析

21.4.1　智能化协同服务平台基本业务需求分析

经调研，M 公司能源管理业务需求如下：

1）将企业能源数据纳入统一管理中。M 公司能源种类较多，能耗总量巨大，能耗数据众多，在采用了智能化仪表进行数据采集后，每天都有大量的能耗数据产生。如何科学合理地管理这些数据，是当前 M 公司需要解决的问题。

2）利用企业采集的能耗数据，指导企业用能。M 公司在新园区建设过程中，购买了大量智能化仪表，对企业能耗状况信息进行采集，同时利用工业网络将采集到的数据传回后台数据中心。利用这些数据可以预测企业下一阶段的能耗量，对能耗预警，并基于能耗数据、物料投入等数据优化企业生产排程等，使企业对自身的能耗状况进行全面有效而深入的了解，指导企业生产用能及支持企业决策等。

基于以上业务需求，可以将 M 公司能源管理业务需求划分为如下几个模块：能耗数据管理、能耗预测、能耗预警、能耗优化及报表生成等。各模块相应的任务及所选方法如下。

1. 能耗数据管理

能耗数据管理模块是为了方便企业能够直观地观察其当前一段时间内的能耗

水平及一些常用的能耗指标等，利用实时采集的能耗数据进行诸如用能折线图、环比分析图等展示。

2. 能耗预测

能耗预测是在历史数据、实时数据等信息的基础上，运用分析技术建立变量之间的数量关系，并用获得的模型来计算未来的能源消耗量（平安生，2014）。能耗预测模型的建立基于大量的历史数据，通过大量历史数据不断训练模型，最后基于该模型进行未来一段时间内的能耗预测。

能耗预测方法众多，不少学者对能耗预测方法进行了研究。孙涵和成金华（2011）以国家能耗样本（1985～2009年），利用 SVR 进行建模，对 2010 年后近10年的国内能源需求进行了预测。张全等（2006）采用 BP 神经网络方法建立湘钢能耗预测模型，并基于相关能耗数据，用 MatLab 作为后台数据处理工具开发了钢铁企业的能耗预测系统。张林和张传平（2011）根据 1957 年之后近 50年的能耗历史数据，通过建立自回归滑动平均模型（ARMA）时间序列模型，预测了我国 2020 年的能耗总量。在灰色模型方面，有学者结合 GM 模型和新陈代谢模型等三种灰色模型构建了能耗预测模型，通过熵值法进行模型中相关权重系数的确立计算，预测了湖北省从 2011 年开始的四年里几种能源需求总量。李玮和杨钢（2010）使用调控节能技术等关键因素进行发展模式设立，通过建立系统动力学能耗预测模型对山西省 2010 年后近 10 年的生产总值单耗进行了预测。

本协同平台使用 SVR 方法进行能耗预测，能耗预测模型框架如图 21.4 所示。

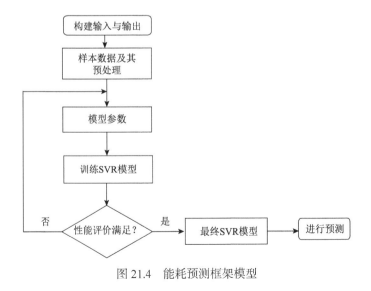

图 21.4   能耗预测框架模型

3. 能耗预警

能耗预警是根据企业自身能耗特点以及行业相关标准、能耗限额综合考虑，设定能耗阈值，然后根据企业能耗量与阈值之间的关系来判断能耗是否异常，并决定是否报警。

4. 能耗优化

能耗优化模块则是在作业调度过程中考虑车间设备能源消耗，建立车间能耗优化调度模型，使制造过程的能源消耗能够和生产任务一样实现合理调度与有效控制。

5. 报表生成

报表生成模块则是按照用户需求生成相应的报表等。

21.4.2　功能架构分析

从功能层次上来看，智能化协同服务平台可按照经典的三层逻辑功能划分为系统应用层、业务逻辑层和数据处理层。

1. 系统应用层

系统应用层主要提供内外用户访问并使用本系统的主要功能，如用户模块、数据报表生成模块、数据浏览与导出模块。

2. 业务逻辑层

业务逻辑层主要用于实现系统中所有相关操作流程与业务逻辑，如系统用户权限的控制，外部文档的数据检查与转换，系统应用层所需数据的产生等。

3. 数据处理层

数据处理层主要用于处理业务逻辑层与系统数据库之间的相关数据交互等，具体包括接收业务逻辑层需要进行存储的数据存入系统数据库，从系统数据库提取业务逻辑层需要的所有数据等。

第 22 章　能效提升的智能化协同服务平台系统分析

在调研分析后，我们将智能化协同服务平台划分为系统管理、能耗预测、能耗预警、能耗优化及报表制作五大模块。各模块详细的划分及其之间的联系，将通过数据流程图及概念模型进一步阐述。

22.1　数据流程图

根据相关文献（郝晓玲，2012）可以得到数据流程图的图例，如图 22.1 所示。

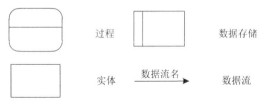

图 22.1　数据流程图的图例

22.1.1　智能化协同服务平台顶层图设计

顶层设计图反映的是系统边界情况。智能化协同服务平台顶层图如图 22.2 所示。

22.1.2　智能化协同服务平台 0 层数据流图设计

对智能化协同服务平台进行分解，可以分为五个主要过程。第一个过程是"系统管理"，标记为 1，其结果是产生五个数据流并更新，分别标记为：①用户信息；②气温信息；③能源信息；④生产数据；⑤设备信息。其中，数据流①不为后续过程使用，无须跟踪，其余四个数据流则需要跟踪。数据流②、③、④流入过程2"能耗预测"，数据流⑤流入过程4"能耗预警"，这两个过程（过程2和过程4）的输出结果作为过程5的输入。过程3的输出结果更新"调度方案"的数据存储。流出过程5的数据流"报表"，进入实体"负责人"，如图22.3所示。

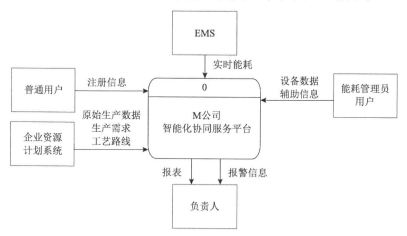

图 22.2　智能化协同服务平台顶层图

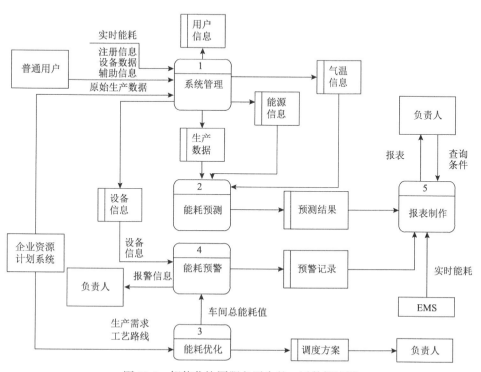

图 22.3　智能化协同服务平台的 0 层数据流图

22.1.3   智能化协同服务平台 1 层图设计

1 层图的作用是将 0 层图中功能复杂、难以一次性表达清楚的模块进行精细化展现。限于篇幅，本书选取其中几个过程进行展开。

1. 智能化协同服务平台过程 1 分解

图 22.3 所示的第一个过程称为"系统管理"，该过程需要执行以下任务：
1）接收普通用户注册信息并转换为标准形式。
2）将设备数据转换为标准的设备信息。
3）接收企业资源计划系统的原始生产数据，并将其转换为系统使用的格式。
4）将其他数据转换为标准的气温数据和能源数据。
因此，将该过程分解为四个逻辑上独立的功能，如图 22.4 所示。

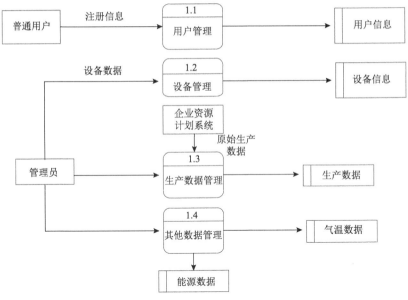

图 22.4   智能化协同服务平台过程 1 的分解

2. 智能化协同服务平台过程 2 分解

能耗预测过程需要执行以下任务：
1）将生产数据转换为影响各类能源消耗的原材料投入量。
2）接收影响电力能耗的原材料投入量并计算得出电力能耗预测结果。
3）接收影响天然气能耗的原材料投入量并计算得出天然气能耗预测结果。
因此，将该过程分解为三个功能，如图 22.5 所示。

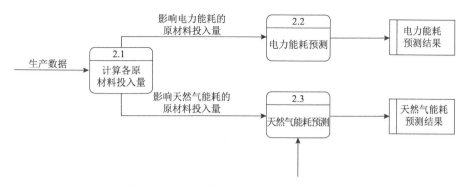

图 22.5　智能化协同服务平台过程 2 的分解

3. 智能化协同服务平台过程 5 分解

报表制作过程需要执行以下任务：

1）接收实时能耗信息并绘出能耗报表。

2）接收能耗预测结果并给出预测报表。

3）接收预警信息并给出预警报表。

因此，将该过程分解为三个功能，如图 22.6 所示。

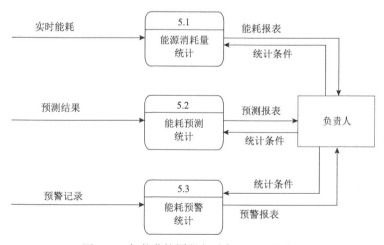

图 22.6　智能化协同服务平台过程 5 的分解

22.1.4　智能化协同服务平台部分 2 层图设计

对于智能化协同服务平台的部分功能，需要在功能上进一步分解，展示其细节。本书将采用 2 层图继续展示部分细节。

1. 生产数据管理子系统 2 层图

过程 1 "系统管理"中生产数据管理（过程 1.3）2 层图如图 22.7 所示。

2. 电力能耗预测子系统 2 层图

过程 2 "能耗预测"中电力能耗预测（过程 2.2）2 层图如图 22.8 所示。

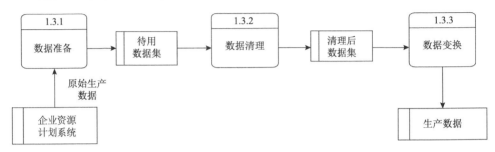

图 22.7　生产数据管理子系统 2 层图

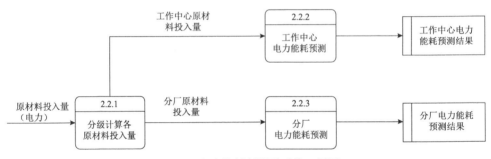

图 22.8　电力能耗预测子系统 2 层图

3. 天然气能耗预测子系统 2 层图

过程 2 "能耗预测"中天然气能耗预测（过程 2.3）2 层图如图 22.9 所示。

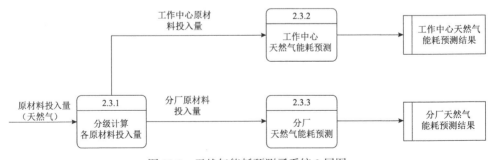

图 22.9　天然气能耗预测子系统 2 层图

22.2 概 念 模 型

22.2.1 智能化协同服务平台系统管理模块实体-联系（E-R）图

用户管理模块 E-R 图如图 22.10 所示。

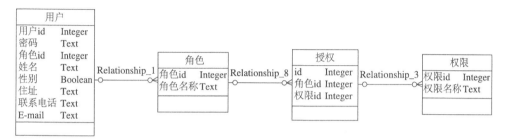

图 22.10 用户管理 E-R 图

设备管理模块 E-R 图如图 22.11 所示。

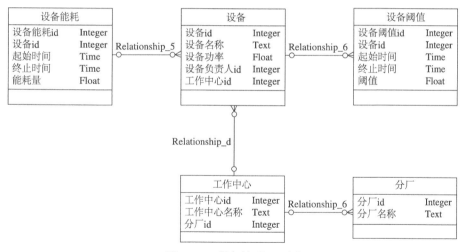

图 22.11 设备管理 E-R 图

22.2.2 智能化协同服务平台能耗预测模块 E-R 图

能耗预测模块 E-R 图如图 22.12 所示。

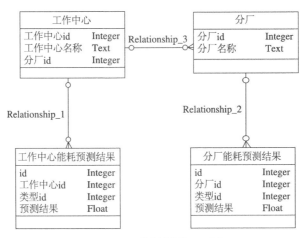

图 22.12   能耗预测 E-R 图

22.2.3   智能化协同服务平台能耗预警模块 E-R 图

分厂能耗预警 E-R 图如图 22.13 所示。

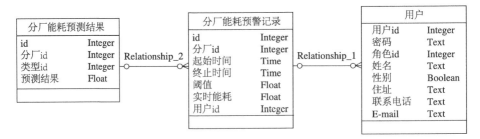

图 22.13   分厂能耗预警 E-R 图

设备能耗预警 E-R 图如图 22.14 所示。

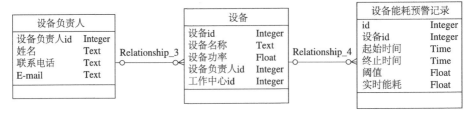

图 22.14   设备能耗预警 E-R 图

第23章 能效提升的智能化协同服务平台系统设计

23.1 智能化协同服务平台功能集成

综上，装备制造企业能效提升的智能化协同服务平台功能模块可划分为：系统管理模块、能耗预测模块、能耗预警模块、能耗优化模块和报表制作模块。

系统管理模块中系统管理员可对用户、角色、用户权限和设备信息进行增加、删除、修改和查询操作，可对生产数据及其他数据进行管理。

能耗预测模块中可对工作中心和分厂的电力及天然气能耗进行预测并生成预测日志，用户可根据实际需求进行查询。

能耗预警模块中可对设备和车间能耗水平进行实时报警，并生成预警日志，用户可查询历史预警记录。

能耗优化模块中可对作业调度进行优化，并绘出相应的甘特图。详细功能模块如图 23.1 所示。

23.2 智能化协同服务平台项目技术方案

智能化协同服务平台项目技术方案选型涉及前台数据展示和后台数据处理。由于本书采用了数据展示层、业务逻辑层、数据层经典的三层架构模式，所以本书从这三层架构来考虑如何进行技术选型。

为缩短开发周期，节约开发成本，智能化协同服务平台采用 B/S 架构进行开发，采用 Java 开源技术框架 Struts2 + Spring + Hibernate（SSH）来架构项目。前

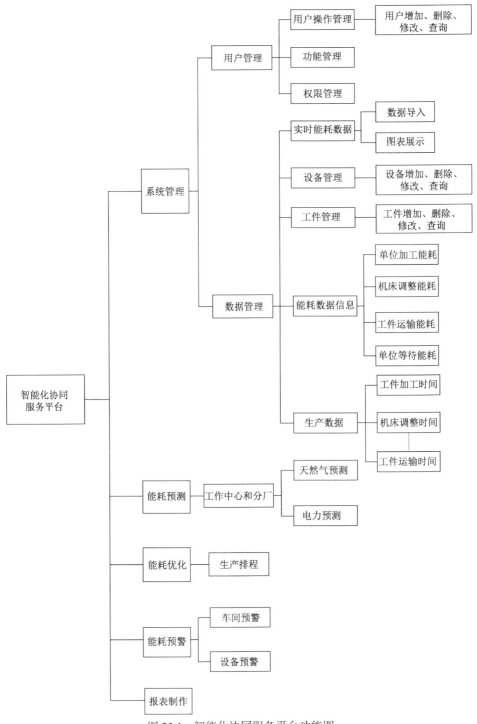

图 23.1 智能化协同服务平台功能图

端框架采用 jQuery EasyUI，使用 jQuery 作为用户与页面交互的工具；项目中涉及的图表展示等，采用开源控件 ECharts 作为展示工具；涉及的文件上传则使用由 Baidu WebFE（FEX）团队开发的 Web Uploader 控件作为工具。前后台之间采用 JSON 格式传输数据。具体方案如表 23.1 所示。

表 23.1　智能化协同服务平台项目技术方案

分项	技术方案
数据展示层	采用开源框架 jQuery EasyUI + JSP
数据展示层与业务逻辑层	使用 JSON 数据格式通信
业务逻辑层	Struts2
业务逻辑层与数据层	Hibernate
数据层	MySQL 存储

此外，智能化协同服务平台是基于数据仓库设计的，而数据仓库需要使用到 Hive 技术，因此，还需要搭建 Hadoop 平台，并部署 Hive 数据仓库。在数据仓库中存在着能耗预测之类的应用，会用到 Spark 机器学习库 MLib 对数据进行计算，故也会用到 Spark 技术。

在完成 M 公司能耗数据仓库的设计及智能化协同服务平台整体框架设计后，则需要根据智能化协同服务平台的分析与设计，按照项目技术选型方案，对智能化协同服务平台进行开发，以实现该平台的落地。

23.3　智能化协同服务平台系统迁移及部署

23.3.1　开发环境

1. 硬件环境

开发环境下服务器端及客户端均是在一台 Windows 物理机下完成的，并搭载了五台虚拟机，作为 Hadoop 集群的虚拟环境。Hadoop 虚拟机集群如图 23.2 所示。

开发环境下，需要搭建一个小型 Hadoop 集群，为保证效果，需要安排五台物理机（搭载 CentOS 系统），同时，还需要一台物理机作为服务器，运行智能化协同服务平台项目。

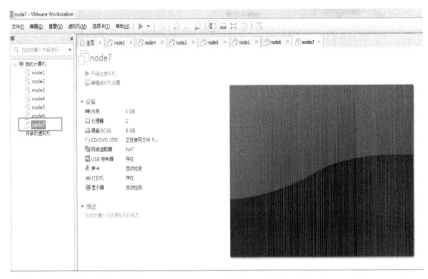

图 23.2 Hadoop 虚拟机集群

2. 软件环境

智能化协同服务平台开发环境在 Windows 系统下进行，采用 Java 语言开发，以 Struts、Spring 及 Hibernate 作为开发框架，选用 MySQL 作为开发数据库，选用 MyEclipse2014 作为集成开发工具。具体版本如表 23.2 所示。

表 23.2 系统软件环境版本

软件环境	版本
Java	jdk-7u21-windows-x64
Struts	Struts-2.3.1
Spring	Spring-3.2.0
Hibernate	Hibernate
MySQL	MySQL-5.5.30
服务器	Tomcat7
浏览器	Firefox

23.3.2 测试及生产环境

测试环境是按照生产环境进行搭建，模拟生产环境而建的。测试环境采用的是 Windows 系统（Window7 Service Pack 1），JDK、MySQL、Tomcat 均采用相应的版本。客户端浏览器使用 Firefox。

23.3.3　应用程序发布与部署

应用程序可以通过以下两种方式发布与部署：

1）在浏览器中上传。通过 Java 打包程序将完整的应用程序打包成 war 包，然后在浏览器中搜索 http://yourdomain/8080/进入 Tomcat 的管理页面，通过发布项目选项将应用程序上传到服务器中发布。

2）通过 Maven 一键发布。将应用程序发布地址配置在 Maven 工程的 pom.xml 文件中，通过 Maven 命令发布即可。

参 考 文 献

北京市发展和改革委员会. 2008. 节能减排培训教材: 节能管理与新机制篇. 北京: 中国环境科
　学出版社.

蔡九菊, 杜涛. 2001. 钢铁企业投入产出模型及吨钢能耗和环境负荷分析. 黄金学报, (4):
　306-312.

陈光, 陆钟武, 蔡九菊, 等. 2003. 宝钢能源优化模型的研究. 冶金能源, 22(1): 5-9.

陈光鹏, 杨育彬, 高阳, 等. 2012. 一种基于 MapReduce 的频繁闭项集挖掘算法. 模式识别与人
　工智能, 25(2): 220-224.

陈曦, 陈华钧, 顾珊嵌, 等. 2013. 一种基于 Hadoop 的语义大数据分布式推理框架. 计算机研究
　与发展, 50(S2): 103-113.

陈湘涛, 张超, 韩茜. 2013. 基于 Hadoop 的并行共享决策树挖掘算法研究. 计算机科学, 40(11):
　215-221.

陈志田, 崔华, 朱春雁. 2007. 能源管理体系中的能源因素分析. 世界标准化与质量管理, (9):
　4-5.

程其云. 2004. 基于数据挖掘的电力短期负荷预测模型及方法的研究. 重庆大学博士学位论文.

迟国泰, 闫达文. 2012. 基于改进群组 G1 赋权的生态评价模型及省份实证. 系统工程理论与实
　践, 32(7): 1464-1475.

迟国泰, 张楠. 2011. 基于 AHM-关联分析的生态评价模型及辽宁 14 个城市的实证. 管理评论,
　23(7): 25-33.

邓波, 张玉超, 金松昌, 等. 2013. 基于 MapReduce 并行架构的大数据社会网络社团挖掘方法.
　计算机研究与发展, 50(S2): 187-195.

丁小祥. 2012. 面向节能减排的锻造生产调度方法研究. 南京理工大学硕士学位论文.

段金辉. 2013. 低碳背景下发电企业能源效率评价及改进策略研究. 华北电力大学硕士学位论文.

冯丽. 2005. 数据挖掘和人工智能理论在短期电力负荷预测中的应用研究. 浙江大学硕士学位
　论文.

宫运启. 2012. 基于神经网络的机械加工工序能耗预测. 计算机工程与应用, 48(21): 235-239.

关勇. 2010. 物联网行业发展分析. 北京邮电大学硕士学位论文.

桂其林. 2014. 钢铁企业能源价值管理指标体系的设计与应用, 冶金自动化, 38(2): 9-14.

国家发展和改革委员会. 2014. 机械行业清洁生产评价指标体系(试行). http://www.docin.com/
　p-75948452.html[2016-05-04].

韩木林, 吴顺达. 2010. 锻造行业节能减排技术措施及发展方向研究. 锻压装备与制造技术, 45(5): 15-20.

郝晓玲. 2012. 信息系统开发. 北京: 清华大学出版社: 32.

何非, 何克清. 2014. 大数据及其科学问题与方法的探讨. 武汉大学学报(理学版), 60(1): 1-12.

胡正旗. 1992. 机械工厂节能设计及使用手册. 北京: 机械工业出版社.

黄桂田, 龚六堂, 张全升. 2011. 中国物联网发展报告. 北京: 社会科学文献出版社.

吉根林. 2004. 遗传算法研究综述. 计算机应用与软件, (2): 69-73.

康介鹏. 2015. 车辆监控系统中数据仓库的研究与优化. 北京邮电大学硕士学位论文.

李火银, 闫亚军. 2011. 影响氧化铝企业能耗的问题与对策. 节能技术, 29(6): 566-569.

李静. 2007. 数据仓库中的数据粒度确定原则. 计算机与现代化, (2): 57-58.

李玮, 杨钢. 2010. 基于系统动力学的山西省能源消费可持续发展研究. 资源科学, 32(10): 1871-1877.

李玉照, 刘永, 颜小品. 2012. 基于 DPSIR 模型的流域生态安全评价指标体系研究. 北京大学学报(自然科学版), 48(6): 971-981.

林君. 2012. 造纸企业能源效率评价体系研究. 广西大学硕士学位论文.

刘飞, 陈晓慧, 梁洁. 1997. 制造系统的物能资源流模型. 中国机械工程, (4): 78-81.

刘海涛. 2011. 物联网技术应用. 北京: 机械工业出版社.

刘献礼, 陈涛. 2011. 机械制造中的低碳制造理论与技术. 哈尔滨理工大学学报, 16(1): 1-8.

刘向. 2008. 面向节能的流程工业生产调度建模与求解方法研究. 国防科学技术大学硕士学位论文.

卢海星, 朱柏青, 李东波. 2013. 基于粗集理论的锻造生产系统多能耗特征分析与建模. 机械设计与制造工程, 42(12): 20-23.

陆钟武, 蔡九菊, 于庆波, 等. 2000. 钢铁生产流程的物流对能耗的影响. 金属学报, (4): 370-378.

平安生. 2014. 大数据背景下的装备制造企业能耗预测. 河北工业大学硕士学位论文.

齐旭高, 吕波. 2013. 多维情境因素下组织结构形式与特征选择研究. 西安电子科技大学学报(社会科学版), 23(1): 12-17.

秦云杰. 2014. 数据仓库的轻量化实现及其在驾校培训系统中的应用. 北京邮电大学硕士学位论文.

邵超峰, 鞠美庭. 2010. 基于 DPSIR 模型的低碳城市指标体系研究. 生态经济, (10): 95-99.

邵超峰, 鞠美庭, 张裕芬, 等. 2008. 基于 DPSIR 模型的天津滨海新区生态环境安全评价研究. 安全与环境学报, (5): 87-92.

申银花, 张琦. 2014. 钢铁企业能耗分析模型的建立及应用. 冶金能源, 33(2): 3-8.

宋旭东, 闫晓岚, 刘晓冰, 等. 2010. 数据仓库 ETL 元模型设计. 计算机仿真, 27(9): 106-108.

苏畅. 2012. 制造业三层面优化大数据. http://www.cbinews.com/software/news/2012-10-08/193428.htm[2012-10-08].

孙涵, 成金华. 2011. 中国工业化、城市化进程中的能源需求预测与分析. 中国人口·资源与环境, 21(7): 7-12.

唐万和. 2014. 轮胎硫化车间能耗优化调度问题研究. 广东工业大学硕士学位论文.

唐泽圣, 陈莉, 邓俊辉. 1999. 三维数据场可视化. 北京: 清华大学出版社: 1-6.

王德文, 肖凯, 肖磊. 2013. 基于 Hive 的电力设备状态信息数据仓库. 电力系统保护与控制, 41(9): 125-130.

王伟. 2011. 面向能耗优化的车间调度方法研究及其应用环境开发. 哈尔滨工业大学硕士学位论文.

王玉山, 李跃军. 2013. 装备制造中锻造业节能减排的控制与管理. 金属加工(热加工), (21): 52-54.

王泽宇, 韩增林. 2008. 沈阳市装备制造业集群发展研究. 世界地理研究, (3): 89-93.

王志良. 2010. 物联网现在与未来. 北京: 机械工业出版社.

魏楚, 沈满洪. 2009. 能源效率研究发展及趋势: 一个综述. 浙江大学学报(人文社会科学版), 39(3): 55-63.

魏一鸣, 廖华. 2010. 能源效率的七类测度指标及其测度方法. 中国软科学, (1): 128-137.

闻洪春, 张洪光. 2011.《能源管理体系要求》标准解读与应用分析. 信息技术与标准, (Z1): 65-67.

吴波. 2012. 造纸过程能源管理系统中数据挖掘与能耗预测方法的研究. 华南理工大学硕士学位论文.

吴秀丽, 孙树栋, 杨展, 等. 2007. 多目标柔性 Job Shop 调度问题的技术现状和发展趋势. 计算机应用研究, 24(3): 1-10.

邢文训, 谢金星. 1999. 现代优化计算方法. 北京: 清华大学出版社: 128-132.

叶甜春. 2013. 物联网与大数据. 中国公共安全, (20): 55-56.

于伯华, 吕昌河. 2004. 基于 DPSIR 概念模型的农业可持续发展宏观分析. 中国人口·资源与环境, (5): 70-74.

张迪, 桂其林, 张媛, 等. 2014a. 构建生态文明的微观基础(上)——宝钢"能源价值管理"实践探索. 世界环境, (2): 42-45.

张迪, 桂其林, 张媛, 等. 2014b. 构建生态文明的微观基础(下)——宝钢"能源价值管理"实践探索. 世界环境, (3): 51-54.

张华, 刘飞. 2000. 制造系统的一种资源消耗分析方法. 机械工程学报, 36(3): 27-31.

张华美. 2007. 企业能耗智能组合预测系统应用研究. 湖南大学硕士学位论文.

张会新, 白嘉. 2011. 基于三角灰色系统模型的煤炭消费预测. 统计与决策, 23: 38-40.

张立萍. 2013. 面向节能的流水车间调度建模与优化. 浙江工业大学硕士学位论文.

张林, 张传平. 2011. 基于时间序列视角的2020年中国能源需求预测. 价值工程, 30(15): 22-23.

张全, 刘渺, 凌振华, 等. 2006. 钢铁企业能耗预测系统的设计. 冶金动力, (2): 67-68.

张威. 2002. 中国装备制造业的产业集聚. 中国工业经济, (3): 90-94.

赵斐. 2010. 钢铁企业能源模型体系结构的研究//中国计量协会冶金分会,《冶金自动化》杂志社. 中国计量协会冶金分会 2010 年会论文集. 北京: 中国计量协会冶金分会,《冶金自动化》杂志社: 6.

赵敏. 2008. 高炉冶炼过程的复杂性机理及其预测研究. 浙江大学博士学位论文.

郑庆仁. 2012. 低碳调度模型研究及其在轮胎制造过程中的应用. 华南理工大学硕士学位论文.

左乐. 2015. 不确定环境下柔性作业车间的多目标动态调度研究. 北京交通大学硕士学位论文.

Zoran K. Morvay, Dušan D. Gvozdenac. 2010. 工业能源与环境实用管理方法. 胡婧译. 北京: 人民邮电出版社: 185-188.

Aldrick P. 2010. Is a cashless society on the cards? www.telegraph.co.uk/finance/newsbysector/

banksandfinance/6968143/Is-a-cashless-society-on-the-cards.html.

Anderson R. 1998. Mid-course correction: Toward a sustainable enterprise: The Interface model. Atlanta: Peregrinzilla Press.

Anonymous. 2012a. Companies keep power on by shutting power off. www.hartfordbusiness.com/news14002.html[2016-05-07].

Anonymous. 2012b. The big data management challenge. http://reports.information week.com/abstract/81/8766/business intelligence-and-information-management/research-the-big-data-management-challenge. html[2016-05-07].

Anonymous. 2013. TFS. http: //code.taobao.org/p/tfs/wiki/index/[2016-05-07].

Ardakani F J, Ardehali M M. 2014. Long-term electrical energy consumption forecasting for developingand developed economies based on different optimized models andhistorical data types. Energy, 65(1): 452-461.

Azadeh A, Amalnick M S, Ghaderi S F, et al. 2007. An integrated DEA PCA numerical taxonomy approach for energy efficiency assessment and consumption optimization in energy intensive manufacturing sectors. Energy Policy, 36(7): 3792-3806.

Baker J, Bond C, Corbett J, et al. 2011. Megastore: Providing scalable, highly available storage for interactive services. Proc. of CIDR: 223-234.

BBC. 2010. China "Leapfrogs US to Become Biggest Energy User". www.bbc.co.uk/news/world-asia-pacific-10703518[2016-05-07].

Beaver D, Kumar S, Li H C, et al. 2010. Finding a needle in haystack: Facebook's photo storage. USENIX Conference on Operating Systems Design and Implementation. Berkeley: USENIX Association: 47-60.

Behbehani R, Pendakur V, Armstrong-Wright A. 1984. Singapore Area Licensing Scheme: A Review of the Impact. Washington: The World Bank.

Benbaron E. 2010a. Vélib' Peine à Trouver Un Second Souffle. http://www.lefigaro.fr/actualite-france/2010/03/26/01016-20100326ARTFIG00027-velib-peine-a-trouver-un-second-souffle-.php[2016-05-07].

Benbaron E. 2010b. Vélib a 3 Ans' Peine à Trouver Un Second Soufflé. Le Figaro Ville Rail & Transport. http://www.ville-transports.com/content/v%C3%A9lib%C2%92-3-ans-1[2016-05-07].

Bengtsson L. 2006. Geo-engineering to confine climate change: Is it at all feasible? Climatic Change, 77(3): 229-234.

Bernstein W J. 2008. A Splendid Exchange: How Trade Shaped the World. New York: Atlantic Monthly Press.

Beshears J, Choi J J, Laibson D, et al. 2009. The importance of default options for retirement savings outcomes//Brown J R, Liebman J B, Wise D A. Social Security Policy in a Changing Environment. Chicago: University of Chicago Press.

Borthakur D. 2007. The Hadoop distributed file system: Architecture and design. Hadoop Project Website, 11(11): 1-10.

Brewer E A. 2000. Towards robust distributed systems. Proc. of PODC. New York: ACM.

Bruzzone A A G, Anghinolfi D, Paolucci M, et al. 2012. Energy-aware scheduling for improving manufacturing process sustainability: A mathematical model for flexible flow shops. CIRP Annals -Manufacturing Technology, 61(1): 459-462.

Bughin J, Chui M, Manyika J. 2010. Clouds, big data, and smart assets: Ten tech-enabled business trends to watch. Mckinsey Quarterly, 56: 75-86.

Burgschweiger J, Gnadig B, Steinbach M. 2009. Nonlinear programming techniques for operative planning in large drinking water networks. Open Applied Mathematics Journal, 3(1): 14-28.

Cardenas J J, Romeral L, Garcia A, et al. 2012. Load forecasting framework of electricity consumptions for an Intelligent Energy Management System in the user-side. Expert Systems with Applications, 39(5): 5557-5565.

Carisma B, Lowder S. 2008. Economic costs of traffic congestion: A literature review for multiple locations.

Carson R. 2002. Silent Spring. New York: Mariner Books.

Chang F, Dean J, Ghemawat S, et al. 2008. Bigtable: A distributed storage system for structured data. Acm Transactions on Computer Systems, 26(2): 1-26.

Chapman A, Allen M D, Blaustein B. 2012. It's about the data: Provenance as a tool for assessing data fitness. USENIX Conference on Theory and Practice of Provenance. Berkeley: USENIX Association.

Chen A J, Watson R T, Boudreau M C, et al. 2014. An institutional perspective on the adoption of Green IS & IT. Australian Journal of Information Systems, 17(1): 125-129.

Chen K, Zheng W M. 2009. Cloud computing: System instances and current research. Journal of Software, 20(5): 1337-1348.

Christainsen G. 2006. Road pricing in Singapore after 30 years. Cato Journal, 26(1): 71-88.

Cooper B F, Ramakrishnan R, Srivastava U, et al. 2008. PNUTS: Yahoo!'s hosted data serving platform. Proceedings of the VLDB Endowment, 1(2): 1277-1288.

Corbett J C, Dean J, Epstein M, et al. 2012. Spanner: Google's globally-distributed database. USENIX Conference on Operating Systems Design and Implementation. Berkeley: USENIX Association: 251-264.

Creyts J, Derkach A, Nyquist S, et al. 2007. Reducing US Greenhouse Gas Emissions: How Much at What Cost? Chicago: McKinsey & Company.

Darwin C. 2004. The Descent of Man, and Selection in Relation to Sex. London: Penguin Books: 46.

Das S. 2011. Data infrastructure at LinkedIn. proc. of the 5th Extremely Large Databases Conf. http://www-conf.slac.stanford.edu/xldb2011/talks/xldb2011_tue_1005_LinkedIn.pdf[2016-05-07].

Dean J, Ghemawat S. 2004. MapReduce: Simplified data processing on large clusters. Conference on Symposium on Opearting Systems Design & Implementation. Berkeley: USENIX Association: 137-150.

DeCandia G, Hastorun D, Jampani M, et al. 2007. Dynamo: Amazon's highly available key-value store. ACM SIGOPS Symposium on Operating Systems Principles. New York: ACM: 205-220.

DeSimone L D, Popoff F, World Business Council for Sustainable Development. 1997. Eco-efficiency: Business Link to Sustainable Development. Cambridge: The MIT Press.

Dietmair A, Verl A. 2008. Energy consumption modeling and optimization for production machines. IEEE International Conference on Sustainable Energy Technologies, 36(4): 574-579.

Dizdaroglu D, Yigitcanlar T. 2014. A parcel-scale assessment tool to measure sustainability through urban ecosystem components: The MUSIX model. Ecological Indicators, 41(2): 115-130.

Drake R M, Yildirim B, Twomey, et al. 2006. Data collection framework on energy consumption in manufacturing. The Interaction and Entertainment Research Centre.

Eisenmann T, Parker G, van Alstyne M. 2006. Strategies for two-sided markets. Harvard Business Review, 84(10): 92.

Enikeev R. 2013. The internet map. http://internet-map.net/[2016-05-07].

Erlanger S. 2009-10-30. French ideal of bicycle-sharing meets reality. The New York Times.

Fang K, Uhan N, Zhao F, et al. 2011. A new approach to scheduling in manufacturing for power consumption and carbon footprint reduction. Journal of Manufacturing Systems, 30(4): 234-240.

Faruqui A, Hledik R, Newell S, et al. 2007. The power of five percent: How dynamic pricing can save $35 billion in electricity costs. The Brattle Group.

Friedrichs F, Igel C. 2005. Evolutionary tuning of multiple SVM parameters. Neuron Computing, 64(3): 107-117.

Funderburg K, Grant M, Coe E. 2003. Changing insurance one mile at a time. Contingencies American Academy of Actuaries: 34-38.

Gaines L, Vyas A, Anderson J. 2006. Estimation of fuel use by idling commercial trucks. Transportation Research Record: Journal of the Transportation Research Board, 1983(1): 91-98.

Gantz T, Reinsel D. 2011. 2011 digital universe study: Extracting value from chaos. Framingham: IDC Go-to-Market Services.

Gelobter M. 2010. How energy use dwarfs the power of Facebook and Twitter. https://www.greenbiz. com/blog/2010/12/21/how-energy-use-dwarfs-power-facebook-twitter?utm_source=Vertical+Newl etters&utm_campaign=4b5f137264-GCNews-2010-12-22&utm_medium=email[2016-05-07].

Glenn J C, Gordon T J. 1997. 1997 state of the future: Implications for actions today. American Council for the United Nations University: 12.

Goodhope K, Koshy J, Kreps J, et al. 2012. Building LinkedIn's real-time activity data pipeline. Data Engineering, 35(2): 33-45.

Gray R H, Bebbington K J. 2000. Environmental accounting, managerialism and sustainability: Is the planet safe in the hands of business and accounting? Advances in Environmental Accounting and Management, 1(1): 1-44.

GreenBiz editors. 2010. New "smart pickup" from UPS to trim emissions from SMEs' shipping. https://www.greenbiz.com/news/2010/03/24/new-smart-pickup-ups-trim-emissions-smes-shipping [2016-05-07].

Grunert K G, Thøgersen J. 2005. Consumers, Policy and the Environment: A Tribute to Folke Ölander. Berlin: Springer.

Gutowski T, Murphy C, Allen D, et al. 2005. Environmentally benign manufacturing: Observations from Japan, Europe and the United States. Journal of Cleaner Production, 13(1): 1-17.

Haas L. 2012. Integrating extremely large data is extremely challenging. Proc. of XLDB Asia. http: //idke.ruc.edu.cn/xldb/www.xldb-asia.org/program.html[2016-05-07].

Han J W, Kamber M. 2006. Data Mining: Concepts and Techniques. Oxford: Elsevier.

Handwerk B. 2008. Half of humanity will live in cities by year's end. http://news.nationalgeographic. com/news/2008/03/080313-cities.html[2016-05-07].

Hansen J, Sato M, Kharecha P, et al. 2008. Target atmospheric CO_2: Where should humanity aim? The Open Atmospheric Science Journal, 2(1): 217-231.

Hareyan A. 2007. Peer pressure best motivator when it comes to energy saving. www.emaxhealth. com/24/16574.html[2007-10-01].

Harrabin R. 2007. China building more power plants. news.bbc.co.uk/2/hi/asia-pacific/6769743.stm [2016-05-07].

Herrmann C, Thiede S. 2009. Process chain simulation to foster energy efficiency in manufacturing. CIRP Journal of Manufacturing Science and Technology, 1(4): 221-229.

Hess E D, Kazanjian R K. 2006. The Search for Organic Growth. Cambridge: Cambridge University Press.

Hugosson M B, SjoÅNberg A. 2006. Facts and results from the stockholm trials. Stockholm: City of Stockholm.

Jebaraj S, Iniyan S. 2006. A review of energy models. Renewable & Sustainable Energy Reviews, 10(4): 281-311.

Johnson C W, Peirce N R. 2008. Century of the city: No time to lose. New York: The Rockefeller Foundation.

Joyce C. 2010. Food for thought: Meat-based diet made us smarter. www.npr.org/templates/story/ story.php? storyId=128849908[2016-05-07].

Kaser O, Lemire D. 2007. Tag-cloud drawing: Algorithms for cloud visualization. Computing Research Repository, 70: 109-118.

Keong C K. 2002. Road pricing: Singapore's experience. Brussels: The Imprint Europe: 1-10.

Kordonowy D N. 2003. A power assessment of machining tools. Cambridge: Massachusetts Institute of Technology.

Korsten P, Seider C. 2010. The world's trillion challenge. New York: IBM.

Kumar R. 2012. Two computational paradigm for big data. http://kdd2012.sigkdd.org/sites/images/ summerschool/Ravi-Kumar.pdf[2016-05-07].

Kyriazis D, Varvarigou T. 2013. Smart, autonomous and reliable Internet of things. Procedia Computer Science, 21: 442-448.

Levinson M. 2006. The Box: How the Shipping Container Made the World Smaller and the World Economy Bigger. Princeton: Princeton University Press.

Lew Y D, Leong W Y. 2009. Managing congestion in Singapore—A behavioural economics perspective. Journeys: Sharing Urban Transport Solutions, (2): 15-22.

Li C H, Zhang X F, Jin H, et al. 2011. MapReduce: A new programming model for distributed parallel computing. Computer Engineering and Science, 33(3): 129-135.

Li L Y. 2007. Implementation of multidimensional data visualization in OLAP system. Modern Electronics Technique, (10): 142-145.

Liu F, Xu Z J. 1993. Study on energy flow models of mechanical transmission systems. Chinese Journal of Mechanical Engineering (English Edition), 6(3): 215-219.

Liu K, Zhou X, Zhou D. 2002. Data visualization research and development. Computer Engineering, 28(8): 1-58.

Liu R Y, Zhang J, Huang Q. 2009. Energy forecast model based on combination of gm(1, 1) and neural network. International Conference on Computational Intelligence and Software Engineering. Piscataway: IEEE: 1-4.

Liu X, Zou F, Zhang X. 2008. Mathematical model and genetic optimization for hybrid flow shop scheduling problem based on energy consumption. Control and Decision Conference. Piscataway: IEEE: 1002-1007.

Lucas A. 2006. Wind, Water, Work: Ancient and Medieval Milling Technology. Leiden: Brill Academic Publishers.

Mangi S C, Roberts C M, Rodwell L D. 2007. Reef fisheries management in Kenya: Preliminary approach using the drive-pressure-state-impacts-response(DPSIR) scheme of indicators. Ocean & Coastal Management, 50(5): 463-480.

Manyika J, Chui M, Brown B, et al. 2011. Big data: The next frontier for innovation, competition, and productivity. Las Vegas: The McKinsey Global Institute.

Mati Y, Rezg N, Xie X. 2001. An integrated greedy heuristic for a flexible job shop scheduling problem. IEEE International Conference. Paris: Systems Man & Cybernetics, 4: 2534-2539.

Maxim L, Spangenberg J H, O'Connor M. 2009. An analysis of risks for biodiversity under the DPSIR framework. Ecological Economics, 69(1): 12-23.

McDonough W, Braungart M. 1998. The next industrial revolution. Science, 167(3926): 53-83.

McDonough W, Braungart M. 2002. Cradle to cradle: Remaking the way we make things. North Point Press, 24(3): 195-200.

McGuigan B. 2017. wiseGEEK: What is ZigBee? www.wisegeek.com/what-is-zigbee.htm[2016-05-07].

Meng X, Ci X. 2013. Big data management: Concepts, techniques and challenges. Journal of Computer Research and Development, 50(1): 146-169.

Menon A P G, Keong C K. 1998. The making of Singapore's electronic road pricing system. The International Conference on Transportation into the Next Millennium.www.lta.gov.sg/motoring_matters/doc/The%20Making%20of%20Singapore's%20ERP%20System.pdf[2016-05-07].

Milne P W. 1979. Fitting and wearing of seat belts in australia: The history of a successful countermeasure. Attitudes, 12(2): 164.

Ministry of Economy and Planning: Kingdom of Saudi Arabia. 2009. The Eight Development Plan.

Miranowski J A, Outlaw J L, Collins K J, et al. 2005. Energy consumption in US agriculture. Staff general research papers archive: 68-111.

Mitchell G, Beasley J. 2011. Optimisation of sludge treatment and transport. Journal of the Operational Research Society, 62(6): 939-948.

Morgan Stanley. 2009. Morgan Stanley releases the mobile internet research report. http://www.morganstanley.com/pub/content/msdotcom/en/press-releases/morgan-stanley-releases-the-mobile-internet-report_4659e2f5-ea51-11de-aec2-33992aa82cc2.html[2016-05-07].

Mouzon G, Yildirim M B, Twomey J. 2007. Operational methods for minimization of energy consumption of manufacturing equipment. International Journal of Production Research, 45(18):

4247-4271.

Namaalwa S, Dam A A V, Funk A, et al. 2013. A characterization of the drivers, pressures, ecosystem functions and services of Namatala wetland, Uganda. Environmental Science & Policy, 34(6): 44-57.

Natural Resources Management and Environment Department. 2003. Unlocking the water potential of agriculture. http://www.fao.org/docrep/006/Y4525E/y4525e00.htm#Contents[2016-05-07].

Neumeyer L, Bobbins B, Nair A, et al. 2011. S4: Distributed stream computing platform. IEEE International Conference on Data Mining Workshops. Piscataway: IEEE: 170-177.

Niemann G. 2007. Big Brown: The Untold Story of UPS. San Francisco: Jossey-Bass.

O'Brien J. 2011. Around the Boree Log and Other Verses. London: Angus & Robertson.

OECD. 1993. OECD core set of indicators for environmental performance review. Environmental Monograph: 83.

Okorafor E, Patrick M K. 2012. Availability of job tracker machine in Hadoop/MapReduce zookeeper coordinated clusters. Advanced Computing, 3(3): 19-30.

Oriwoh E, Sant P, Epiphaniou G. 2013. Guidelines for internet of things deployment approaches— The thing commandments. Procedia Computer Science, 21: 122-131.

Ovidiu V, Peter F. 2011. Internet of Things-Global Technological and Societal Trend. Denmark: River Publisher.

Pacala S, Socolow R. 2004. Stabilization wedges: Solving the climate problem for the next 50 years with current technologies. Science, 305(5686): 968-972.

Piccoli G, Brohman M K, Watson R T, et al. 2009. Process completeness: Strategies for aligning service systems with customers' service needs. Business Horizons, 52(4): 367-376.

Pitt B D, Kirschen D S. 1999. Application of data mining techniques to load profiling. Power Industry Computer Applications, Pica 99 IEEE International Conference, 17(2): 131-136.

Pogue D. 2009. Electric cars for all! (no, really this time). www.nytimes.com/2009/03/19/technology/personaltech/19pogue-email.html?_r=1&scp=2&sq=Shai%20Agassi&st=cse[2016-05-07].

Qi Z, Cheng L, Boutaba R. 2010. Cloud computing: State-of-the-art and research challenges. Internet Service and Application, 1(1): 7-18.

Quan-Bing H E. 2008. The development and application of Visualization technique. Science and Technology of West China, 7(4): 4-7.

Rahimifard S, Seow Y, Childs T. 2010. Minimising embodied product energy to support energy efficient manufacturing. CIRP Annals-Manufacturing Technology, 59(1): 25-28.

Rajaraman A, Ullman J D. 2012. Mining of Massive Datasets. Cambridge: Cambridge University Press.

Ralph S. 1986. Multiple emitter location and signal parameter estimation. Antennas and Propagation, 3(34): 276-280.

Rau A, Toker R, Howard J. 2010. Can technology really save us from climate change? Harvard Business Review, 369(1): 21-23.

Raun W R, Solie J B, Stone M L, et al. 2005. Optical sensor-based algorithm for crop nitrogen fertilization. Communications in Soil Science & Plant Analysis, 36(19/20): 2759-2781.

Regina. 2013. General food groups that trigger cellulite. http://plogginternational.com/[2016-05-07].

Rockström J, Steffen W, Noone K, et al. 2009. A safe operating space for humanity. Nature, 461(7263): 472-475.

Ruiz S. 2009. Sustainability reporting and assurance: Current situation and future trends. Taikomoji Ekonomika: Sisteminiai Tyrimai, 3(2): 155-172.

Savitz A W, Weber K. 2006. The Triple Bottom Line: How Today's Best-Run Companies Are Achieving Economic, Social, and Environmental Success and How You Can Too. San Francisco: Jossey-Bass.

Shi H J, Sun L, Li Y. 2010. Research and implementation of association rules mining visualization. Computer and Modernization, 1(2): 166-169.

Shute J, Oancea M, Ellner S, et al. 2012. F1: The fault-tolerant distributed RDBMS supporting google's ad business//ACM SIGMOD International Conference on Management of Data. New York: ACM Press: 777-778.

Simon H A. 1957. Models of Man: Social and Rational. New York: Wiley.

Solomon S. 2010. Water: The Epic Struggle for Wealth, Power, and Civilization. New York: Harper Perennial.

Specter M. 2008-02-25. Big foot. The New Yorker.

Stern N. 2007. The Economics of Climate Change: The Stern Review. Cambridge: Cambridge University Press.

Svarstada H, Petersen L K, Rothman D, et al. 2008. Discursive biases of the environmental research framework DPSIR. Land Use Policy, 25(1): 116-125.

Tang L, Tian L, Yao H, et al. 2001. A real-time in-field variability mapping system. American Society of Agricultural and Biological Engineers Annual Meeting.

Tao L, Hu L, Chen R L, et al. 2009. Establishment and simulation of the RBF model of the unit process energy consumption of an automobile enterprise. Proceeding of 2009 International Workshop on Intelligent Systems and Applications. Piascataway: IEEE Computer Society: 23-24.

The Apache Software Foundation. 2013a. Hbase. http: //hbase.apache.org/[2016-05-07].

The Apache Software Foundation. 2013b. Mahout. http://mahout.apache.org/[2016-05-07].

The Apache Software Foundation. 2013c. Sqoop. http://sqoop.apache.org/[2016-05-07].

The Apache Software Foundation. 2013d. Pig. http://pig.apache.org/docs/r0.10.0/basic.html [2016-05-07].

The Apache Software Foundation. 2013e. Zookeeper. http://zookeeper, apache.org/[2016-05-07].

The Apache Software Foundation. 2013f. Hive. http://hive.apache.org/[2016-05-07].

The Apache Software Foundation. 2013g. Flume. http://flume.apache.org/[2016-05-07].

Thusoo A, Sarma J S, Jain N, et al. 2010. Hive—a petabyte scalf data warehouse using Hadoop. Data Engineering (ICDE), 41(3): 996-1005.

Tomasello M. 2008. Origins of Human Communication. Cambridge: The MIT Press.

Tribble A N. 2003. The relationship between weather variables and electricity demand to improve short-term load forecasting. Norman: University of Oklahoma.

Tridech S, Cheng K. 2011. Low Carbon Manufacturing: Characterisation, theoretical models and implementation. International Journal of Manufacturing Research, 6(6): 110-121.

Tso G K F, Liu F, Liu K. 2003. The influence factor analysis of comprehensive energy consumption in manufacturing enterprises. Procedia Computer Science, 17(5): 752-758.

Vesset D, Nadkarni A, Brothers R, et al. 2012. Worldwide Big Data Technology and Services 2012-2016 Forecast. Framingham: International Data Corporation.

Vigas F B, Wattenberg M, Dave K. 2004. Studying cooperation and conflict between authors with history flow visualizations. Proceedings of the SIGCHI Conference on Human Factors in Computing Systems. New York: ACM: 575-582.

Vitale M R. 1985. American hospital supply corp: ASAP system (A). Harvard Business Review.

Wang Y, Ding Y, Sun Y, et al. 2007. Research on data visualization implementation methods. Modern Electronics Technique, (4): 71-74.

Watson R T, Boudreau M C. 2009. Energy Informatics (Research Report): Advanced Practices Council of the Society for Information Management. Athens: University of Georgia Press.

Watson R T, Boudreau M C, Li S, et al. 2010. Telematics at UPS: En route to energy informatics. MIS Quarterly Executive, 9(1): 1-11.

Williams J H, Davies A, Drake P R. 1994. Condition-based Maintenance and Machine Diagnostics. London: Kluwer Academic Publishers.

World Commission on Environment and Development. 1987. Our Common Future. Oxford: Oxford University Press: 8.

Wu J M, Sun L Y, Zhang D Z. 2002. Research and development of special data visualization. Computer Engineering and Applications, (10): 85-88.

Yan X F, Du X F. 2010. Empirical study on the relationship between LMIEs' technological innovation and energy consumption intensity. International Conference on E-Business and E-Government. Guang Zhou: IEEE: 7-9.

Yang L, Yang S H, Plotnick L. 2013. How the internet of things technology enhances emergency response operations. Technological Forecasting and Social Change, 80(9): 1854-1867.

Yap J. 2005. Implementing road and congestion pricing—Lessons from Singapore. The Workshop on Implementing Sustainable Urban Travel Policies in Japan and other Asia-Pacific Countries. http://www.cemt.org/topics/urban/Tokyo05/Yap.pdf[2016-05-07].

Ye Z, Liu C. 2008. On the resiliency of music direction finding against antenna sensor coupling. IEEE Transactions on Antennas & Propagation, 56(2): 371-380.

Zikopoulos P C, Eaton C, DeRoos D, et al. 2012. Understanding Big Data. New York: The McGraw-Hill Companies.

后　记

　　本书是曾珍香、黄春萍、Richard T. Watson 及 Marie-Claude Boudreau 四位作者及其团队多年来在信息系统与可持续发展领域，特别是聚焦于能源管理及能效提升视角的学术研究以及企业管理观察与应用基础上提炼而成的。

　　本书立足于学术前沿，通过严密的理论分析揭示了能源信息学相关概念、理论框架和技术要素，展示了能源信息学广阔的应用前景。能源信息学旨在将信息系统和能源效率进行融合，提出解决环境问题和实现可持续发展的系统方案。概括起来，能源信息学的核心观点就是在能源消耗和分配系统中，通过应用传感网收集有关能源使用的信息，并利用收集来的信息优化这一系统，进而提升系统的能源效率。因此，我们主张在信息系统专业开辟一个专门的研究子领域——能源信息学。

　　在本书后半部分（第四至六篇），我们遵循能源信息学的基本理论，利用大数据技术实现信息的有效集成，通过运用数据挖掘、机器学习等技术手段对数据进行分析利用，将信息技术和智能优化算法与装备制造企业能源效率提升问题相结合，提出了能源消耗的监测和监控、预测和预警、控制和优化技术以及能效提升的智能化协同服务平台。

　　本书的学术贡献包括三方面：

　　1）将信息和信息技术融入能源系统研究中，提出了能源信息学理论框架以及技术基础，开创了信息系统的新兴研究领域。近年来该领域已经成为国内外学术研究热点。

　　2）从案例研究出发验证了能源信息学在管理实践中的作用，揭示了信息提升能效的作用机理。

　　3）构建了装备制造企业能源效率提升的关键使能技术体系，以建立装备制造企业能效提升的智能化协同服务平台为载体，使能源信息学理论在装备制造业实现落地并提出具体解决方案。

　　我们相信在能源信息学和企业能源效率提升方面积累的这些成果对于更好地发挥信息的作用，创造一个可持续发展的未来具有十分积极的作用。